生命影响生命

——浙江省计生特殊家庭老年社会工作示范项目优秀案例集

马　良 主编

浙江工商大學出版社
ZHEJIANG GONGSHANG UNIVERSITY PRESS

图书在版编目(CIP)数据

生命影响生命：浙江省计生特殊家庭老年社会工作示范项目优秀案例集 / 马良主编. —杭州：浙江工商大学出版社，2016.4

ISBN 978-7-5178-1585-3

Ⅰ. ①生… Ⅱ. ①马… Ⅲ. ①老年人—社会工作—案例—汇编—浙江省 Ⅳ. ①D669.6

中国版本图书馆 CIP 数据核字(2016)第 048587 号

生命影响生命

——浙江省计生特殊家庭老年社会工作示范项目优秀案例集

马　良　主编

责任编辑　王黎明　沈敏丽

责任校对　张春琴

封面设计　林朦朦

责任印制　包建辉

出版发行　浙江工商大学出版社

(杭州市教工路 149 号　邮政编码 310012)

(E-mail:zjgsupress@163.com)

(网址:http://www.zjgsupress.com)

电话:0571-88823703,88831806(传真)

排　　版　杭州朝曦图文设计有限公司

印　　刷　杭州五象印务有限公司

开　　本　710mm×1000mm　1/16

印　　张　14.5

字　　数　260 千

版 印 次　2016 年 4 月第 1 版　2016 年 4 月第 1 次印刷

书　　号　ISBN 978-7-5178-1585-3

定　　价　35.00 元

浙江工商大学出版社营销部邮购电话　0571-88904970

序

苏长聪
（浙江省民政厅副厅长，浙江省老龄办主任）

创新社会治理，发展老年社会工作，加强老年社会工作专业人才队伍建设，是积极应对人口老龄化行动的重要举措，是构建新型老年人保障体系和服务体系的重要内容。社会工作服务导入老龄事业发展，对于解决老龄化问题、组织老年人、服务老年人、维护老年人的合法权益和促进老年人社会融合等将发挥越来越重要的作用。老年社会工作专业服务能够最大限度增加和谐因素，激发社会发展活力，提高社会治理水平，较好地促进老龄事业发展。

2013年底，为了贯彻落实中共浙江省委办公厅、浙江省人民政府办公厅《关于进一步加强老龄工作的意见》，探索计划生育特殊家庭新型社会服务体系和机制建设，提升计划生育特殊家庭老年群体的生活质量，省老龄办在全国率先开展“浙江省计划生育特殊家庭”老年社会工作专业服务项目，并在杭州市下城区、宁波市海曙区、嘉兴市南湖区开展试点工作。

该示范项目的创新是由浙江省老龄办以政府购买社会组织服务的形式组织实施，省民政厅、省人口计生委负责业务指导，由浙江省之江社会工作发展服务中心具体承担项目实施，同时带动基层社区工作者和辖区志愿者等积极参与。这种项目化的实施方式，由政府主导，整合更多的社会力量加入到计划生育特殊家庭老年社会工作服务中来，由专业的社会工作机构承担老年人服务需求评估、服务过程管理和服务品质保障，实现了“基层社区建设、专业社会工作人才和社会组织”的“三社联动”，并且在具体服务输送中形成了“社会工作者和志愿者”互动的服务体系，为老年社会工作发展提供了很好的经验。实施一年来，试点地有600余名社工、志愿者等接受专业培训，近1000人次接受专业督导，完成82个个案、小组和社区服务，为435户计生家庭建立了服务档案，直接服务超过1225人次。

项目在为期一年的实践中，搭建了政府资源、专业社会工作资源、社会组织资源和计划生育特殊家庭资源等资源的整合性平台，切实有效地提升了计划生育特殊家庭老年人的生活质量，也提升了计划生育特殊家庭的自治性空间。在探索老年社会工作服务模式上务求实效，形成了立足需求、专业引领、适用广泛、特色鲜明的服务模式，在人才培养、需求评估、方案设计、第三方评估、志愿服务等诸多方面进行了积极探索，为全省全面推进老年人专业社会工作服务提供了经验借鉴，是一项非常有益的尝试。

浙江省之江社会工作发展服务中心编写的《生命影响生命——浙江省计生特殊家庭老年社会工作示范项目优秀案例集》，是实现社会工作与老龄事业深层次、广范围、多资源融合发展的一项阶段性成果的总结提炼。相信该书的经典案例将有助于提升我省社会工作者为老服务的实务能力和服务水平，从而不断增强老年人的获得感和幸福感。

是为序。

目 录

第一篇 项目报告

第二篇 优秀案例

第一篇

项目报告

项目简介报告

一、项目名称

“积极、阳光、参与”——浙江省计划生育特殊家庭老年社会工作服务示范性项目。该项目是由浙江省老龄办委托浙江省之江社会工作发展服务中心在杭州市的下城区、宁波市的海曙区和嘉兴市的南湖区同时实施的。

二、服务对象

(一)直接服务对象

杭州下城区、嘉兴南湖区及宁波海曙区三区的计划生育特殊家庭,尤其以失独家庭为主(以女 49 岁为界限),其中 60 岁以上的老人为重点服务对象。

(二)间接服务对象

杭州下城区、嘉兴南湖区及宁波海曙区三区各街道及社区老年事务社工,其中以直接参与计生特殊家庭社会工作专业服务的社工为重点。

三、服务目标

总目标:通过专业化社会工作服务,提升计划生育特殊家庭老年人的社会融合度和支持度,提升其生活品质。

目标一:达成计划生育特殊家庭的能力建设——增强自信,培养他们自我学习和团队合作的能力,以更加积极主动的心态融入当地的社区中。

目标二:营造多元化计划生育特殊家庭的老年人展现自我和利益诉求的表达渠道,推动支持型社会组织的形成。

目标三:在社区倡导并推动公共文化空间形成,让不同群体的成员,尤其是计划生育特殊家庭成员互相交流,共同成长。

四、服务创新性

(一)服务理念和方法的创新

采用专业社会工作服务,在理念层面更加注重从优势视角来看待服务对象——计划生育特殊家庭的老年人;在直接干预中也运用社会工作的个案、小组和社区为专业的方法,强调多元化、平等、自由表达与相互倾听,推动计划生育特殊家庭的社会支持系统发展。

(二)提供形式的创新

搭建"政府——专业社会工作者——志愿者——服务对象"的多元互动平台,真正实现"三社互动(社会组织、社区和社会工作者)"和"两工联动(社会工作者和志愿服务者)"的新格局。

五、项目特色

第一,以专业社会工作服务导入为核心,构建新型的计划生育特殊家庭中的老年人的管理和服务体系。

第二,整合高校、政府、专业社会工作服务机构、社区等多层次资源。

第三,具有示范性。浙江省在计划生育特殊家庭老人的社会服务体系构建中导入社会工作专业服务是一种必然,该项目有利于形成一定的基层经验来加快推动全省的计划生育特殊家庭老人社会管理和服务体系建设。

六、项目服务实施过程

项目实施周期:2013 年—2015 年 2 月

(一)项目实施第一阶段(2013 年—2014 年 6 月)

1. 省老龄委、浙江之江项目组社会工作发展服务中心与三区民政局对接和项目落地(2013 年 12 月)

2. 与三区民政局及街道的老龄负责人进行座谈,构建街道支持网络(2014 年 1—2 月)

3. 收集三区计生特殊家庭老人的基本材料与数据,为工作开展、人员安排打下基础(3 月)

4. 落实工作团队,与社区老龄社工对接,形成工作基础(4 月)

5. 建立服务支持系统,导入首期服务人员培训(4 月中旬)

6. 开展各街道的社区老龄社工的工作对接会及督导,走访失独家庭,开

展需求评估，并形成调研报告（4—6月）

（二）项目实施第二阶段（2014年7月—2014年11月）

1.对计划生育特殊家庭的直接干预性服务：个案、小组和社区，对社区老龄社工进行团体及个别督导（7—11月）

2.推进大学生暑期社会工作专业实习活动（7—8月）

3.推动服务于计生特殊家庭老年人的支持型社区社会组织的形成（7—11月）

4.对参与服务人员和骨干志愿者进行第二轮培训，为项目的可持续发展奠定基础（7—9月）

5.第三方中期评估（9月）

（三）项目实施第三阶段（2014年11月—2015年2月）

1.社会工作服务的跟进及督导（11—12月）

2.编写年度社会工作服务的案例集（12月—2015年1月）

3.撰写项目终期自评报告（2015年1月）

4.第三方末期评估（2015年1月）

5.年度优秀社工和年度优秀案例评比和表彰工作（2015年2月）

七、项目产出及主要成效

（一）项目产出

1.专业服务及案例集。项目共计服务计生特殊家庭453户，服务社区基层社工307人。在计生特殊家庭方面，项目共计开展个案66个，小组10个，共计49节，社区活动5个，共计7场。在社区基层社工方面，项目组共计提供集体培训6次，共计12场，提供团体督导不少于71次，提供不定期个别督导，个别督导形式包括面督、电话、QQ、邮件等。

项目针对计生特殊家庭老年社会工作示范项目设计了一本案例集，由个案、小组、社区三个部分组成，案例集精选收录了辅导个案15篇，小组工作8篇，社区活动1篇。每一篇案例的完成都是经过督导与社工的讨论和共同修改而成的，并附有督导点评，对日后老年社会工作领域的服务具有一定的借鉴意义。

2.服务指引。作为三个项目点的共享资料，项目编辑印制了3份宣传材料，分别为：《关怀计划生育特殊家庭工作指引》《浙江省计生特殊家庭老年人社会工作服务示范项目服务指南》《对计划生育特殊家庭哀伤辅导指引》，为社工和社会大众提供了专业的指引工具书。

3.制定服务质量标准。为提高本土社工的服务质量和服务规范，项目点借鉴广东的专业规范和工具，结合项目服务群体的特殊性，编制了一套专业服务套表和案例撰写模板。个案方面主要包括《家庭服务建档表》《服务情况跟进汇总表》《个案接案评估表》《服务情况详细记录表》《个案结案评估表》《个案结案报告》等，并附注填写说明。小组方面主要包括《小组计划表》《活动流程表》《活动过程记录表》《小组工作总结报告》《活动评估表》《签到表》等。社区活动方面主要包括《社区活动计划表》《社区活动总结表》《活动评估表》等。案例撰写模板则主要包括《辅导类案例模板》《咨询类案例模板》《小组案例模板》《社区活动案例模板》。

（二）主要成效

1.对计生特殊家庭老人的成效主要体现在三个方面：

一是促进计生特殊家庭老人个体功能恢复，项目基于普查性需求评估的基础，推动社区社工及专业志愿者团队为计生特殊家庭老人提供个性化服务，包括为计生特殊家庭老人提供参加群体活动的机会，对医疗康复、养老、第三代抚养等个性化问题的介入使失独老人在个体情绪、认知状态、人际关系等方面有明显的改善。

二是增强计生特殊家庭老人的社会融合度，项目强调社会支持系统的建设，采用互助或自助小组的方式，推动计生特殊家庭老人缔结群体关系，共同回归社区生活，实现社区多元主体层面的互动融合。这方面老年人所表现出的改变最为明显，亦获得计生特殊家庭老人群体较高评价，服务过程中，有部分老人能够将个人价值积极贡献于所处群体或社区中，打破自我封闭的状态。

三是营造计生特殊家庭老人所处的支持型社区环境，项目从同质群体或同辈群体、服务型社会组织或资源型社会组织和团体、个人三方面着手，将计生特殊家庭老人需求和项目目标结合进行安排，链接多方资源，共同服务于计生特殊家庭老人群体，以嘉兴南湖区和宁波海曙区最为明显。在为老人提供支持型心理感受的同时，解决部分问题或获得解决问题的资源和途径，形成丰富多元的服务和资源网络，亦为社区社工提供服务借鉴。

2.社区社工。在参与项目服务的社工方面，成效主要表现为对社会工作理念的理解及专业服务能力的提升。项目为三地社工提供培训、团体督导、沙龙分享及个别督导等工作，较为直观地带给各地社工专业冲击性，同时提供了较为系统化的工作方式和服务技巧知识，拓宽社工的服务思路，解决其在计生特殊家庭老人服务中所遇到的问题，有效改善社工在专业服务理念、专业知识等方面的认知，学习到专业的工作方式和服务技巧。社区社工在项目督导指导下遵从专业规范开展服务实践，是其服务品质提升的重要表现。其中嘉兴地区的社区社工在计生特殊家庭老人服务中已较为系统地采用社会工作专业服务理念、理论知识和服务技巧，表现出较强的专业立场，宁波地区则采用微观实务技巧，表现出较强的专业性。

八、机构及项目团队介绍

(一)机构简介

浙江省之江社会工作发展服务中心是由浙江工商大学、浙江财经大学和浙江树人大学的社会工作专业负责人创办的一家枢纽型社会工作服务机构，也是浙江省内第一家由高校社工系教师创办的服务机构，在承接政府课题研究、项目评估、社会工作示范性服务项目、社会工作教育培训和社会工作督导服务等方面积累了丰富的经验。机构以“传播社会工作理念，提升社会工作者能力，倡导专业操守，促进服务发展”为宗旨。主要业务范围是提供社会工作专业督导服务，实施老年人及青少年领域的社会工作专业服务项目，公益项目评估，等等。

(二)投入该项目的服务团队

姓名	性别	学历及职称	项目分工
马良	男	博士，教授	总督导
陈微	女	本科，教授	杭州市下城区督导
邵贞	女	本科，助理社会工作师，三级心理咨询师	嘉兴市南湖区项目点负责人及督导
马洪波	男	硕士，中级社会工作师	宁波市海曙区项目点负责人及督导
泮海苹	女	硕士，助理社会工作师	杭州市下城区项目点负责人
王卓群	女	硕士，助理社会工作师	杭州市下城区项目点工作人员

杭州市下城区项目点前期需求评估报告

一、引言

省计划生育特殊家庭老年社会工作专业服务示范项目以杭州市下城区、宁波市海曙区和嘉兴市南湖区为示范点，通过专业社会工作服务的导入，形成“政府主导、专业机构服务和计划生育特殊家庭社会支持系统形成”的新型社会服务体系，通过专业的社会工作服务，达成计划生育特殊家庭的“能力建设”，推动计划生育特殊家庭支持性的社会组织的发育，全面推进“健康性和生产性”相结合的老龄生活方式，提升特殊老年群体生活质量。

目前杭州市的老龄工作走在全省乃至全国的前列。面对新时期的新挑战，如何与时俱进，尤其是利用社会工作的专业服务理念和方法推进针对特殊老年群体高品质的服务，提升老年人的社会福利水平和老年人生活质量，必须尽快“破题”。

二、相关文献研究

(一)对美国、日本的为老服务内容分析

1. 美国为老服务内容概述。美国是一个法治国家，社会为老年人服务的内容都是以立法的形式确立起来的。《美国老人法》和其他老年法律法规以为全体老年人提供服务为目标，建立、规范和完善社会为老服务体系。主要有以下七方面内容：

(1) 支持性服务。资助社区，为老年人看病、购物、参加老年活动中心的活动提供交通便利；为老年人提供整理、打扫房间服务，支持入户服务和建立托老所。(2)营养服务。为老年人提供营养午餐，可以集体就餐，也可送餐到家。(3)预防性健康服务。通过为住在社区的老年人提供教育和信息服务，使老年人参加活动、锻炼；改善膳食和营养结构，定期检查身体，采用科学的生活方式。(4) 家庭照料服务。帮助为配偶、老年亲戚和朋友提供照料的人，具体内容有：帮助照料者获得有关政策信息；提供咨询、培训；提供服务人员临时替代照料者；提供其他补充性服务；帮助须照料 19 岁以下孙子女的老

年人。(5)保护老年人权益。主要是防止老年人受到虐待。(6) 后事服务。旧金山老年人与成年服务局还有一项服务,就是为那些没有遗嘱、身边没有亲属的老人,处理遗产和债务,安排葬礼等料理后事的服务。(7)其他服务。为土著民族的老年人提供服务。

2. 日本为老服务内容概述。为了使养老院增加活力,促进代际沟通,日本的福利设施通常是一楼为幼儿园,二楼和三楼为养老院,幼儿园和养老院之间没有间隔,每天从幼儿的体操、游戏活动到老人的康复练习,都在一个大礼堂里进行,他们生活在一个从1岁到99岁的大家庭的环境下。日本的养老服务形式有四类:(1)政府式的养老服务。它由政府和民政人员组成。(2)民间组织。这些组织能得到政府部分资助,如社会福利协会、社会福利商社和社会福利法人等。(3)志愿者组织。主要由一些家庭妇女和大学生组成,他们提供的服务是免费的或者只收取很低的费用,与此同时,一些健康的老人也加入了志愿者组织,主要从事陪伴、聊天、送饭和一些轻体力的服务。(4)企业式养老服务。有些企业提供保险服务,以保险方式获取资金后为老年人服务。

目前日本为老服务的方式主要有两种:(1)以组为单位的养老院。即七八个老人组建一个家庭,在具有家庭的气氛中生活。(2) 短期入托服务。即白天在家人工作的时间内,给老人安排一个聚会的地方,可以为老年人提供一个互相聊天、品茶和从事娱乐活动的场所,晚上老年人可以回家。

(二)中国为老服务内容概述

当前,我国已经进入人口老龄化快速发展阶段,2012年底我国60周岁以上老年人口已达1.94亿,2020年将达到2.43亿,2025年将突破3亿。中国人口众多,为老服务内容与外国相比,有着自己的特殊性。按具体内容来分主要包括以下几方面:

1.经济保障。随着经济的发展,老年人的整体生活质量有所改善。城市老人的收入有所改善,农村老年人经济水平仍不容乐观,城乡差距继续拉大。大部分老年人都没有经济来源,主要靠子女提供,同时也有政府的补贴,经济来源单一。对经济困难的老年人,地方各级人民政府应当逐步给予养老服务补贴。

2.医疗保健和康复服务。随着年龄逐渐增高,老年人的免疫力不断下降,得病概率增高。大部分老人健康意识增强,但由于医疗费用等问题就自己硬扛过去。生活改善的同时仍存在一些饮食问题,比如营养单一,饮食习惯不好,营养搭配知识缺乏等。多数老年人锻炼意识不强,大多时间用在平时照顾自己生活起居和照看晚辈的孩子等方面。因为缺少锻炼,各种疾病随之而来，比如糖尿病、高血压、肥胖症等。社区应该建立老年人医疗保健服务中心，为老年人就医提供方便，并建立80岁以上寿星老人健康档案，向老年人提供常见病的护理和治疗。

3. 文化生活。老年人是一个特殊的群体，拥有大量的空余时间，精神生活需求旺盛。目前我国大陆老年人的文化娱乐主要集中在户外运动、打麻将、玩纸牌等文体活动，活动内容单一；同时，各种组织开展的文化休闲娱乐活动缺乏持续性、周期性；由于现阶段老年人年龄偏高、身体状况偏差、文化程度偏低，对文体活动的各类需求还不够明显，可应用开展项目还需进一步拓展。大多数老人只参与一些重大节日或庆祝日组织的活动，平时的文化休闲娱乐活动兴趣少之又少，要想方设法培养和调动老年人的文化娱乐、兴趣爱好。

4. 社会支持网。老年人的社会支持网络主要是指生活照料和精神慰藉两方面。老年人生病时照料者单一，对子女的依赖性较强，政府和社会对女性老年人的生活照料支持完全缺失。老人和家人的交流频率较低，与亲戚朋友的互动频率不高，闲暇活动单一，生活满意度一般。

供养和生活照料服务主要包括以下几点：一是街道、社区提供长期性和临时性养老（托老）场所，如敬老院、福利院、老年公寓、老人日托站、老人食堂等；二是成立老人家庭服务中心，上门帮助料理生活；三是资助老年人活动辅助器材；四是进行适当的康复医疗知识教育和咨询，使家庭更好地了解老年人的问题和需求；五是在社会服务业中，增设老年人生活服务点，如老人商店、专柜等，为老年人提供日常生活方便；六是紧急救助服务、精神慰藉服务等。

5. 婚姻观念和宗教信仰。随着生活水平的提高，老年人爱情观开始与年轻人趋同，追求爱与性、注重婚姻的质量和活力越来越成为老年婚姻的新要求。中国老人的婚姻爱情观正随着社会进步发生着深刻变化，婚外情、高龄情人等婚姻纠纷开始困扰着老年人，甚至在亲情与爱情之间，部分老年人向爱情倾斜，追求浪漫已不只是年轻人的专利，“代际婚姻”开始出现。

我国老年教徒规模接近3000万，占老年人总数的17%左右，且老年教徒呈现日益增多的趋势。国内已有研究发现，宗教信仰和老年人主观幸福感之间具有很强的正向关系，特别是对女性老年人，与无宗教信仰的人相比，有宗教信仰者表现出较高水平的主观幸福感。

6. 教育服务。开办各类老年学校、老年大学，为老年人再学习、再教育提供机会和便利条件。

7. 其他服务。如开办老年婚姻介绍所，帮助老年人再婚和重建家庭，并在就医、乘车、旅游等方面提供优先照顾老人服务。

三、调查设计

为了了解杭州市下城区计生特殊家庭老人的基本状况，客观地认识和分析计生特殊家庭老人的发展需求，以针对性地为计生特殊家庭老人制订服务计划，提供专业服务，浙江省之江社会工作发展服务中心于 2014 年 5 月全面开展了对杭州市下城区天水、武林、长庆、潮鸣、朝晖、文晖、东新、石桥 8 个街道，74 个社区的失独老人需求调研。

(一)调查工具与方法

通过前期与区民政局、各街道负责人的对接，获得了民政局与各街道的大力支持与配合；通过为社区老龄社工举办培训与讲座等，加强了社工对计生特殊家庭老人的了解以及开展计生特殊家庭老人服务的实务技巧。自此，项目实现了与街道相关工作人员、社区的专职社工的对接，形成了基本的工作团队，为需求评估的开展奠定了良好的基础。

为了全面了解计生特殊家庭老人的情况，为后续服务的开展提供全方位、有力的依据，本次需求调查采用了“家庭服务建档表”，通过社区社会工作者与机构社工逐一入户访问填写完成。

“家庭服务建档表”主要分为 8 部分，由机构社工在文献阅读和广州的实务经验的基础上设计而成。表格主要包括受访者的基本信息、居住情况与家居环境、社会功能、现面临需求、生活习惯、情绪/精神状况、目前急需介入的服务需求、跟进以及督导意见等。

(二)受访者基本情况

下城区下辖天水、武林、长庆、潮鸣、朝晖、文晖、东新、石桥 8 个街道，共 74 个社区，共有失独家庭 155 户、265 人。其中朝晖街道 39 户、68 人，武林街道 27 户、43 人，东新街道 23 户、40 人，潮鸣街道 20 户、33 人，长庆街道 17 户、32 人，文晖街道 14 户、25 人，石桥街道 8 户、14 人，天水街道 7 户、10 人。

其中，男性 123 人，女性 142 人；离异或丧偶的男性为 13 人，女性 32 人。相对而言，独居老人中女性偏多，这与老年人总体数量中女性老年人较多的状况相吻合。按照年龄标准划分，不到 60 岁的(夫妻双方其中一方已超过 60 岁)35 人，占 13.2%；低龄老年人(指 60 到 69 岁的人群)172 人，占 64.9%；中龄老年人(指 70 到 79 岁的人群)47 人，占 17.7%；高龄老年人(指 80 岁以上的人群)11 人，占 4.2%。可见，低龄老年人占主体部分。在医疗、养老保险方面，262 人有职工基本医疗保险和职工基本养老保险，除了生病等大开销外，经济情况大部分还可以。在身体健康方面，大多数是一般或健康，患高血压的较多，也有部分患有心肌梗死、白血病、乳腺癌、甲亢、老年痴呆、肺癌等。在心理和社交方面，这些老人普遍比较封闭。另外，其中26户失独家庭，已故子女已育有下一代；2户家庭是残疾人家庭。

四、调查结果与分析

通过对失独老人的需求调查和访谈，充分了解当前杭州市下城区失独老人的精神面貌和生活状况，掌握第一手资料，并通过梳理相关政策、法律法规以及相关文献等，对下城区失独老人的现状进行了深入细致的分析和研究。为客观地认识、分析和研究这一新的弱势群体打下了坚实的基础，从而能够更好地为他们服务，解决失独所带来的一系列社会问题。

马斯洛关于人的需求的基本理论认为，人主要有生理需求，安全需求，社交需求，尊重以及自我实现的需求。结合收集的数据以及对有关失独老人的文献研究，现将失独老人的具体需求分析如下：

（一）失独老人的数量分析

虽然近年来失独现象已经引起了党和政府以及社会各界的广泛关注，但仍没有权威机构对失独群体的具体数量和规模进行准确调查。下城区下辖天水、武林、长庆、潮鸣、朝晖、文晖、东新、石桥8个街道，共74个社区。2013年末户籍人口405966人，按户籍性质分，非农业人口405963人；按性别分，男性204468人，女性201498人。其中失独老人共有265人，约占总人数的0.065%，相当于10万人中就有65个失独老人。随着社会的老龄化和社会的变迁，失独老人的数量必定会呈上升趋势，面对如此庞大的失独老人数量，失独已不再是个人和家庭的问题，而已经上升为越来越突出的社会问题，成为党和政府亟待正视和解决的重大民生问题。

（二）失独老人的居住环境分析

居住环境对老年人来说至关重要，好的居住环境可以给他们带来一份心灵的慰藉，一定程度上可提高幸福感水平。通过入户访谈，我们也对失独老人的居住环境进行了观察与评估，主要包括家电、照明情况、卫生整洁情况和通道。由于经济水平的关系，基本上每户家庭都具备基本的家电，如电视、冰箱、洗衣机、风扇、电话等。卫生和通道基本上也都非常干净和畅通，这可能与他们平时的生活习惯有关，因为大部分老人选择待在家里不出门，这使得他们有足够的时间用来做家务。然而，在灯光照明方面，他们也有着惊人的一致性，他们的房间基本上比较暗，即使社工进门了也是不习惯开灯，而选择在昏暗的环境中交谈。一方面，这可能是老人为节省照明的费用，另一方面，也可以折射出老人内心的暗沉与悲观。

另外，有些老人住在较高楼层，但是身体不方便（如中风、残疾等）上下楼梯，这既不利于老人的起居、活动等，也不利于人身安全。他们没有其他的办法，只能减少出门的次数。

（三）失独老人的经济情况分析

受益于杭州经济的发展与中国传统城乡分割二元制的影响，下城区的失独老人基本属于城市户口，退休前的职业使得他们在医疗、养老保险和退休金方面有着比农村老人相对优越的经济条件，下城区 265 个失独老人中 262 人有职工基本医疗保险和职工基本养老保险，除了生病等大开销外，经济情况大部分还可以，他们基本都有养老金维持日常的生活开支。然而，他们对今后的养老问题都比较悲观。随着年龄的增大，他们一方面担心医药费的增加，另一方面担心入住养老院的支出。

但也有部分失独老人由于心理和生理疾病，尤其是比较严重的，基本需要每个月去医院，看病是一项不小的开支，这使得他们的经济比较拮据。

（四）失独老人的健康状况分析

随着年龄的增长，人的身体机能也会逐渐衰退。相对于一般老年人，失独老人在身心健康方面更令人担忧。大多数失独老人在身体健康方面是一般或健康，患高血压的较多，听觉、触觉、视觉等都加速退化，也有部分患有心肌梗死、白血病、乳腺癌、甲亢、老年痴呆、肺癌等。特别是独居老人，在家没人照料，人身安全更没有保障。在心理健康方面，独生子女的失去、家庭结构的缺损和瓦解，不仅意味着外部生活的解构，更让其内心世界崩溃。大部分失独老人，尤其是女性，长期走不出失去子女的阴影，内心自闭、内疚、后悔、不满、愤怒，担心别人看不起他们，担心别人提起子女的事，担心生病付不起医疗费，担心手术无人签字，担心住不起养老院，甚至担心老死在家中无人知晓，这些悲观、负面的情绪严重影响着他们的身心健康。

（五）失独老人的情绪/精神状况分析

失独老人的情绪/精神状况主要包括婚姻、情感维系（指与亲朋好友的关系维系）和个人情绪问题。

在婚姻上，调查中大部分老人由于失去了独生子女，夫妻间的感情与相互支持度上升，以相依为命的态度对待对方。但也有部分失独老人由于子女的缺失而导致了婚姻的破裂、离异，最后不得不选择独居，这也使他们对婚姻产生了不满和困惑。

在情感维系上，这部分人群出现了两种状态：一是加强了与亲戚、朋友的联系。部分老人由于失去了子女，在情感的缺口中加强或维持了与亲戚、好友的联系，并以自己的兄弟姐妹为替代或通过与他们的联系转移情感失去的焦点。但这样的情况属于少数。二是减少甚至中断了与亲戚、好友的联系，一方面他们不希望将自己的痛苦带给其他人，让关心他们的人伤心；另一方面他们也不想看着别人一家人其乐融融而自己的家庭却孤寂清冷。

在个人情绪上，符号互动论认为，当自我概念或身份能够在新的情境中得到肯定时，人们将体验到积极的情感；反之，自我概念或身份不能得到证明时，将会体验到消极的情感。在中国传统养老观念的影响下，子女的失去不仅仅是对亲情缺失的悲痛，更是对现实生活的无助和焦虑以及对老来无依的恐惧，他们无法找到人生的意义和自己的定位。因此，在相当长的时间内，他们体验到的基本上都是悲观、消极的情感。对过去，遗憾、怀念、自责、悔恨；对现实，悲伤、痛苦、焦虑、逃避；对未来，恐惧、失望、绝望。即使是已经走出失独阴影的老人，也只是努力忘却，不去想起。

(六)失独老人的社会功能分析

失独老人的社会功能主要指其社会交往状态、宗教信仰以及生活照料支持。老年人不仅在生理方面发生变化，对社会的适应能力也逐渐减弱。在退休后他们失去了工作的重心，交际圈也更局限于家庭、社区中。而在调查中我们发现，失独老人的社会交往活动更少，他们回归社会的积极性和主动性不高，经常处于封闭状态。如上文所述，部分失独老人的社会交往更多的是在自己的兄弟姊妹之间，与其他亲戚很少交往，对于朋友和同事之间的往来也明显减少甚至中断。

美籍匈牙利裔医学家索玛·魏斯(Soma Weiss)指出，人们在社会交往过程中，通过社会支持提供的亲密关系、社会帮助以及帮助他人等途径，可以使自身价值得到社会的认可，从而获得他人帮助的机会。健康的社会交往活动，能够冲淡或缓解他们失去子女的悲恸；良好的社会支持，有利于他们更快地走出失去子女的阴影。但是，从内心来说，失独者无法接受失去子女的现实，巨大的悲伤使他们对未来工作和生活失去信心和希望，他们不愿意参加各种社会交往活动，从而过着一种自我封闭的生活。大部分失独者选择足不出户，另一部分选择搬离原来的住所，到一个陌生的地方生活，还有少数失独老人选择皈依佛门。

另外，公众标签化的评价态度让失独老人觉得没了子女是低人一等的，或者是因为自己作恶太多导致的结果，这使得他们社会交往的主动性及走出困境的勇气也受到不同程度的影响，他们获取社会的支持也更少。

在生活照料支持方面，虽然失独老人每月可以得到政府提供的定额计生特殊家庭扶助金，但扶助金的发放问题却成了他们不满的焦点。另外，部分老人因年老生病或残疾在生活照料上需要支持，另有很多老人因不满足政府帮扶的标准而独自承担。

五、发现与讨论

失独现象不仅影响着失独群体的生活质量，还影响着社会的和谐稳定。失独问题已经是一个社会问题，而处理这一问题不仅需要政策上的重视，更需要在心理、服务上对失独老人进行关注；不仅需要处理好失独问题爆发后的残局，更需要对失独现象进行前瞻性的预防，从而更好地解决个人与社会的问题，推动全面建成小康社会。

社会工作是一个关注价值、人性，强调尊重、平等的专业性职业。在对失独家庭普惠性的物质帮扶相对满足前提下，人们要更加注重服务关怀和心理慰藉，更加注重计划生育特殊家庭社会支持系统的构建。针对上述对失独老人需求的分析，对本项目工作的进一步开展提出了构思与设想，以期达到失独老人“老有所养”“老有所乐”“老有所为”的局面，全面提高失独老人的生活质量和幸福指数。

(一)推动完善社会保障制度，实现失独老人“老有所养”

通过调查，可以发现，在计生特殊家庭扶助金发放、入住养老院，以及经济困难、生活照料困难等方面都需要正式制度的介入。因此，对失独家庭实现适度的政策倾斜，“将失独家庭成员纳入社会特殊保障群体，完善失独家庭的社会保障”就显得尤为迫切。在开展服务的过程中，做好资源链接者与政策倡导者的角色，收集失独老人的政策反映，重点在涉及失独老人医疗、保险、养老、住房等方面，举办民主生活会、座谈会，进行数据统计和政策梳理，提出政策建议，为政府对失独老人的制度安排提供有力依据，对失独老人进行分类分层给予保障，以有效解除其后顾之忧，满足其生理需求、安全需求，实现“老有所养”。

(二)开展专业社工服务，实现失独老人“老有所乐”

针对失独老人的现状与各方面需求，应采用专业社会工作服务，在理念层面更加注重从优势视角来看待他们；在直接干预中运用专业的社会工作个案、小组和社区的方法，注意强调多元化、平等、自由表达与相互倾听。可包括健康干预服务、心理关怀服务、精神文化服务、文化教育服务；支持性、互助性、发展性小组等。从而达成计划生育特殊家庭的能力建设，增强自信，培养他们自我学习和团队合作的能力，以更加积极主动的心态融入当地社区中，满足其社交、尊重与爱的需求，实现失独老人的“老有所乐”。

（三）组建自组织，实现失独老人“老有所为”

通过专业的社会工作服务，在个案与小组开展的基础上，积极挖掘服务对象中的领袖人物，努力构建失独老人自组织，实现计划生育特殊家庭的“能力建设”，推动计划生育特殊家庭支持性的社会组织的发育，发挥老人的主动性，变被动性的“接受服务”为生产性的“输出服务”，提高老人的积极性与组织性，全面推进“健康性和生产性”相结合的老龄生活方式，提升特殊老年群体生活质量，满足其自我实现需求，实现“老有所为”。

附件：

家庭服务建档表

档案编号：＿＿＿＿＿＿ 建档日期：＿＿＿＿＿＿

<table>
<tr><td>姓名</td><td colspan="2"></td><td colspan="2">性别</td><td></td><td>出生年月</td><td colspan="2"></td></tr>
<tr><td>文化程度</td><td colspan="2"></td><td colspan="2">婚姻状况</td><td></td><td>政治面貌</td><td colspan="2"></td></tr>
<tr><td>兴趣爱好</td><td colspan="3"></td><td colspan="2">以往/现在从事职业</td><td colspan="3"></td></tr>
<tr><td>健康状况</td><td colspan="2"></td><td colspan="2">特殊家庭类型（除失独情况外）</td><td colspan="4">□低保 □五保 □单亲 □孤寡
□残障 □其他＿＿＿＿</td></tr>
<tr><td>家庭经济情况</td><td colspan="8"></td></tr>
<tr><td>现住址及电话</td><td colspan="8"></td></tr>
<tr><td rowspan="2">家庭成员</td><td>姓名</td><td>与本人关系</td><td colspan="2">以往/现在从事职业</td><td>年龄</td><td>健康状况</td><td>情绪/精神状况</td><td>备注</td></tr>
<tr><td></td><td></td><td colspan="2"></td><td></td><td></td><td></td><td></td></tr>
<tr><td rowspan="2">居住情况</td><td colspan="3">独居□</td><td colspan="3">夫妻同住□</td><td colspan="2">租住房屋□</td></tr>
<tr><td colspan="3">老人院居住□</td><td colspan="3">与亲友居住□</td><td colspan="2">其他＿＿＿＿</td></tr>
<tr><td rowspan="6">家居环境</td><td colspan="2">家电（可多选）</td><td colspan="6">电视□ 冰箱□ 洗衣机□ 空调□ 风扇□
电话□ 收音机□ 其他□＿＿＿＿</td></tr>
<tr><td colspan="2">照明情况</td><td colspan="2">光亮□</td><td colspan="2">一般□</td><td colspan="2">黑暗□</td></tr>
<tr><td colspan="2">卫生整洁情况</td><td colspan="2">干净整洁□</td><td colspan="2">一般□</td><td colspan="2">杂乱□</td></tr>
<tr><td colspan="2" rowspan="3">通道</td><td colspan="2">平整□</td><td colspan="2">坑洼□</td><td colspan="2">其他□＿＿＿＿</td></tr>
<tr><td colspan="4" rowspan="2">是否方便老人/残疾人/特殊儿童等行动</td><td colspan="2">是□</td></tr>
<tr><td colspan="2">否□</td></tr>
<tr><td rowspan="2">社会功能</td><td colspan="2">社交能力</td><td colspan="2">家人关系</td><td colspan="2">帮忙做家务</td><td colspan="2">对外联系</td></tr>
<tr><td colspan="2">良好□ 一般□
欠缺□</td><td colspan="2">良好□ 一般□
欠缺□</td><td colspan="2">是□ 否□</td><td colspan="2">积极□ 一般□
退缩□</td></tr>
</table>

续表

<table>
<tr><td>姓名</td><td></td><td>性别</td><td></td><td>出生年月</td><td></td></tr>
<tr><td>现面临需求</td><td colspan="2">1. □儿童照顾
2. □婚姻问题
3. □就业
4. □相关救助/福利申请
5. □行为问题
6. □情绪疏导需求(□死亡 □疾病 □悲伤 □其他)
7. □康复服务需求(□身体残疾 □智障 □精神康复)
8. □家庭关系修复需求(□夫妻 □兄弟姊妹 □其他______)</td><td colspan="3">9. □人际关系(□朋友 □同事 □邻居 □其他)
10. □生活自理问题
11. □健康问题
12. □养老保障问题
13. □生活空虚,无事可做
14. □其他__________(请注明)
15. □暂时无</td></tr>
<tr><td>生活习惯</td><td colspan="5"></td></tr>
<tr><td>情绪/精神状况</td><td colspan="5"></td></tr>
<tr><td>目前急需介入的服务需求</td><td colspan="5"></td></tr>
<tr><td>跟进</td><td colspan="5">不辅导□ 追踪观察□ 转介□ 直接开展辅导□</td></tr>
<tr><td>督导意见</td><td colspan="5"></td></tr>
</table>

填写社工:__________ 督导:__________

宁波市海曙区项目点前期需求评估报告

一、项目的背景

计划生育特殊家庭老年社会工作的服务对象是年龄60周岁以上的，其独生子女由于发生意外死亡，又没有再生育和收养过子女的"失独老人"。计划生育特殊家庭是中国特色社会现象之一，近年来这引起党和政府的高度重视，在更加注重利益导向的基础上，各地政府基本上都提高对计划生育特殊家庭的帮扶力度及保险制度设计；但针对具体的服务对象而言，只靠物质帮扶所达成的有效性和差异性服务明显不足。为此，浙江省启动了计划生育特殊家庭老年社会工作项目，通过引入专业的社会工作理念和手法来提升对失独老人的服务水平，宁波市海曙区作为其中的一个项目点进行了服务试点。

截至2013年12月底，海曙区的失独老人家庭共有78户，覆盖了海曙区的所有8个街道，涉及44个社区。为了使项目服务更具有针对性，项目前期我们进行了服务需求的调查，一方面，我们通过走访失独老人相对集中的社区，与老龄、计生社工以及有关干部进行座谈，并与社工一起深入失独老人的家庭进行访谈；另一方面，收集了大量的资料和文献进行数据分析。①

二、调查基本情况

通过上述深度访谈和根据收集到的数据资料分析，发现海曙区失独老人的生活现状及需求情况呈现如下的特点：

（一）在生活照料方面

失独老人愿意更多地得到家政服务，此类人数为61人，占总数的63.5%；其次是紧急呼叫服务和老年公寓（养老院）信息，此类人数为37人，占38.5%。此外帮助购物（搬重物）、法律咨询、陪同看病均为失独人员需求的重点。

---

① 下文所涉及的部分调查数据来源于宁波市海曙区计划生育协会2013年度失独家庭帮扶现状及需求问卷调查，所涉及对象除了失独老人以外，还包含了一般的失独人员，特此说明。

(二)在精神慰藉方面

失独老人更希望组织各类老年人社团，丰富他们的晚年生活，此类人数为 66 人，占 64.7%；其次为提供文体活动指导以及陪着说话、聊天等服务，人数为 45 人，占 44.1%。有 36 人需要提供心理健康咨询服务，占 35.3%，并有 34 人希望陪同出行、休闲、旅游，占 33.3%，详见下图。

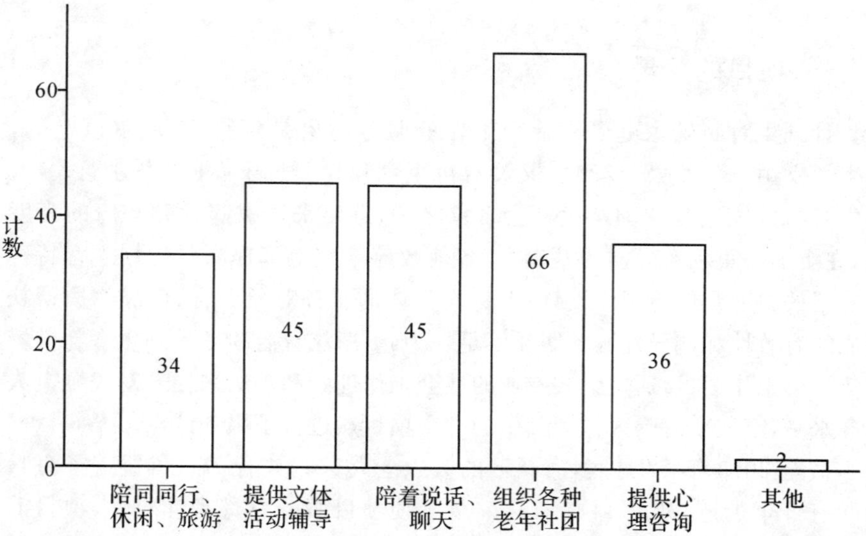

总体来说，失独人员一方面需要心理健康的咨询服务来缓解失独后的心理阴影，防止产生由此带来的心理疾病，另一方面，他们希望通过更多的团体活动，通过人与人的交流来得到精神上的慰藉。

(三)遇到困难解决方式

当其遇到烦恼事情的时候，77 人表示会向关系极为密切的人倾诉，占总数 50.7%。41 人表示如果朋友主动询问会进行倾诉，占总数 27%。14 人表示会主动倾诉自己的烦恼，以获得理解和支持，占总人数的 9.2%。同样有 20 人表示不会向任何人倾诉。

在解决烦恼问题的方式上，大部分人采用了完全依靠自己解决(19 人，12.5%)及多数靠自己，很少求助别人(92 人，59.7%)的方式解决。基本能够独立解决各类烦恼问题。但也有部分人员需要向家人、亲友、组织等求援，他们大多是生活自理能力较弱的老年人，他们需要社区更多的关心和慰问。详见下表。

失独人员解决烦恼问题方式

倾诉方式	人数	百分比(%)	求助方式	人数	百分比(%)
从不倾诉	20	13.2	自己解决	19	12.5
向密友倾诉	77	50.7	多数靠自己,很少求人	92	60.5
朋友主动询问,会倾诉	41	27.0	有时请求别人帮助	22	14.5
主动倾诉	14	9.2	经常请求别人帮助	19	12.5
合计	152	100.0	合计	152	100.0

(四)失独人员的邻里关系

失独人员的邻里关系在下图中可以看出,其中30.26%的失独老人表示邻居之间从不关心,只是点头之交;36.18%的人表示遇到困难可能稍微关心;19.74%的人表示有些邻居对其比较关心,并有13.82%的人表示多数邻居对其都很关心。总之,关心程度较低选项所占比例较高,共占66.4%,可见失独老人与邻里之间的关系相对冷淡。

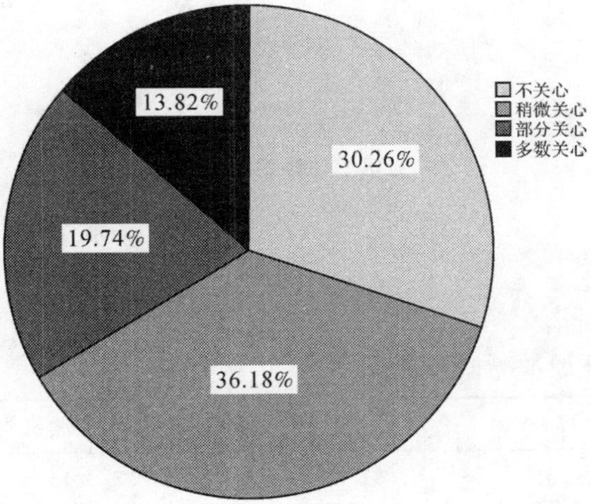

(五)社区对失独老人的关注情况

根据调查情况分析,海曙区对失独人员的服务情况如下:上门探望的人数为121,占79.6%;电话询问的人数为30,占19.7%;未关注过人数为1,仅为0.7%;其中132人每年接受社区探访2—11次,占86.8%;13人几乎每月都会受到社区探访,占8.6%,详见下图。由数据可见,海曙区针对失独人群的关注程度相对较高。

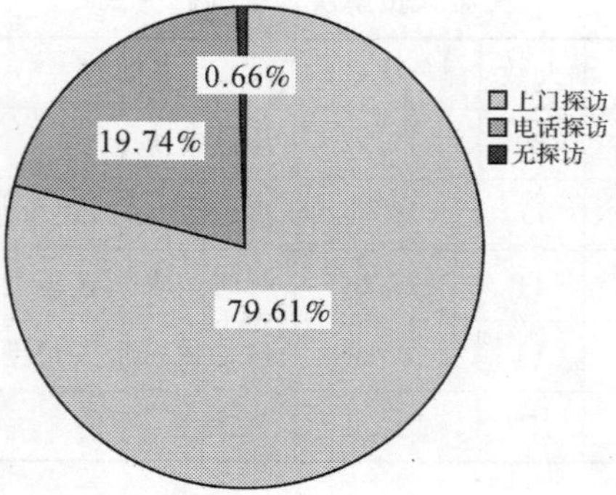

社区探访情况图

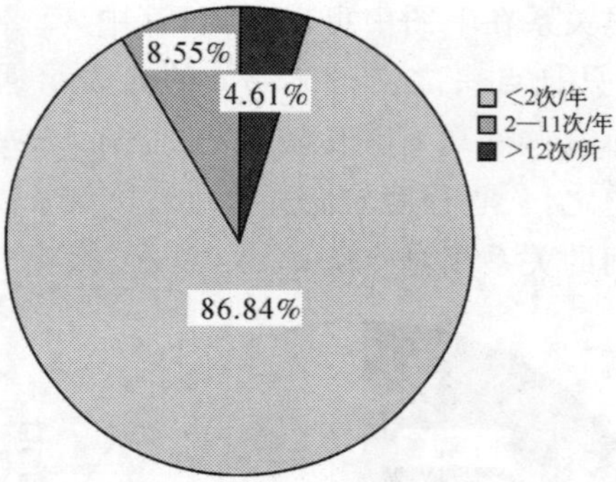

社区探访频率图

(六)社工对失独老人服务的主要内容

主要服务开展情况如下表：

服务项目	直接提供	帮助联系组织相关机构	提供相关信息
A. 上门送餐、送菜、送奶	7(31.82%)	6(27.27%)	6(27.27%)
B. 帮助购物、搬重物	7(31.82%)	4(18.18%)	7(31.82%)
C. 陪同去医院看病	5(22.73%)	6(27.27%)	9(40.91%)
D. 资金托管服务	21(95.45%)	5(22.73%)	12(54.55%)
E. 紧急呼叫服务	5(22.73%)	12(54.55%)	2(9.09%)
F. 陪同出行、休闲、旅游	4(18.18%)	5(22.73%)	7(31.82%)
G. 陪着说话、聊天	19(86.36%)	4(18.18%)	21(95.45%)

续 表

服务项目	直接提供	帮助联系组织相关机构	提供相关信息
H. 提供心理健康咨询服务	9(40.91%)	11(50%)	3(13.64%)
I. 老人院、养老院等养老机构	21(95.45%)	9(40.91%)	6(27.27%)
J. 家政服务(包括打扫卫生、买菜、做饭)	2(9.09%)	9(40.91%)	8(36.36%)
K. 组织文体活动辅导	16(72.73%)	3(13.64%)	1(4.55%)
L. 组织老年人文艺活动,活跃老年人晚年生活	20(90.91%)	1(4.55%)	1(4.55%)

三、对项目服务开展的启示

(一)失独对失独家庭的创伤是巨大的,需求是多元的

唯一子女的离世,几乎带走了他们所有的生活希望,给他们的心理和精神造成了十分重大的打击,以致很多失独家庭自我封闭,拒绝与社会接触,独自忍受子女死亡带来的煎熬。大部分失独老人的社会交往和社会支持仍然局限于家庭夫妻之间,这种行为倾向导致其与他人和城市社区呈现断裂性、相斥性,导致他们的社会行为和社会记忆将会比较长久地停留在与独生子女的社会生活和社会关系的社会性记忆之中,而这种内在的心理记忆更阻碍了自我的重新认同,这种创伤在相当长的时间内难以完全愈合。

(二)海曙区对失独老人服务有较好基础,但后劲不足

从以上的数据可以看出,社工在协助失独老人构建社会支持系统的层面上,无论是在理念的掌握还是方法运用方面都比较缺乏,所以服务工作在一定的程度上遇到了瓶颈。应该说,海曙区对失独老人的服务起步较早,做了大量的工作。但较多的模式为输入性的直接服务,服务的整体性和专业性明显不足,社工的工作基本上集中在对失独老人及其家庭的应对性和事务性的帮扶。缺少协助其建立和扩展社会支持系统,强化失独老人与他人、社会组织和社区的社会交往、社会互动,提高其"社会资本",增强社区融入,提高自助能力,从而更好地开始社会生活的重建。

(三)本项目必须坚持社工的服务理念,同时注重方法的创新

采用专业社会工作服务,在理念层面更加注重从优势视角来看待服务对象,在直接干预中也运用社会工作的个案、小组和社区为专业的方法,强调多

元化、平等、自由表达与相互倾听，推动计划生育特殊家庭的社会支持系统发育。项目应该支持一线服务的社工，在直接性服务输入同时，通过倡导助人自助和自助助人的理念，努力搭建各类支持平台，积极为失独老人营造社会支持系统，鼓励他们逐渐融入社区。并通过培养他们的自我管理、互助合作能力，服务于其他失独家庭和社会大众，最终走出失独的阴影。

嘉兴市南湖区项目点前期需求评估报告

一、背景

“失独”是一个最近几年才出现的新词语，指失去独生子女。“失独群体”是指失去独生子女的父母所组成的社会群体。据卫生部发布的《2010中国卫生统计年鉴》显示，以年龄段人口疾病死亡率来推算，15岁至30岁年龄段的死亡率至少为40人/10万人，由此估计，目前我国每年15岁至30岁独生子女死亡人数至少7.6万人，意味着每年约有7.6万个计划生育特殊家庭出现。这也意味着全国至少有超过100万的计划生育特殊家庭。当然，目前国内还没有统一的数据公布出来，我省也是一样。如果从全国的100万户家庭水平来推算，加之浙江的“独生子女”水平高于全国平均水平，预估浙江有3万户左右的计划生育特殊家庭。失独者这一曾经被忽视的群体逐渐引起社会的广泛关注。

目前，根据嘉兴市南湖区计卫局提供的数据，南湖区共有失独家庭181户（以该家庭女性49周岁以上为标准），涉及五个街道和三个镇，其中街道有126户，镇有55户。这是项目的主要服务群体。

二、评估目的

该示范性项目拟通过专业社会工作服务的导入，形成“政府主导、专业机构服务和计划生育特殊家庭社会支持系统形成”的新型社会服务体系，通过专业的社会工作服务，达成计划生育特殊家庭的“能力建设”，提升特殊老年群体生活质量。

本次调研主要是为了“浙江省计划生育特殊家庭老年社会工作服务示范性项目”在嘉兴市南湖区的开展，了解该区域失独家庭的具体情况及需求，为项目社工深入社区开展服务提供依据。

三、评估总体概况

本次需求调研时间是4月中旬至5月初，主要针对的是辖区内五个街道的126户失独家庭开展需求评估。在镇方面，由于人力和时间的限制，这部分的需求评估放在项目的中后期开展。

本次需求调研首要目的是为了后续的社会工作服务介入，同时考虑到服务群体的特殊性和敏感性，因此，嘉兴项目组没有使用问卷调查的方式，服务对象在访谈中的表述及社工的专业判断为评估主要依据。需求评估根据督导设计的“家庭服务建档表”，由各社区社工对本社区内的失独家庭以入户访谈的方式来完成。最终的需求评估结果以形成“家庭服务建档表”为准，辅之以“家访记录表”。

四、评估结果

截至五月初，南湖区新嘉街道、新兴街道、南湖街道、解放街道基本完成了辖区内失独家庭的需求评估，建设街道完成部分失独家庭的评估。共建立“家庭服务档案表”118 份，其中，已搬离南湖区的失独家庭有 22 户，拒绝社工上门探访的有 12 户，家中还留有子女的下一代的有 24 户。

五、需求评估结果分析

根据初步需求分析的结果，服务对象的需求可以总结为以下几点：

(一)养老保障需求

面临这一需求的服务对象可以分为两类。一类是经济状况较好的失独家庭，他们自己的各类收入基本可以负担养老方面的物质需求，但他们比较担心在自己住养老院或者住院之后无人探望，病床前无亲人服侍；另一类是经济状况较差的，他们的收入只能维持基本的生活和医疗，没有能力负担今后的养老院费用，也请不起看护，对自己失去行动能力后的生活非常担忧。

(二)社会支持的需求

这里所说的社会支持的需求主要是指同类群体的交往需要。大部分的失独家庭都表示不愿意与同龄的非失独家庭交往，主要原因在于处于服务对象这个年龄段的人群日常聊天的话题基本上围绕在孩子、孙子和家庭上，而这正是失独人员不想碰触的话题。这就直接导致服务对象社会交往范围的缩小，社会支持系统薄弱，只能较多地依赖家庭系统和社区的支持。这里所指的家庭系统主要是服务对象的配偶或者来往相对密切的亲人，而从需求评估的结果来看，很多服务对象在家庭系统的支持这一方面也是无法得到满足的。

因此，这类服务对象很希望能够接触与他们有相同经历的失独人员，抱团取暖，在这样一个支持系统中，他们彼此有更多的共同话题，也更能够理解彼此的情感，能够站在理解的角度上相互鼓励和支持。但是就目前的情况来看，服务对象自己缺乏合适的途径来满足这方面的需求，他们需要一些中介系统，用他们能够接受的方式来帮助他们建立这样的互助支持系统。

(三)情感需求

根据服务对象的表述，这方面的需求比较强烈地表现在节假日的时候，尤其是清明节、中秋节和春节这三个节日，别的家庭的欢乐、团聚愈发让服务对象觉得家里的冷清，对于一些独居的失独老人而言，这方面的需要则是最强烈的。

另外，还存在一小部分的服务对象至今还无法走出失独的悲伤，这部分服务对象更多地表现为封闭自己的生活，尽量避免与外人的接触，包括社工的探访。这部分服务对象的情感需要是很难以别的方式来替代满足的。

(四)生活照料的需求

这部分的需求主要表现在年纪较大的或者身体状况较差的服务对象上。这部分人有的行动不便，有的经常生病住院或者需要长期吃药，加上身边没有可以长期照顾的人，他们的生活就会比较困难。虽然社区会提供一些照顾，也会链接一些志愿者资源，但都是一些暂时性的帮助，并不能解决最根本的问题。而且这部分服务对象的生活状态会相对比较消极，对自己的生存现状非常无奈。

六、服务介入方向

(一)养老需求介入

根据上述需求结果的分析，该需求的产生主要有两种情况。针对由经济需求而产生的养老保障需要，这方面需要较多地依靠政策来满足。就政府而言，可以建立相关的失独家庭物质帮扶制度，建立失独家庭生活、养老困难帮扶制度。同时失独家庭特别扶助金应当建立长效保障机制，按照每年城乡居民消费品物价指数的上升幅度，相应调整特别扶助金的发放标准。就社区而言，需要在现有的居家养老服务的基础上，增加针对失独家庭需求的服务设计。

就项目本身而言，社工主要针对有经济能力的服务对象介入服务。由于失独家庭没有子女，就算他们想住养老院也没有人可以为他们去搜集适合自己的养老院信息，这样服务对象也很难衡量自己的经济能力适合以哪种方式养老。项目可整合嘉兴市内公办和民办的养老院资源，由社工实地考察先选出一批在费用和环境上都相对比较合适的养老机构，邀请这些养老机构的相关负责人，以社区活动的形式，对那些有住养老院想法或者想了解相关信息的服务对象开展一个介绍会，在介绍会之后，社工会根据服务对象想要进一步了解的养老院将服务对象分成几个小组，并带服务对象到相应的养老院实地体验。在活动的后续跟进中，社工也会设计相关的活动来加强选择同一个养老院的服务对象之间的熟悉和联系，使他们就算进入养老院之后也能够有熟悉的朋友相伴，消除他们对无人探望的担忧和对孤独的恐惧。

（二）同类群体的社会支持系统构建

针对社会支持需要和情感需要，项目主要的介入方式是小组和个案。首先，对于需求评估中有直接介入辅导需要的服务对象，社工会以个案的方式直接开展服务。其次，在街道层面开展不同的社会支持性小组，协助组员以小组为媒介构建支持团体，另外，在小组的基础上，社工可引导组员在小组结束之后以本组的组员为主体，定期组织聚会，尤其是在传统节日相约一起过节，进而形成服务对象的自助与互助。在这些团体稳定和成熟之后，社工亦可考虑引导各团体的负责人扩大团队，纳入更多有需要的失独家庭，由自助与互助向助人转变。

对于暂时没有个案介入需求以及不适合参加小组活动的服务对象则主要采取跟踪服务，社工定期上门或者电话探访，并做好跟进记录，及时跟进服务对象可能存在的需求变化。

（三）资源链接，导入社会力量

针对服务对象经济及生活照料方面的需要，除了政策层面的倡导之外，项目可整合和链接其他社会公益组织、社区资源、高校志愿者等方面的资源，充分动员社会力量，鼓励社会大众关心失独家庭，社区、社会组织、志愿者以及社工紧密配合，扩大服务对象的社会支持网络。

（四）本土社工及社会组织服务专业能力提升

本项目的主要合作对象是本土的社区社工，为了更好地满足服务对象的上述需要，项目亦会对本土的社工开展集体性培训。同时会对项目设计的社区社工提供大量的督导服务，提升本土社工的专业服务能力。另外，考虑到项目结束之后服务的持续性问题，在项目后期会根据整个项目实施中社区社工的表现来挑选出部分社工成立服务小分队，开展专门的工作坊及主题培训，并将其作为项目组退出后继续为失独家庭提供服务的主要团队。

计生特殊家庭老年社会工作服务示范项目总结报告

一、示范性项目的背景

(一)浙江省老龄化发展迅速

我省是全国老龄化程度最高的两大省区之一,截至2013年底,60岁以上老年人占总人口的18.63%,据测算,到2020年该数据将上升到24.17%。浙江的老龄事业面临着严峻挑战和全新发展机遇。养老问题已经成为关系国计民生、社会和谐与稳定的重大问题,养老服务新体系的构建是社会整体文明程度的集中表现。

(二)计生特殊家庭老年人是"困中之困"的群体

包括计生的残疾家庭、困难家庭和失独家庭等。根据浙江省计生和卫生部门的相关统计材料,到2013年8月,浙江省的失独家庭的家庭数是1.5万户左右,应该说,随着时间的推移,这个数字还会进一步扩大。

(三)计划生育特殊家庭是中国特色社会现象之一

近年来该群体的政策性和物质性诉求反映比较迫切,这引起了党和政府的高度重视,在更加注重利益导向的基础上,各地政府基本上都提高了对计划生育特殊家庭的帮扶力度及社会保险制度设计。浙江省卫生厅和浙江省计划生育委员会已经出台相关帮扶政策,尤其是杭州、嘉兴等地都出台了《实施计划生育特殊家庭关爱帮扶金的办法》等,国家计划生育委员会也推出了计划生育特殊家庭服务项目,浙江的嘉兴、湖州等地也都承担了相应项目。

(四)现有的相关性服务还有待深入

针对具体的服务对象而言,单一政府的物质帮扶所达成的差异化、有效性和满足感明显不足,目前,在普惠性的物质帮扶相对满足前提下,人们应该更加注重服务关怀和心理慰藉,更加注重计划生育特殊家庭社会支持系统的构建，尤其是通过社会工作专业服务导入来实现由“老有所养”为重点向“老有所养”和“老有所为”并重就显得更加迫切。

二、示范性项目的实施

（一）项目的性质

由浙江省老龄办主导，浙江省之江社会工作发展服务中心承接，计划整合社区层面多项资源，推动基层社区社工为失独老年人群体提供专业的社会工作服务。项目实施周期自2013年11月至2015年2月，实施地为杭州市下城区、宁波市海曙区和嘉兴市南湖区。

（二）项目总目标和工作机制

计划生育特殊家庭老年服务项目总目标为通过专业化社会工作服务，提升失独老年人的社会融合度和支持度，提升其生活品质。工作机制：多方协同政府老龄工作部门、专业社会工作服务机构和在社区的社会工作者和相关志愿者，以社区为平台，以社会工作专业服务为抓手，达成计划生育特殊家庭的“能力建设”，推动其互助性和社会支持性系统发育，全面形成“健康性和生产性”相结合老龄生活方式。

（三）项目服务内容

本项目在宁波海曙区、嘉兴南湖区和杭州下城区三地为453户失独家庭建立基础性服务档案，并且至少为其中223户失独老年人家庭提供直接性服务。

1.开展社会工作专业服务培训。为三个项目点提供社区老龄社工和计生社工培训6次，共12场，邀请杭州、上海、广东和香港等地高校社会工作系专业教师和机构负责人担任培训师资，接受培训社工近600名，协助基层社工提高服务于失独家庭老人能力。同时，针对基层社工提供社会工作专业理论、理念、工作方式、实务技巧与方法、规范化流程和案例写作等具有社会工作特色的“工作坊”培训13场，受益社工人数近200人次。同时机构还参与了杭州、宁波、嘉兴和舟山等地计生协会组织的“计生特殊家庭服务项目”培训，推进基层计生工作成员服务计生特殊家庭的能力提升。

2.开展社会工作督导服务。在三个项目点都派出1名驻点社工担任协调和担任督导工作。机构通过各种途径提升驻点督导人员实务督导能力，分别从广东省引进有经验的社工，并派出工作人员到香港社会工作机构交流学习，并派出成员参与浙江省第一期社会工作实务督导班培训班，成为第一批接受香港督导的机构工作成员。同时，机构安排了高校社会工作系专业教师为三位驻点社工提供督导服务。

在实务领域中，机构驻点社工为三地的社区社工提供团体督导不少于43次、督导沙龙4次及按照基层社区社工日常工作需求通过面谈、电话、QQ、电子邮件等方式提供多次个别督导，服务基层社工不少于951人次。直接参与项目的基层社工超过250名，其整体对机构的服务满意度超过90%，宁波海曙区的社工的满意度达到100%。

3.提供专业社会工作服务。三个项目点的驻点社工与社区社工协同，共同完成针对失独老年人个体或群体生活困难、情绪缓解、人际沟通、互助支持、社会融入等方面的需要开展个案服务66个，小组工作11个，共计56节，社区活动5场，直接服务不少于1225人次。根据“第三方”评估，接受服务的失独家庭的服务满意度在90%以上，尤其在失独老年人的互助性支持系统构建方面取得较大成效，成立了旅游互助会、书友会等兴趣小组。同时，注重服务对象的利益诉求渠道建设，在宁波海曙区组织失独家庭和政协委员“面对面”，形成了“关于做好计生特殊家庭社会工作服务”的政协提案。

4.为社会工作大学生志愿服务工程提供服务。在本项目周期内共安排大学生志愿服务者30余名。为了保证志愿服务质量，在嘉兴南湖区有12名大学生志愿者参与了该示范性项目，为期1个月，机构安排驻点社工为其提供专业督导，基本坚持每天开1次督导会议；杭州下城区有14位志愿者，延续3个月，机构为其提供每星期1次督导会议；宁波海曙区安排1名志愿者。志愿者对参与项目的满意度超过90%。

5.规范社会工作服务流程管理和标准化。机构编制了《关怀计划生育特殊家庭工作指引》《浙江省计生特殊家庭老年人社会工作服务示范项目服务指南》《对计划生育特殊家庭哀伤辅导指引》3份资料，对基层社区社工在失独概念、失独老年人所处的情景认知、工作理念方面进行澄清和指导。编制了社会工作服务专业规范和工具，指导基层社区社工开展服务，如个案服务使用的《家庭服务建档表》《服务情况跟进汇总表》《个案接案评估表》《服务情况详细记录表》《个案结案评估表》《个案服务结案报告》及《服务结束报告》等；小组服务使用的《小组计划表》《活动记录表》及调查问卷等配套工具；社区活动使用的《社区活动计划表》《社区活动总结表》及活动调查问卷等配套服务工具。同时，还编制了《老人社会工作服务指引》和案例编写规范等资料。

6.开展“第三方”项目评估。机构在项目自评的基础上，聘请上海现代公益研究和评估中心针对“浙江省计生特殊家庭老年社会工作示范性项目”进行中期和末期的专业评估。第三方评估认为：“①针对失独老年人个体功能恢复的目标，……协助所服务的失独老年人个体获得需要的医疗、养老资源，通过同质或同辈群体人际关系支持，在一定程度上改善情绪与认知；②针对失独老年人社会融合的目标，……失独老年人群体表现出强烈的群体观念，……认为项目服务基本能够推动个人打破自我封闭状态进入群体中，通过群体参与社区活动；③针对失独老年人可获得的社会工作服务质量改善的目标，……较为直观地带给各地基层社区社工专业性冲击，同时提供了较为系统化的工作方式和服务技巧知识；④针对失独老年人所处的支持性社区环境营造的目标，……项目执行过程中尝试链接多方资源，共同服务于失独老年人群体。”项目组在整合政府公益创投资源、高校社会工作教育资源、其他社会工作服务机构服务资源，辖区单位和当地基金会等社会资源方面都有很好的尝试。

“评估结论，计划生育特殊家庭老年服务项目在一年的执行周期内积极尝试，有效推动各项目点失独老年人服务的发展，提升社会工作服务规范性和专业性。”

7. 在三个项目点分别召开了项目总结表彰会议。在会议上，表彰了优秀工作者和优秀案例，编制了本书。

三、示范性项目服务的创新点

(一)失独家庭所面对的困境

失独家庭在不同人生阶段面临的困境有很大差异。在最初失独阶段，其主要是面临心理和情绪上的压力，很多人很难走出“失独”的阴影，对生命意义的自我肯定感缺乏。在相对稳定期，其主要面临的是社会交往和社会支持系统严重缺乏，自我封闭的倾向比较严重，他们慢慢形成相对独特的话语系统和生活方式。进入高龄阶段，其失独感受度再次变得强烈，在养老、就医等日常生活等层面出现严重困境，甚至出现自我价值破碎，出现“等死”的心态。

更进一步，现实社会环境中，还没有形成对失独家庭老年人的“亲和性”文化，对失独家庭还有一定的“污名化”现象。同时，由于近年来国家计划生育政策的变迁，失独家庭对原来的计划生育政策和现在的计生特殊家庭救助政策的不满情绪也比较明显。

(二)项目服务的创新点

第一，项目运作模式创新，政府自身不再是服务资源的供应者和直接服务提供者，而是通过省老龄办向社会组织（浙江省之江社会工作发展服务中心）购买社会工作服务的方式来推进，实现了老年社会工作服务供给方式的创新，符合社会治理的新要求，成为政府和社会组织协同创新的一个新范本。社会组织在项目的实施过程中立足于社区，社会工作人才是核心竞争力，真正形成"三社联动"的新格局。

第二，服务理念创新，不同于现有单一以物质性帮扶为主的"输入性"服务，更加注重从优势视角来看待服务对象，注重服务对象的潜能开发。失独家庭老年人并非是简单接受外在服务的对象，应更加注重"老有所为"，从"生产性"来推动失独家庭老年人的能力建设。失独家庭老年人本身就是"正能量"的动力源，应推动失独老年人积极参与本地的社区公益创投项目。对失独家庭的服务关键在于服务对象要"走出家门，才能打开心门"。

第三，服务方法创新，不同于现有社区以志愿者"组团"服务为主导的经验性服务，导入社会工作专业化服务。该项目立足于社区，推动社区工作者转型为专业服务提供者，建立社会工作服务督导制度，为失独家庭提供差异化、有效果的专业服务，注重直接的微观服务介入；以社会工作服务为主轴，推动政府资源、高校资源、社会组织资源和社区资源等的有机整合，实现失独家庭老年人的互助性和社会支持系统的构建。

第四，服务输送路径创新，不同于以往为失独家庭老年人服务注重家政服务和直接志愿服务为主，坚持"输入性"和"输出性"服务相结合，注重服务对象互助性和他助系统形成。具体而言，既重视直接干预的微观社会工作服务，注重其治疗性和成长性服务，涉及危机干预和心理辅导等；也重视宏观的社区工作和政策研究，注重支持性和发展性服务。通过项目的推进，以期推动相应政策变迁，推动社会对失独家庭"亲和性"文化形成，并且通过基层社会工作服务模式的"固化"，以期对其他地区的失独家庭老年社会工作服务提供示范性和可移植性。

四、项目执行中存在的问题

(一)建立清晰、有层次的项目目标系统

项目有总目标和具体目标，但是在设置上还有些笼统并不够具体，并没有对阶段性目标提出具体要求。这也直接会导致项目团队对于各地项目服务内容和方向的理解出现偏差，要增加项目服务成效与项目目标之间的回应度。因此，应聚焦不同阶段失独家庭老年群体核心需求，梳理不同时期各项具体服务目标方向，结合服务介入层次分层制定目标发展脉络，便于各地项目驻点社工根据本土失独老年人群体情况安排服务计划，在方向一致的基础上探索各地服务模式。

(二)根据社区社工的实际情况,建立有边界的服务内容

社区社工在具体开展服务的过程中,随着前期信任关系建立,失独老年人群体在生活照料、情绪疏导、日常陪伴、情感支持、社会人际、自我价值肯定、互助性和社会性支持发育方面的需求都会进入服务团队视野,但是,由于社区社工还不是专职的"社会工作者",其日常工作安排、人员流动、能力发展等因素都会在一定程度上影响直接服务深入,也会间接影响项目督导和培训的供给效果。因此,项目应根据不同失独家庭的老年人的不同需求,建立有边界的项目服务范围,对各方需求进行筛选,结合项目目标和团队能力优先选择在项目时间周期内可实现的服务输出,再向更大范围或更深层次服务递进,使浙江更加有利于社区社工的专业化转型。

(三)进一步建立统一的服务管理标准,增加服务的规范化

应及时总结项目服务经验,建立统一的服务管理流程和标准,对服务对象进入服务至退出服务全程做出安排,考虑可能涉及的服务分置流程、转介流程等,同时建立具体评价标准,如服务对象进入标准、服务对象评价标准、服务对象退出标准以及服务质量评价标准等,制定配套的服务工具,在需求评估和绩效评估中要尽可能使用各种统计性量表。

(四)梳理驻点社工和社区社工的关系,激发社区社工的积极性

该项目工作构架设置对于项目驻点社工与社区社工的合作程度要求较高,但实际执行中容易受到外部环境约束导致出现"变形"。基于建设本土专业化的老年人社会工作人才队伍的目标,要重视项目驻点社工、社区社工和专业志愿者团队之间的关系,激发社区社工参与直接服务的积极性,提升老年人社会工作专业服务能力。

(五)总结经验,注重项目服务经验推广

计生特殊家庭老年服务项目的实施,已经取得很好成效。项目组也将进一步围绕失独老年人群体服务共同构建生命历程与各阶段匹配服务内容,将三地服务经验有效结合在一起,形成一套相对完整的服务流程和服务经验,以对其他地方的老年社会工作服务提供借鉴。

五、未来工作的六点思考

(一)构建系统的为失独老年人服务的社会工作体系

如前述，计划生育特殊家庭老年社会工作服务示范性项目在实施过程中，为失独家庭老年人服务的社会工作体系实际上涉及“政府保障体系——社会组织专业服务体系——失独家庭自治体系”三大体系。因此，搭建三大体系之间的沟通“桥梁”，这既要取决于政府的大福利体系的构建，也取决于社会组织提供专业服务的能力培养，还牵涉到失独家庭自治性组织和自治性空间的形成。当然，这种发展趋势是符合十八届三中全会关于加快社会治理创新的新要求，也是国家治理能力现代化的重要组成部分。

(二)完善政府购买社会组织服务的制度建设

2014 年 6 月政府出台了《浙江省人民政府办公厅关于政府向社会力量购买服务的实施意见》，之前，国家民政部和财政部在 2012 年 11 月也印发过《关于政府购买社会工作服务的指导意见》。政府购买社会组织服务中，要处理好常规性服务和创新性服务之间的关系，创新性服务则要处理好示范性和可持续发展的关系；同时要注重购买服务和服务评估相结合，这既有利于提高政府公共财政资金的使用效率，也能提高机构运作项目能力，也有利于整个社会环境“公信力”建设。

(三)完善失独家庭老年社会工作服务目标系统

该目标系统是相对复杂的，立足于浙江省计生特殊家庭老年社会工作服务的现实，把社会工作的专业服务导入社区。结合杭州市下城区、宁波市海曙区和嘉兴市南湖区三地成效结果，该项目服务的目标人群不仅有失独家庭，还应该包括社区中的社区老龄社工和计生社工，项目的工作指向的目标人群需求不同必然导致成效经验各异。对于社区工作者而言，系统完整的服务工作流程和质量要求能够指导基层社区社工有效开展服务，提升服务品质。对于失独家庭的老年人而言，对处于不同阶段的失独老年人个体或群体表现要进行分类，差异化的专业性服务是关键。通过项目的实施，分层次、分阶段将可提供的服务内容进一步精细化，针对失独老年人初期个体恢复、中期群体关系支持至后期自我价值追求等工作提炼重点目标，形成服务目标系统。同时，研究形成系统化服务框架，为未来其他地区拓展或复制失独老年人服务提供借鉴。

(四)基于社区层面拓展或深化老年人社会工作专业服务

浙江省的整个养老服务模式是按照“9073”来做政策性安排的，也就是说，机构养老只占3%，社区化养老占7%，而居家养老人数占90%。社区是基层治理的最重要单元，发挥着举足轻重的作用。通过失独家庭的老年社会工作示范性项目的实施，可以得出这样的结论：专业社会工作服务不仅成为沟通社区正式支持系统和非正式支持系统的桥梁，也成为了社区和社会组织沟通的桥梁，同时还是沟通政府和社会组织的桥梁。

一方面失独老年人群体是众多老年人群体中有特殊困难的一类，他们缺乏针对性的福利保障，与同辈群体相比，在养老、医疗等未来需求方面更加突出，基于实践经验的研究将能够对现行福利政策体系下增加失独老年人养老、医疗等提供对策性建议，实现自上而下为失独老人群体未来生活提供保障；另一方面，关注失独老年人较为看重同质群体关系从而可能变相封闭的特点，在注重失独家庭的互助性支持系统的同时要注重其自身“为社会奉献”的他助性服务，实现社会工作服务的最高境界“助人自助”，基于社区或社会融合立场深化未来服务工作，避免因为团体依赖造成的自我标签、自我隔离等。当然，这种专业化的社会工作服务模式必将会在社区形成一种服务于全体老年人的新路径。

(五)注重基层社区本土化社会工作专业人才队伍建设

浙江省的基层社区社会工作的专业化是未来社区管理体制创新的重要组成部分，社区社工必然存在着由经验型社区工作者向专业型社会工作者的转型。本土化社工人才队伍建设是计划生育特殊家庭老年服务项目服务的初期核心目标之一，也是项目服务执行和有效实施的重要前提。纵观项目执行过程，我们发现各项目点拥有的专业化社会工作人才队伍数量和素质对于服务成效具有关键作用。因此，建议在推行失独老年人社会工作服务的同时重视各地本土化社会工作人才队伍的建设和使用，在现阶段可考虑以项目形式设置社会工作专职人员岗位（杭州下城区已经开始减少社区社工数量，推进项目化社工的设置），扎根社区开展社会工作服务；或者以社区内的社会工作室为基础，在现有的失独家庭老年社会工作中“嵌入”社会工作服务，采用专业化社工机构协同社区工作者为失独老年人群体开展具有针对性的服务，再视情况和服务需要逐渐形成社区与社会组织相结合、具有多元主体构成的服务队伍。

（六）建立长期而稳定的社会工作督导工作制度

基于现时期浙江省社会工作专业人才队伍发展情况，计划生育特殊家庭老年服务项目搭建间接服务架构，由机构驻点社工督导基层社区社工，为失独老年人个体或群体提供专业社会工作服务，这显然能够有效提升社区工作者的服务质量，进而提升专业服务质量。因此，在未来老年社会工作服务的可持续发展中，可考虑在已具有一定数量持证社会工作者的地区，建立长期而稳定的社会工作督导工作制度，结合不同服务阶段和失独老年人个体或群体需求，给予基层社区社工以专业的社会工作理念、知识、理论、工作方式、实务技巧等系统培训，并借鉴先进地区社会工作服务经验，设置资深社工为基层社区社工开展一对一跟踪指导，循序渐进地在服务中体验和学习专业工作手段，支持有条件的地区将现有服务进行延续或拓展。

第二篇

优秀案例

个案工作案例

案例一
走出失独阴影，重树生活信念

社工：李凤英①

一、个案背景

（一）服务对象基本资料

A女士，现年60周岁，丧偶、失独，初中毕业，建设街道某社区居民，事业单位退休。三十几岁时，老公因病死亡，与唯一的儿子相依为命，儿子在她的精心培育下很优秀，最后考取了浙江大学。2005年儿子大学毕业，在考取公务员后的体检中，因小三阳不能被录取，他怀疑区里的有关干部调包，愤怒之下持刀杀人，后被执行枪毙。儿子的离去，对A女士的打击很大，在她心中留下了很深的阴影。

（二）个案来源

其他部门转介：社区从事三叶草项目的计生干部上门，由于不懂专业的服务技巧，每次上门都遭到了A女士拒绝，并明确告知不需要这种服务。带着对A女士的担心和关心，计生干部找到社工，希望帮助A女士打开心结。社工通过两次外展活动，了解到了A女士的有关情况，在取得A女士初步的信任后，决定接手A女士的案例。

（三）家庭情况

1. A女士目前一人独居，退休工资每月4000元左右，足够她生活。有一位83岁的老母亲，身体健康，行走自如，独居在离A女士不远的地方，经常来看望A女士。A女士还有一个妹妹、两个弟弟。妹妹和两个弟弟都已成

---

① 李凤英：嘉兴市南湖区建设街道瓶山社区社工。

家立业。

2. 由于母亲年纪大了,母亲的退休金平时由A女士保管,母亲的其他事情也都是她在承担。有时A女士还在经济上救济小弟,小弟夫妻俩单位经济效益不好,侄儿要结婚,她无偿给予6万元。为了大家庭的团结也给了大弟2万。A女士平时与小弟关系最好,走动也较密切,与其他的弟弟妹妹则很少走动。碰到重大节日,A女士和母亲大都在小弟的家中度过。

(四)朋辈关系

A女士退休在家,喜欢一个人早晨出去打拳,下午有时会跟一个要好的小姐妹出去打打乒乓球。A女士住在老小区,基本是出租户,剩下的几家老邻居也很少来往。街道计生办、社区居委会平时也很关心A女士,失独家庭特扶优惠政策也都让A女士享受了。

(五)健康状况

60周岁的A女士身体健康状况良好,有完全生活自理能力,平时也比较注意运动。尽管这样,A女士内心总感到自卑、无望,“活着没意思”是她的口头禅。

二、个案分析

(一)需求分析

1. 社会交往需求。儿子的离去,对A女士的打击很大。几年来,A女士敏感、自卑,抗拒与陌生人接触,生活圈子比较狭小,母亲、偶尔打打乒乓的小姐妹和只有在节假日才见见面的小弟是她交往的全部,社会支持系统比较薄弱。尽管这样,她内心还是渴望与人交往、沟通,但又怕别人瞧不起她,怕其他人提起自己孩子时触动伤心事。

2. 提升自我价值的需求。唯一儿子的离去,让A女士失去了活着的希望,“活着没意思”是她的口头禅。如何激发A女士的潜能,让A女士的自身价值得到充分的体现,走出失独阴影,树立生活信心,是本案服务的一个目标。

(二)优势分析

1. 特长优势。A女士身体很健康,在孤独寂寞的时候曾经上过一年的老年大学,学会了打太极拳,太极拳打得很好,偶尔她还与一个要好的小姐妹打打乒乓球。

2. 家庭支持系统优势。服务对象平时与老母亲和小弟关系较密切,走得较近。碰到重大节日,A女士和母亲大都在小弟的家中度过。

三、社工介入过程

(一)服务目标

1. 引导A女士参加街道的失独家庭小组活动,跟进A女士参加小组活动的情况,给予鼓励和支持。

2. 强化A女士在小组中的成长,鼓励A女士参与社区活动,融入社区,增强其社会支持系统。

3. 激发潜能,提升自我价值,重拾生活信心。

(二)介入阶段

1. 第一阶段。

目标:通过两次外展活动和第一次上门家访,了解A女士的基本情况,与A女士建立初步的信任关系。

时间:2014年5月20日—6月20日

服务次数:3次

介入过程:

(1)第一次外展活动:为了接近服务对象,了解到她的第一手信息,社会工作者通过电话方式主动约服务对象参加嘉兴市第二届老年体育运动会开幕式,经过引导,服务对象最终表示愿意参加。在这期间,服务对象聊了很多她家里的情况,通过倾听,社会工作者了解到服务对象现在一个人居住,平时只跟83岁的老母亲走动,老母亲经常来看她,但服务对象还是觉得母亲此举打扰了她。服务对象平时晨练时喜欢一个人打打太极拳。尽管这样,服务对象总感到活着没劲。“活着没意思”是她的口头禅。

(2)第二次外展活动:服务对象到社区来办老年卡,社会工作者利用这个机会,等服务对象办完事后,与她结伴而行,进一步了解服务对象的信息。通过聊天,社会工作者了解到服务对象有一个较要好的小姐妹,平时下午有空的时候,会一起打乒乓球,但服务对象会要求那个小姐妹只能跟她一人打。社会工作者尝试着引导服务对象是否可以接触一下其他的人,服务对象表示不愿意,对外人很排斥。

(3)第一次家访:为了增加心里的底气,社会工作者和街道另一社工一起上门,进行家庭探访。社工事先与服务对象通电话约好时间。社工到达时,服务对象早在家门口小弄堂等候,将社工热情地迎进门。进门后,为全面掌握服务对象的情况，社工计划还是以倾听为主，采取不批判、尊重的态度。两次外展活动已拉近了双方的距离，服务对象主动与社工聊家务事。在社工关注的目光下，服务对象不停地说，说到她与老公恋爱、结婚的往事，讲到老公在上班时突然猝死时，服务对象神情悲切，社工深深表示理解。服务对象还说起母亲跟自己弟弟妹妹的家庭琐事。对服务对象滔滔不绝的讲述，社工均采取包容、接纳的态度。此次家访，社工对服务对象了解得更多了，也更有信心让服务对象能够自己“走出心灵阴影，重树生活信心”。临走时，社工邀请服务对象参加街道社工部组织的失独家庭小组活动。三次的接触，服务对象已经与社会工作者建立起了初步的专业信任关系，服务对象答应可以尝试着去参加失独家庭小组活动。

2. 第二阶段。

目标：社会工作者跟进服务对象参加小组活动后的感受和变化，给服务对象以鼓励与支持，进一步巩固与服务对象的专业关系。

时间：2014 年 7 月 3 日—7 月 20 日

服务次数：2 次

介入过程：

(1)跟进服务对象参加前三次失独家庭小组活动，了解其感受：为了了解服务对象参加小组活动后的感受，社会工作者与服务对象电话预约后，进行了第二次家庭探访。简单的问候后，社会工作者转入正题，鼓励服务对象谈谈参加前三次小组活动后的情况。服务对象告知，小组活动开展得很有意思，通过活动，服务对象认识了很多组员。同时，她告诉社会工作者，有个组员叫洪阿姨，很会说话，也很热情，对每个组员都不错，很有凝聚力。第二次小组活动更有意思，在社会工作者的带领下，她们进行了才艺展示，激发了潜能，体现了团队精神，她觉得这个小组很吸引人。第三次外展小组活动，组员们去平湖养老院了解到了很多养老信息，并为老人们进行了才艺展示，带给了老人们欢笑，服务对象和其他的组员们都感受到了活着的价值和意义。社会工作者鼓励服务对象继续参加小组活动，从组员中得到支持，抱团取暖。如有可能，希望她们成立义工团，将自己的才艺服务给更多的人。

(2)跟进服务对象参加后三次失独家庭小组活动，了解其感受：与前面两次家访一样，社工事先约好了时间。第三次去家访时，服务对象已买好饮料等在家里，足见服务对象对社工的欢迎程度。简单的问候后，服务对象跟社工抱怨：她住的房子漏水，周围房子多被出租，外地人养狗，狗出来大小便不管，弄得周围环境很差、很脏。她平时不敢开门，是因为怕虫、狗毛飞到家里。她是个喜欢干净的人，但不愿意换房子，嫌麻烦，打算再住几年到养老院去。说到这里，社工对服务对象的境遇表示深切的理解，并试探询问服务对象现在愿不愿意住到养老院，同时将这里的房子出租掉。服务对象告诉社工，目前她还有生活自理能力，还不想去养老院，社工尊重服务对象的决定，鼓励她好好生活。社工趁机把服务对象的思路拉到参加后期的三次活动中，问起后三次小组活动的情况。服务对象告诉社工，后三次小组活动，组员们进行了老年大学知识分享，在小组社工的带领下，成立了公益义工团，并订立了相应的规章制度，为小组结束后的后续服务打下基础。与此同时，服务对象还告诉社工，最后一次的小组活动是在《渴望》与《好人一生平安》的歌声中结束的。服务对象表示她和这些组员们最后大都是要上养老院的，社工随即澄清说，建立这个小组，就是希望大家互相照顾，有哪位身体不好时，能上门看看。服务对象认为组员生病了去长期照顾是不可能的，偶尔看看是可以的，再好的朋友也不会长期照顾的。她还是担心别人打扰她，问她儿子的事。说起儿子，服务对象情绪很低落，认为自己命不好。社工就开导她："人的一生有很多事情是无法预料的，你和组员到养老院去表演节目，给老人们带来欢乐，你把对儿子的爱转移给他人，儿子在天之灵也会高兴的。再说你还有母亲需要你照顾呢。"

3. 第三阶段。

目标：引导服务对象参与社区文艺指导班，增加服务对象的社区参与次数。

服务次数：1 次

时间：2014 年 8 月 8 日

介入过程：由于服务对象参加的小组活动已经结束，社工就邀请服务对象参加社区文艺指导员培训，这时服务对象也提出了邀请小组组员洪阿姨一起参加的请求，并在完成培训任务时，邀请洪阿姨一起到社区来完成。对于失独小组的其他组员，在上一次跟进中，服务对象还显得有些戒备，但现在已与谈得来的组员相处得很好，并会主动邀约，可以看出她对由组员成立的义工团非常认同和骄傲，可见小组的支持系统对于服务对象来说已经形成了。社工提起社区有一位老人，子女多在外地工作，没人陪伴、聊天，感到寂寞，希望义工团成员可以考虑一下如何帮助她。洪阿姨跟服务对象两眼对视了一下，洪阿姨表示好的，服务对象很勉强地答应了。

4. 第四阶段。

目标：引导服务对象融入社区，服务老人，提升自我价值。

时间：2014 年 8 月 20 日

服务次数：1 次

介入过程：上次与服务对象提到的社区老人由于年纪大、身体欠佳，现在住院了，因此服务对象没能去介入。这次与服务对象见面，社会工作者主要是为了告诉服务对象，社区有一批老人，经常在瓶山公园打太极拳，但没有人教。考虑到服务对象曾在老年大学学习过，太极拳打得很好，也给养老院的老人表演过，组员们也多认为她打得非常好，社工想请服务对象帮忙教老人们打太极拳。服务对象刚开始说不愿意，推脱说自己没有教过，不会教。社工与她协商，只要每天早晨在瓶山公园打太极，别人在后面跟着打，有人不懂的时候帮忙解答一下就可以了。虽然服务对象表面上没答应，但事实上也没有完全拒绝。此后，服务对象每天早晨试着在瓶山公园打拳，老人在后面跟着。

过了一段时间，社工向社区打拳老人了解情况，她们都很认可服务对象，认为她打得不错，她们自己也学得认真。社工认为服务对象和老人在这过程中都有所收获。

5. 第五阶段。

目标：结案评估、巩固服务对象改变的成果。

时间：2014 年 11 月

服务次数：1 次

介入过程：由于服务对象与社工在同一社区，因此并没有按照严格的结案程序，在离别情绪上也不同于一般的个案，不需要做太多的处理。社工主要与服务对象一起回顾了整个服务过程，总结目前为止服务对象已有的改变和成长，并鼓励服务对象继续带领好老人打太极拳。

四、个案成效

(一)目标达成分析

通过个案服务，社会工作者引导服务对象参加了街道组织的失独家庭小组活动和公益义工团，扩大了服务对象的社会支持网络，激发了服务对象的潜能，提升了服务对象的自我价值感。同时，社工引导服务对象教社区的老人学打太极，使其融入社区，参与社区活动，服务社会，恢复了服务对象的社会功能，整个服务目标基本达成。

(二)服务对象成长分析

1. 回顾最早的两次跟进，服务对象对社区的文艺团并没有表现出兴趣，对于交朋友，服务对象也向社工表示人多没意思，但现在已经能邀约组员一起参加活动。

2. 通过后续的服务，目前服务对象已经有较大的改变，愿意接触别人，包括失独家庭以外的人，也愿意通过义工团跟组员一起去帮助别人，自我价值感得到了提升,能够融入社区生活,参与社区活动。

五、跟踪服务

在小组结束半个月后,社工打电话给义工团组长洪阿姨,询问了服务对象目前的情况。洪阿姨告诉社工,现在服务对象和组员们相互间都有联系,也进行了两次小范围聚会。在义工团组长洪阿姨的带领下,他们还一起为社区的老人们进行了一场文艺汇演。同时,大家还和别的街道的失独家庭老人开始交往,走向更广阔的舞台,社工为此感到欣慰。

社工还从社区侧面了解到,服务对象仍在继续带领着社区老人打太极拳,这成了每天早晨瓶山公园的一道风景。

六、社工反思

在个案服务过程前社工大胆尝试两次外展活动,是社工成功与服务对象建立专业信任关系的前提。

在为服务对象服务过程中,社工运用积极倾听、同感、真诚和尊重的技巧,尽量以服务对象讲述为主,给予服务对象适当的回应,给其适当的鼓励和支持。

服务过程同样也存在许多不足的地方,在个案访谈过程中社会工作者有时并没有做好充分的准备,目标不太明确,因此在今后的个案服务中一定要理清思路,明确目标。

七、相关知识链接

(一)运用优势视角理论

优势视角理论认为,每个人都有自己解决问题的潜能,并具有在困难环境中生存下来的抗逆力。社会工作实务过程中社工关注的焦点是服务对象个人及其所在的环境中的优势和资源,这种看法超越了传统的问题视角的理论范式,认为改变的重要资源来自于案主自身的优势。它强调要把注意力聚焦于服务对象如何生活、如何看待他们的世界以及从他们的经验里找出意义。在几次接触服务对象过程中,社工发现服务对象多次纠结儿子的事,不愿面对外面的人。因此,社工运用社会工作优势视角的观点思考服务对象问题,在不刻意忽略其痛苦的同时,期待从另一种角度出发,协助她以另一种态度去思考自己的问题与改变的机会,使得问题对于服务对象或其他人较不具伤害性。当可能带来的伤害性降低时,服务对象则在当下的自我状态中更容易得到释怀。社工引导服务对象参加了街道的失独家庭小组活动,在同命人中抱团取暖，这减少了对服务对象的伤害，让服务对象慢慢地在同命人中得到释怀，然后愿意接触更多的人，服务社会。

(二)运用社会支持理论

社会支持理论认为，一个人所拥有的社会支持网络越强大，就能够越好地应对各种来自环境的挑战。以社会支持理论取向的社会工作，强调通过干预个人的社会网络来改变其在个人生活中的作用。特别对那些社会网络资源不足或者利用社会网络的能力不足的个体，社工致力于给他们必要的帮助，帮助他们扩大社会网络资源，提高其利用社会网络的能力。针对服务对象的社会支持网络薄弱问题，社工让她参加了街道社工部组织的小组活动和社区组织的文艺活动，增强了她的社会支持网络，扩大了她的社会支持系统。

督导点评

该案例中的服务对象在失独群体中显得有些不同。我们在做失独家庭服务的过程中发现有很多失独的父母非常愿意跟别人分享自己孩子生前的事迹，并且大多集中在孩子是如何的优秀和自己对孩子的培养上。该服务对象的孩子也曾很优秀，但死亡原因却有些特殊，让服务对象在承受与其他母亲同样的丧子之痛的同时还背负着另一层心理压力，对他人的帮助有更多的顾忌和恐惧。因此，服务对象被转介到社工手中。而社工能够与其建立信任关系已经让案例成功了一大半。虽然没有看到社工使用大量的专业技巧，但社工本身留给服务对象的形象、以服务对象本身的优势资源带入以及一开始接触服务对象时没有以问题为本的做法，能够让服务对象放下顾忌的焦点，减少对社工的心理防备。社工链接失独小组成员利用自身在社区中的资源为服务对象提供强化改变的机会和平台是非常值得肯定的做法，在增强其社区参与和融入的同时也让服务对象的改变更加明显和突出。但社工需要注意的是服务对象的改变的强化是需要一个持续的过程的，社工在后续的跟踪服务中需要为服务对象提供更多合适的机会来增强她的社区参与度及加深其助人的理念，从更深的层次让服务对象领悟及感受到自己并非“不祥之人”，协助服务对象重新找回自己的价值，让其感受到“活着还有意思”。

（点评人：邵贞，浙江省之江社会工作发展服务中心项目部主任）

案例二
第三代的成长
——计生特殊家庭第三代助学资金链接

社工：邵 贞[1] 孙伟伟[2]

一、个案背景

(一)服务对象基本资料

荣叔，男，64 岁，小学文化，与妻子长期在家务农，独生女去世后与妻子一起抚养孙子。

(二)个案来源

社工在对凤桥镇的失独家庭做需求评估时发现该服务对象的需求，其属于社工主动挖掘的个案。

(三)家庭情况

服务对象独生女已去世，女婿是上门女婿，在女儿去世后便离开他们自己又重组家庭。服务对象现与 62 岁的妻子、13 岁的孙子生活在一起。家庭的收入来源是夫妻俩每月一共 600 元的养老金及每年的特殊家庭补助。女婿曾经说过会每月给 400 元抚养费，但有时无法足额给予，也很少来看儿子，一年只来一两次。

(四)健康状况

服务对象本人身体不好，得过两次脑溢血，曾一个人倒在了田里，多亏懂事的孙子，看到爷爷很久都没有回来，到田里找爷爷，才及时把爷爷送到了

① 邵贞：浙江省之江社会工作发展服务中心项目部主任。
② 孙伟伟：嘉兴市南湖区凤桥镇茜柳村妇女主任。

医院。

服务对象的妻子患有乳腺癌，但是苦于没有钱做手术，一直在吃药，还有高血压。去年被人撞了，导致骨折，身体里插入了钢板。社工访谈时，服务对象表示妻子第二天要到医院去做手术取出钢板，但是因为必须要有人照顾家里的孙子，所以妻子只能一个人住院了。

二、个案分析

(一)需求分析

经济需求是服务对象面临的最主要和最迫切的需求。服务对象家庭的主要收入由特扶金、养老金两部分组成，而夫妻二人常年的医药费及孙子的抚养费的支出对服务对象来说是很沉重的负担。服务对象自己也表示尤其在孙子的抚养费方面自己觉得很担心。随着孙子年龄的增长和抚养成本的增加，一旦夫妻二人的健康出现重大问题，这个失独家庭将面临很大的危机。

(二)优势分析

服务对象的孙子非常乖巧懂事，学习成绩也很好，祖孙三人感情很好，这对服务对象来说是很大的安慰和支持，而夫妻二人将生活重心放在照顾好孙子这件事上，很大程度上转移了他们失去女儿的痛苦。

三、社工介入过程

(一)服务目标

链接社会资源，协助服务对象减轻抚养孙子的负担。

(二)介入过程描述

1. 时间：2014 年 7 月 11 日，9:30—10:30

介入方式：面谈
接触人士：服务对象本人
目的：了解服务对象的需求。
过程及结果：社工通过访谈了解到服务对象目前最主要的需求。

2. 时间：2014 年 7 月 17 日，13:30—14:30

介入方式：面谈
接触人士：温州商会徐小姐

目的:了解温州商会是否能够为服务对象提供资源。

过程及结果:社工了解到温州商会有慰问贫困失独家庭的计划,社工将服务对象家庭的相关情况告知徐小姐,并与其沟通温州商会可以通过哪些方式给服务对象提供帮助。徐小姐表示他们会将其纳入中秋慰问的名单,在慰问之后他们会考虑每年定期对其关心慰问,并提供一定的慰问金。

3. 时间:2014 年 8 月 5 日,9:30—9:45

介入方式:电话联系

接触人士:服务对象本人

目的:告知服务对象温州商会慰问事宜并了解其意愿。

过程及结果:社工电话联系服务对象将温州商会中秋慰问事宜告知服务对象,并问其是否愿意接受这种形式的帮助,服务对象表示能够接受且非常感谢。

4. 时间:2014 年 8 月 28 日,13:30—14:30

介入方式:面谈

接触人士:温州商会杨小姐、徐小姐

目的:了解温州商会的助学基金的申请条件。

过程及结果:社工在与温州商会多次沟通的过程中了解到他们设立了助学基金。社工将服务对象孙子的具体情况告知其负责人并详细了解了商会基金的具体信息。该负责人联系了去慰问服务对象的商会工作人员,证明情况属实后,告诉社工可以申请,并将申请表格给了社工,表示填完之后寄给他们即可。

5. 时间:2014 年 9 月 16 日,14:30—15:30

介入方式:面谈

接触人士:服务对象本人

目的:协助服务对象申请温州商会助学基金。

过程及结果:社工将温州商会的助学项目告知服务对象,协助服务对象完整填写申请表,并邀请村委协助其联系孙子的学校,填写相关意见。社工表示后续的事情温州商会会有相关的工作人员跟他们联系,社工亦会做一些跟进。

6. 时间:2014 年 12 月 9 日,10:00—10:40

介入方式:电话联系

接触人士:温州商会徐小姐

目的:了解助学基金后续落实情况。

过程及结果:社工从徐小姐处了解到因为本学期已经快过去,助学项目将会于明年开始启动,到时候会与服务对象联系。

四、个案成效

(一)目标达成分析

服务对象的孙子的教育资金有了较稳定的社会基金资助,一定程度上减轻了服务对象抚养孙子的经济负担。

(二)资源整合分析

服务过程中社工主要链接了温州商会的资源,通过多次的沟通(有一些非正式的沟通没有表现在上述介入过程中),将服务对象最终确认为他们的固定慰问对象,每年会对其进行2—3次的物质及精神慰问。在助学基金上,社工也为其争取申请到了从小学到高中的助学基金,温州商会方面表示,在成绩优秀的情况下,服务对象的孙子从小学到高中阶段的助学基金都不会被中断。

五、跟踪服务

服务对象所在村的社工也会对该家庭继续进行跟踪服务,不定期地对其进行探访,以便其出现新的需求时可以及时提供服务。

六、社工反思

该个案服务主要是帮助服务对象链接所需资源,减轻服务对象抚养第三代的压力。虽然个案过程没有涉及太多复杂的情绪辅导,但从社工对服务对象及其他相类似的失独家庭的需求评估来看,对于当下还存在经济问题或还需要抚养第三代的失独家庭而言,比起情感上的抚慰他们更需要人帮助他们解决或减轻这些现实问题的压力。尤其是有第三代的失独家庭,他们在情感上相对更有寄托,但如果这个感情的寄托变成负担,那么他们对未来会感到更加无力和无望,而第三代的成长也会有更多的不稳定因素。因此,社工在面对失独家庭时需要对其需求有准确及敏感的判断,找准服务对象目前最迫切的需要。

督导点评

每个失独家庭有各自独特性,存在不同的需求,而诸多需求中要优先去满足其相对比较重要的和较为紧迫的需求。本案例中，服务对象失去了唯一的女儿，但失独家庭中有第三代即孙子，且服务对象与妻子把重心放在抚养孙子上，这会在很大程度上转移了他们失去女儿的痛苦。所以，服务对象或该家庭的最急迫的需求，就是需要大家帮忙解决经济上的困境。社工根据需求评估结果，作为资源链接者角色，联系温州商会，了解助学基金的申请条件，协助服务对象为孙子申请助学基金，并跟进后续落实情况，最后使服务对象孙子的教育得到社会基金的资助，这在一定程度上减轻了该家庭的经济负担，满足了其较为紧迫的现实需求。

（点评人：王卓群，浙江省之江社会工作发展服务中心办公室主任）

案例三
生活因为有爱而美好
——计生特殊家庭孩子成长历程

社工：张红燕[①] 曾佳芬[②]

一、个案背景

香香(化名)，女，14 岁，小学六年级，非常喜欢音乐、舞蹈。父亲在香香出生十天时，因车祸离世。母亲受了刺激后，沉迷于麻将，在香香 2 岁的时候因债台高筑，离家出走。此后香香就由爷爷奶奶抚养了。

奶奶退休前是乡镇卫生院工作人员，爷爷一直务农。妈妈在欠了巨额赌债无力偿还而离家出走后，债主们找到了他们。因此家里每个月的收入除了要维持三个人的生活外，还要帮香香的母亲还赌债。香香的奶奶在退休后，还是在帮人打工，平时陪伴香香的时间不多。香香读小学后与奶奶一起搬到城里跟太奶奶一起住，爷爷仍住乡下，奶奶需在城里和乡下两头跑。

二、个案分析

(一)开展原因分析

2013 年 11 月底，香香的奶奶陈阿姨来社区说："现在管香香越来越觉得吃力，孩子有什么想法也不愿意跟我说。最近学校里老师跟家里反映，孩子在上课时经常做小动作，不专心学习，成绩下降了，跟她讲什么都不理你，明年就要小学升初中了，急煞人。上学期，香香事先也没跟家里商量，就自己在学校歌舞队报了名。要不是歌舞队要求做演出服，小家伙还是不会跟家里人说。家里嘛也没地方去说，只能到社区里来，想请你们帮帮忙，想想办法，做做孩子工作，劝她改掉上课做小动作的坏习惯，有什么事情或想法多跟家里

---

① 张红燕：嘉兴市南湖区新兴街道明月社区主任。
② 曾佳芬：嘉兴市南湖区新兴街道明月社区计生社工。

人沟通。”

(二)问题分析

1. 香香一直生活在乡下，进城后，奶奶白天要去打工，只能照顾香香的基本生活，沟通时间少，也没有精力关心香香的学习状况；

2. 香香越来越内向，上课经常走神，成绩下降。

(三)总目标

1. 协助服务对象改正上课做小动作的习惯，端正学习态度，提升成绩；

2. 帮服务对象了解亲人之间的那种特殊的感情，懂得沟通、懂得尊重老人。

三、介入理念

(一)心理社会治疗模式

心理社会治疗模式理论的假设核心包括以下四个方面：

1. 对人的成长发展的假设：它认为人生活在特定的社会环境中，包括生理、心理和社会三个层面，这三个层面的因素相互作用，一起推动个人的成长发展。

2. 对服务对象问题的假设：它强调服务对象的问题与服务对象感受到的来自过去、现在以及问题处理三个方面的压力有关：首先，过去的压力是指服务对象在成长早期感受到的因愿望没有获得满足或者情绪冲突没有被解决而产生的压力；其次，现在的压力则是服务对象感受到的当前社会环境的压力，压力过大会导致服务对象成长早期的问题表现出来；再次，问题处理的压力是指服务对象对外部环境的理性处理能力以及对自己情绪控制能力欠佳所导致的压力。这三方面的压力相互影响，最终使服务对象内部心理出现困扰、人际交往出现冲突。

3. 对人际沟通的假设：它认为人际沟通是保证个人与个人之间进行有效沟通交流的基础，是形成个人健康人格的重要条件。

4. 对人的价值的假设：它认为每个人都是有价值的，即使是暂时面临困扰的服务对象，自身也具有有待开发的潜在能力。

四、介入过程

个案周期：2013 年 12 月 1 日—2014 年 10 月 20 日

电话接触次数：8 次

个案面谈次数:6 次

(一)第一阶段

目标:与服务对象建立专业关系;了解服务对象基本资料、主要经历和环境资料。

面谈内容及过程:

在陈阿姨的引导下社工和香香有了第一次接触交流,刚一见面时,香香显得局促而怯懦,有些不愿意与社工交谈。因为香香的班主任丁老师正巧是社工的朋友,于是谈话的话题就从丁老师 QQ 空间的学生活动照片切入,社工与香香开始聊起了学校的学习生活。在交谈中香香慢慢变得健谈,社工可以感到孩子还是很容易接受他人的,半小时后她慢慢接受社工,细声细气跟社工讲了不少。经过首次的沟通以及香香奶奶的讲述,社工对香香的基本信息有了进一步掌握。香香出生十天,父亲车祸死亡,两岁的时候,母亲因赌债高筑而离家出走。爷爷、奶奶为了帮香香妈妈还赌债,卖掉了城里的房子,带着香香在乡下生活。老人对媳妇存在怨怼情绪。他们每天除了照顾好香香的日常生活外,就是忙于打工跟农活,很少有时间陪香香聊天。随着年龄的增长,香香越来越懂事了,但也逐渐开始变得内向。现在她的性格不反叛,但是总爱一个人独自在家看电视,不与家人沟通,并渐渐迷上了音乐和跳舞。香香现阶段的主要问题是内向,不与人沟通,学习成绩下降,心理存在一些偏差,表面安静、无所谓,但内心充满自卑。

之后,社工通过社区链接资源,为陈阿姨、香香联系了不同身份的志愿者,因为社工觉得这个家庭其实没有大的问题,但小问题太多了。不仅孩子需要改变,大人也需要改变。社工联系了嘉兴日报年末圆梦暖城活动的一个老师,帮助香香改变。为陈阿姨联系的是位在职教师,社工们想让陈阿姨学到一些青少年心理知识,因为根据社工们初步的观察,香香其实很容易沟通,教育孩子需要技巧、方法。根据香香学习情况,社工们又为香香安排了两位大学生志愿者,辅导她的英语和数学,但几次之后没有再持续。为了不影响香香学习,社工基本半个月跟她通一次电话,询问近期情况。一个多月后香香奶奶说孩子开心了许多,圆梦暖城活动那个老师有个孩子跟香香差不多大,她还带香香去看电影,出去吃饭,香香每次回来都很开心。

介入技巧:

1. 专注:在与香香的交谈中,社工始终注意保持与她的视线接触,面部始终带着微笑。

2. 倾听:香香每讲一句话,社工都用心聆听,说到好笑的地方,也会跟着她一起笑,让她感受到被关注、被重视。

(二)第二阶段

目标:纠正香香的不良习惯,提升学习成绩。

面谈内容及过程:

第一次见面后,小香香知道社工们在帮自己,所以第二次社工顺利地约到了香香,一起参加端午节包粽子活动。搞活动这天是周六上午,香香跟奶奶一起如约来到了活动现场,首先社工跟她们祖孙二人一组,参与到包粽子比赛中。社工不厌其烦地手把手教香香,一点小小的进步社工都会肯定她,最后虽然没得名次,但她很开心,小脸一直洋溢着笑容。通过一次小小的活动参与,香香已经完全接受了社工,把社工当成好朋友了。包粽子比赛后,香香又与社工们一起参加了楼上的做香囊活动。社工与她坐在一个角落,方便沟通,她基本上能问什么答什么。社工问香香觉得最近有什么事让她很开心,她说前天晚上她妈妈给家里打了个电话来,问她乖不乖,好不好。社工以此为契机,跟香香聊起了她的妈妈。香香告诉社工,她妈妈很长时间才往家里打电话回来,而且只有妈妈往家里打电话,他们不会给妈妈打电话,爷爷奶奶都说不知道妈妈的电话号码,她知道爷爷奶奶不喜欢妈妈,也不喜欢她跟妈妈联系。言语中社工感觉到了一个十四岁孩子的无奈、痛苦、怀疑,社工问她没有来电显示吗,她说没有,然后就再也不声响了。社工再次问她:妈妈是不是每次电话里都问你乖不乖,成绩好不好?她说是的,社工就说:"香香,社工阿姨知道你很乖,成绩一直很好,但你最近成绩下降了妈妈知道吗?"她说应该不知道吧,社工接着说:"那你是不是要趁妈妈现在还什么都不知道的时候努力改掉上课分心的习惯,把成绩赶上去呀,这样妈妈才会喜欢不是吗?不然妈妈知道了会多失望呀。"她点点头,社工问她能克服上课做小动作的坏习惯吗?她表示自己已经改正许多了。

介入技巧:

1.支持性技巧中的鼓励:社工一直用鼓励的眼神和语言肯定服务对象的一些积极表现。比如告诉香香她以前成绩一直很好,现在只是不小心掉下去了一点。比如包粽子时一点小进步都要表扬服务对象。

2.影响性技巧中的建议:根据服务对象具体情况,提供有利于服务对象改善状况的建设性意见。比如让香香及时改掉坏习惯,提升成绩,让妈妈喜欢她。

(三)第三阶段

目标:协助服务对象缓解情绪上的困扰,懂得尊重老人、学会沟通。

面谈内容及过程:这以后将近一个学期,社工们除了电话沟通,还链接了气象局的资源，组织了一个帮困结对活动。两次上门慰问时，香香都不在。社工从奶奶口中得知香香成绩上去了，但还可以更好。奶奶说她个性改变了不少，平时会跟家长说一些学校的事情。随着暑假的来临，香香奶奶告诉社工，香香期末成绩又上去了。社工与香香约定，尽可能参加社区举办的所有暑期活动。社区在暑期举办了五次现场活动，香香来了四次，没来的那次是因为在乡下帮爷爷做农活儿。四次的现场活动，香香都是由奶奶先把她送到社工这儿，结束后再由社工负责送她回家的。然后社工会跟其他家长一样把她送到下面的教室，关照一句："看看有认识的同学不，他们多数跟你一个学校的。结束了我会来接你的，等我哦。"前两次，她只是冲社工微微一笑，走进教室。后面两次她就已经很自然地回答道："嗯，好的，我等你。"每次活动的时候，社工经常会悄悄地走到窗口观察她，发现她还是很乖巧合群的一个孩子。

第一次送她回家路上，社工旧话重提，跟香香说："其实你讲的每句阿姨都放在心上的，你曾经跟阿姨讲，说小时候奶奶说过，她不喜欢妈妈。那个时候你还小，你现在长大了，也懂事了，当初家里因为帮你妈妈还债把房子也卖掉了，奶奶他们有想法你认为正常吗？你能谅解他们吗？香香一直认为爷爷奶奶不想让你跟妈妈多联系，阿姨觉得有点想不通，如果真这样，那为什么妈妈每次电话来，爷爷奶奶都会让你去接？如果说爷爷奶奶因为妈妈不喜欢香香，又为什么这么多年来他们为了你两头奔波？你明明可以在乡下上学，他们为什么又这么辛苦地让你来城里念书？家里困难，奶奶退休了还在打工，这么辛苦地赚钱给香香用，他们图个啥？是不是想让你上好点的学校，将来有出息呀？你奶奶跟阿姨说过，要让你跟有爹妈的孩子一样，他们有的你也要有，这不是喜欢你是啥呀，当初要不是因为有他们俩，香香现在都还不知道在哪呢？"听了这番话香香没声音了。第二次社工送她回家的路上问她最近爷爷奶奶都给她做了什么好吃的，身上的新衣服是不是爷爷给买的，香香都会带着一脸骄傲告诉社工，奶奶在哪天带她去了超市，买了她爱吃的鱼排，回家做了一大盘，她吃了个饱。身上的衣服是奶奶做的，照着店里漂亮的样子做的，看起来比店里的衣服更漂亮……每次在这种情况后，社工就会带上一句："香香真幸福，爷爷奶奶对香香真好。香香是不是也要对他们好一点呀？"她总说："嗯，以后我长大了，也会买好东西给他们，也会对他们好的。"这是她第一次正面回答这个问题。社工立刻对她说道："其实对爷爷奶奶好，不用等将来，你现在就能做到，而且还不用花一分钱。"香香听了，静静地看着社工，社工说："比如吃饭前摆碗筷，爷爷奶奶出去干活，你给他们凉一杯开水，每天在家里扫一次地，减轻奶奶家务，心里有什么事情多跟爷爷奶奶讲，又比如参加学校的文艺队事先和爷爷奶奶沟通，这样他们会觉得你尊重他们，他们就会觉得很开心，这些都是你对他们好的表现啊。”听了社工的一番话后，香香表示知道怎么做了。

介入技巧：

1. 引领性技巧中的澄清：回家路上社工旧话重提，把当时没能做引导的东西再次拿出来跟香香沟通，社工为她做了问题分析，重新调整了香香的“奶奶不想让自己和妈妈接触”及“爷爷奶奶因妈妈的关系不喜欢香香”的想法。

2. 影响性技巧中的建议：当社工听到她第一次路上的回答——“以后香香长大了，香香会买好东西给他们吃”时，社工有选择性地讲了向长辈示好的处理事情的方法，为服务对象提供参考。（如做家务、多沟通）

（四）第四阶段

在这学期开学的前一个星期，香香主动拿来了她上学期的成绩报告单。在刚放假的时候，社工曾两次暗示香香下次来上课的时候把成绩报告单带来，可是每次看着她一脸不在乎、不接社工话题的样子，就再也没提过。（其实社工早就从香香奶奶那儿知道了她上学期的成绩跟老师的评语。除了数学 90 分，其余科目都在 95 分以上。）这次她主动带来了成绩单让社工看，社工心里很高兴。社工仔细地看了她的成绩单后，很认真地对香香说：“香香你很聪明，功课又这么好，虽然老师指出了你的缺点，但是说的优点更多，看来老师很喜欢你，否则老师就不会给你提希望了。其实我们都越来越喜欢你了，相信只要你把上课爱做小动作的坏习惯彻底改掉，成绩上去了，会有更多的人喜欢你的。”香香当即肯定地点了点头说：“我已经改掉坏习惯了呀，老师还表扬我呢。”这天，社工代表社区送了一套开学礼物给香香——一个书包，一套文具。

10 月 16 日学校举办运动会，这次运动会是香香一直期盼的，因为这次她主动报名参加了 100 米短跑项目，17 日晚上，社工电话询问了香香运动会的情况，问她比赛累不累，香香一副不服输的语气说道：“我本来还能再快点的，就是没掌握好起跑时间。”社工自豪地说：“哇！咱们的香香已经很厉害了，你看那么多学生，有几个能参加比赛的呢。”看着香香的进步，最为高兴的要数香香的奶奶陈阿姨了。每次在路上碰到社工，陈阿姨少不了一大堆的感谢，说香香现在改变了不少，全靠社工们的帮忙。鉴于香香的实际情况，社工觉得此案可以了结，但每过一段时间社工还会打电话询问一下近况。

五、介入绩效评估

目标达成分析：在这个个案中，社工和服务对象建立了良好的关系，也实现了一些目标，服务对象纠正了上课做小动作的习惯，成绩有所上升，跟长辈也能沟通了，平时话也多了起来。

服务对象成长分析：通过引导，学会了控制自己，改变坏习惯，成绩得到了提升，跟爷爷奶奶的关系有了明显改善，和奶奶说话多了些，也开朗了许多。

社工成长分析：社工们理论还不够扎实，无法将学到的知识灵活运用。接案后工作有些拖拉，这个简单的案例历时近一年，另外在知道了本案的第二个问题并不仅仅是孩子身上的问题后，社工拿不出切实有效的办法去说服奶奶让孩子跟妈妈多接触。社工自己也能体会到爷爷奶奶对香香妈妈的不友善，但社工只能委婉劝慰老人，没有实质性的进展，更无法直接接触到香香妈妈了。

相关困难分析：没有足够的时间去做服务，只是利用业余时间。

督导点评

在该案例中，社工主要扮演了教育者和联系人的角色。一方面帮助服务对象分析周围的人事物，灌输一些正面、积极的观念，与她讲一些道理；另一方面有针对性地链接服务资源，充分利用社区优势和社区资源，抓住青少年喜欢玩的特质，鼓励服务对象参加活动，并在活动中加入辅导。另外，从案例写作来看，社工有一点非常值得肯定，将辅导过程中的技巧运用结合案例的实际描述出来，而不像一般社工那样只是单纯解释技巧的定义或者简单提一下用了哪些技巧，社工在技巧的描述中加入了自己的分析。

（点评人：邵贞，浙江省之江社会工作发展服务中心项目部主任）

案例四
传递正能量,让“同命人”的生活更美好
——计生特殊家庭领袖的培育

社工:邵 贞[①] 侯晓莹[②]

一、个案背景

(一)服务对象基本资料

邵阿姨,女,今年67岁,小学文化,目前已退休,主要与丈夫生活在一起。

(二)个案来源

社工在对新嘉街道的失独家庭做需求评估时发现该服务对象的需求,属于社工主动挖掘的个案。

(三)家庭情况

服务对象与丈夫生活在一起,两人感情很好,且都已退休,并都有较高的退休工资,平日在家中消费也不大。生活及家庭关系都比较简单。

(四)朋辈关系

服务对象朋辈关系比较简单,平日主要在家做家务,有时参加社区活动,偶尔与小姐妹相约出去旅行。丈夫退休前是经商的,因此朋友较多,也经常会有朋友来家中探望他们。另外,家中定期会有慈善总会的志愿者来陪他们聊天。

(五)健康状况

服务对象本人健康状况良好,丈夫在社工介入前刚动过前列腺手术,还

① 邵贞:浙江省之江社会工作发展服务中心项目部主任。
② 侯晓莹:浙江工商大学公共管理学院社会工作系,实习社工。

在恢复过程中。

二、个案分析

(一)需求分析

服务对象性格开朗,情绪状态也很好,自己表示很喜欢参加一些集体活动,若能够与其他失独家庭一起参加活动会更开心,也希望大家都能够在活动中相互关爱。另外,服务对象表示自己喜欢旅游,但丈夫以前经商已去过很多地方,所以现在不喜欢出去,因此希望能够有伙伴一起出去旅行。

(二)优势分析

1. 性格优势。服务对象性格开朗,也很热情,对于失独这件事也已经看得很淡,并且始终对社会的关心心怀感恩。服务对象这种性格及心理状态可以在同类的失独家庭里起到榜样的作用,去感染和她具有相似命运的人。

2. 能力优势。服务对象是自己所在社区的小组长之一,责任心强且有一定的领导能力。社工可进一步挖掘和增强服务对象这方面的能力,将其培育为失独家庭的领袖,增强服务对象的自我价值感。

三、社工介入过程

(一)服务目标

1. 链接失独家庭小组服务资源,引导服务对象参加小组活动,丰富其日常生活。

2. 发挥服务对象的性格及能力优势,引导并鼓励服务对象成为小组领袖,激发助人意识。

(二)介入阶段

1. 第一阶段。

目标:建立信任关系,了解服务对象需求。

时间:2014 年 4 月—2014 年 6 月

服务次数:2 次

介入过程:

(1)社工接触服务对象时正是其丈夫在医院接受治疗的时期,因此社工基本上是通过电话与其联系的。邵阿姨表示她丈夫因为前列腺不好,正在中医院住院治疗,因为化验报告还没有出来,所以他们暂时不知道需不需要开刀治疗。邵阿姨说有一群志愿者每个星期都会去她家看望他们夫妻俩的，这次丈夫生病了，这群志愿者知道后也去医院看望他们了，医生们了解了他们家里的情况后也是对他们照顾有加，这使邵阿姨感到特别欣慰。至于平日里的生活，邵阿姨表示自己过得比较简单，因为退休没有上班，但是每天还是准时起床，在社区里逛一圈然后去菜场买菜，回到家里夫妻二人一起打扫打扫卫生。邵阿姨表示他们夫妻二人目前心态都很好，觉得现在有这么多人关心他们已经很幸福了。另外她也跟社工表示自己性格比较开朗，所以很喜欢参加一些集体活动，如果社工以后有好的适合她的活动要记得通知她。

在此期间，社工也经常打电话了解其丈夫的恢复情况，保持与服务对象的良好关系，并告诉服务对象社区目前正在筹备与失独家庭相关的小组活动，开组时会邀请她参加。

(2)小组筹备得差不多时，社工对服务对象关于参加小组的需求及期望做了进一步访谈评估。服务对象在访谈中表示自己很喜欢和大家一起活动，而且觉得能够跟其他家庭在一起热闹热闹就很好，对活动内容没有什么特别的要求，只希望能够在小组中彼此关心，相互关爱。邵阿姨还表示自己空余时间是比较多的，所以任何时候的活动她都可以接受，如果大家能够一起出去旅行的话，自己承担费用也是可以的，反正自己平时也不用太多的钱。

因为在第一次接触时，服务对象已经明确表示过自己想要参加小组活动的意愿，因此在这个阶段，虽然小组还未开展，但除了正式的面谈外，社区社工依然会经常与服务对象有一些非正式的联系，关心其现状，通过这种方式来与服务对象建立良好的关系，避免因为时间长而断了联系。另外，在几次面谈中社工已经能够感受到服务对象的热情及良好的心态，并且发现其有活动领袖的潜质，在下一个跟进阶段，社工会注意将服务对象的这些优势都激发出来，并强化它们的作用。

2.第二阶段。

目标：引导服务对象参加失独家庭小组，并将其培育为小组领袖，激发其助人的意识。

时间：2014 年 7 月—2014 年 9 月

服务次数：5 次

介入过程：

(1)在该服务阶段，以前期建立的关系为基础，社工主要引导服务对象参加实习生组织的失独家庭的小组活动，在小组中扩大服务对象的社会交往范围。每次小组活动社工们都特别留意服务对象在小组中的表现，结束之后，社工也会根据小组内容对其选择性跟进。每一次活动，服务对象都积极参加，而且从活动第一阶段开始就与其他组员有比较自然的互动和交流，在小组中有较强的影响力。在几个阶段的小组活动中，社工发现服务对象很能调动小组气氛，并且能够与社工有较好的配合，有时也能引导小组的进程，并且与每位组员都有较好的互动，相处十分融洽。小组第三阶段时，组员就一致推选邵阿姨为小组长。在这之后，邵阿姨提到自己家中有定期的志愿者来访，而小组中另一位一个人生活的组员表示是否可以帮他问问有没有志愿者能来探访他。社工引导服务对象将自己的资源与组员共享，服务对象很爽快地表示这事包在她身上。在讨论最后一个阶段的庆祝活动时，服务对象考虑到有一位组员身体不好不方便出门，还建议去他家集体做饭，得到了组员的一致认可。

在该阶段社工对服务对象主要以鼓励和肯定为主，一方面关注其在小组中的成长，另一方面根据其在小组中的表现，引导其成为小组领袖。

(2)在小组结束之后，为了增强服务对象主动与组员联系的意愿，社工将小组的合影交给服务对象，请她找机会送给组员，服务对象也表示自己非常愿意。一段时间之后社工再次跟进小组聚会状况，服务对象表示已经将所有照片都给组员了，不过因为有一位组员身体状态比较差，有一位组员有时要上班，因此集体聚会比较少，但经常与其中的几位组员联系和走动，有一位组员还会经常来家里玩，一打电话就一直叫她组长。谈到这些，服务对象都是满脸兴奋，还将自己与另一位组员参加其他活动的照片拿给社工看。当社工前来了解之前在小组中的志愿者资源共享的问题时，服务对象表示已经解决了，他帮那位组员联系好了志愿者，现在志愿者们也会定期去陪那位组员聊天。

这个部分社工会经常肯定服务对象为小组及组员的付出，以增强服务对象的成就感，并让服务对象感受到她有能力将自己的这些正能量传递给更多的人。

3.第三阶段。

目标：链接新的服务资源，引导其在新的活动中成为更大范围的活动领袖。

时间：2014年10月17日—12月19日

服务次数：6次

介入过程：服务对象在小组活动结束之后，由于几位组员的特殊原因，没能与全部的组员保持联系，也未能满足其想要跟失独家庭一起外出旅行的需求。因此社工在有一个以五个街道为单位的失独家庭的旅游小组成立时，第一时间联系了服务对象，并请其联系原先的组员，了解他们是否也有意愿参加。服务对象接受了这个“任务”，并将另外两位组员也带进了小组。在这个以失独家庭为组织的自助旅行小组中，社工为他们链接了可以提供优惠的旅行社资源，在小组中，组员也体验了集体出游。在这个过程中，社工亦跟进观察了服务对象在小组中的表现和感受，发现她变得更加融入这个小组，而且在过程中会主动照顾原先的组员，尤其对一位身体不太好的叔叔照顾有加，在外出时服务对象都会牵着他。社工也在处处给其机会来发挥她的领导能力。在之后的小组活动中她又一次被组员推选为组长。而这一次她比之前更主动地发挥了自己组长的作用，主动与组员交换联系方式，也会主动跟社工沟通小组的开展及其他组员的出席问题，还会给社工提供一些活动建议。

在小组过程中，服务对象还参加了社工开展的其他社区活动，在活动中社工鼓励其多认识其他的失独家庭。而服务对象自己也很积极地在这些活动中与他人交往，并将自己的活动资源与新认识的朋友共享。小组外出旅行时，在征得社工的同意后，服务对象也主动邀请新认识的但没有参加小组的失独家庭跟组员一起外出旅行。在旅行结束时，社工也表示希望她能够将这个旅游小组继续带领下去。服务对象向社工表示她会经常与大家保持联系。

4.第四阶段。

目标：结案阶段，鼓励服务对象作为失独家庭领袖继续为他人服务。

时间：2015 年 1 月

服务次数：1 次

介入过程：该个案主要是在小组活动过程中跟进，因此并没有按照严格的结案程序，在离别情绪上也不同于一般的个案，不需要做太多的处理。社工主要与服务对象一起回顾了整个服务过程，总结目前为止服务对象已有的改变和成长，并鼓励服务对象将旅行小组继续维持下去，大家一起经常出去走走玩玩。

四、个案成效

(一)目标达成分析

在个案辅导中，社工链接了多样化的服务资源给服务对象，丰富了服务对象的日常生活。另一方面，在活动中社工充分运用了服务对象的能力优势，将服务对象培育为小组长甚至为跨街道的失独家庭的活动领袖，服务目标都已达成。

(二)服务对象成长分析

服务对象在社工介入之前虽也活跃于社区内的一些活动中，在社区中担任小组长，但其并未在这些活动中发挥主动性，都只是参与，而社区小组长这个身份也并没有给服务对象带来更多的成就感。但现在服务对象参与专门针对其需求的活动并在活动中相识一群“同命人”，成为这些人的活动领袖，带着他们一起参加活动，为他们提供自己所能提供的帮助和资源，服务对象在充实自己的日常生活的同时也将这份充实和快乐带给了更多的失独家庭，她正在无意识地将自己的正能量传递给更多的失独家庭。

五、社工反思

在服务失独家庭的过程中，社工并不会很主动地想到增能的理念，一开始与大部分服务对象的接触也会直观地将他们当作失能或半失能的人，一心想着能够为他们提供些什么样的帮助。但是服务之后的反思和总结，让社工发现其实做单个辅导个案的成效影响力与培育一个领袖所带来的成效影响力是不同的，领袖的力量远大于社工所能提供给失独家庭的。

社工常常会希望自己扮演一个治疗者，但很多时候社工也许更适合做一个创造者或者挖掘者，去发现和挖掘服务对象身上所隐藏的被他人甚至被服务对象自己忽略的力量，然后创造机会和平台让服务对象去施展这些能力，让更多的人受益。

督导点评

小组工作是社会工作三大专业方法之一，其治疗元素之一“植入希望”即坚信小组治疗能带来所希望的改变，如果组员看到其他有类似经验的成员有良好改变，新成员就会产生希望。所以，小组工作在具体开展过程中，除了考虑组员同质性之外，引入能够实现有效改变的成员或言行态度积极的组员能影响其他组员进行正向的积极变化。

本案例中，服务对象虽然没有负面情绪或经济上的问题，但自身存在活动交际的需求，且性格和能力优势较明显。社工把服务对象培育成失独家庭的领袖，引导其参加小组，在其丰富日常生活满足交际需求的同时，也能让服务对象去影响甚至服务其他同类型的服务对象，从输入型服务转化为输出型服务。这其实也是一种能提升服务对象的自我价值感，增加其信心的有效方法。

社工积极链接并整合资源，把个案资源融入小组中去。整个案例比较成功且社工做了很好的自我反思。有时候社工会希望自己是专家，想要扮演治疗者的角色，会从问题视角出发去寻求他们的需求。但真正的需求评估是根据服务对象自身的需要同时挖掘其资源和优势，有针对性地去提供服务。有时候，把服务对象培育成领袖带给同类经验服务对象的成效影响会更大。

（点评人：王卓群，浙江省之江社会工作发展服务中心办公室主任）

案例五
从受助到助人
——一个计生特殊家庭母亲的成长

社工：熊晓岑[①]

一、个案背景

（一）服务对象基本资料

杨燕（化名），女，55岁，初中文化，失去独生儿子后再婚，现已退休，与丈夫生活在一起。

（二）个案来源

该服务对象是社工主动挖掘的。社工通过社区居委会计划生育部门了解到服务对象是失独家庭，便打电话沟通，了解其需求，使其成为服务对象。

（三）家庭情况

服务对象是失独家庭，儿子在部队患病去世，目前和老公享受民政部门军属待遇，服务对象自己有退休工资，丈夫未到退休年龄还在某企业做保安，每月工资1500元左右，但可享受民政部门关于军属抚恤每月2800元的福利政策，夫妻俩的生活基本支出不成问题。

（四）朋辈关系

因儿子去世后，怕别人提起此事，逐渐远离了亲戚朋友，目前只和亲姐妹走得近些，常常会和姐姐外出旅游。

（五）健康状况

服务对象身体状况良好，但其老公患有严重的类风湿性关节炎，需要长

① 熊晓岑：嘉兴市南湖区南湖街道桂苑社区社工。

期治疗,每月花的医疗费不少。

二、个案分析

(一)需求分析

1. 情绪疏导需求。服务对象自述儿子从小乖巧懂事,非常孝顺自己。参军服役后也深受领导的喜爱。一家人将全部的希望寄托在了儿子身上,希望他能顺利工作,早日结婚,延续家庭香火。意外的是,一向健康的儿子竟然患上了白血病,最后也没能斗过病魔,就这样离开了自己和丈夫。家里原本的精神支柱一下子倒了下来。服务对象无法接受失去儿子的事实,一直沉浸在无限的悲伤之中。只要一提到儿子就会抑制不住地悲伤,难以平复心情。

2. 社会支持需求。服务对象目前已经退休,平时家里就服务对象一个人,每日也只是早起打扫房间,处理家务,买菜做饭。除此之外也会上网,看电视等,退休生活并不丰富。服务对象由于长期独处,性格变得不太爱与外人说话,不善于表达自己的情绪。加上丧子之痛,性格也敏感多疑起来,不愿意与别人交往,社会支持系统薄弱,只愿意和老伴相依为命。但服务对象原本的性格是比较开朗活泼的,曾表示愿意尝试与其他失独家庭交往。

3. 医保政策咨询需求。儿子去世之后,丈夫享受民政部门的军属医疗保障。丈夫患严重类风湿性关节炎,每月家庭会支出一定的医疗费用。夫妻俩对医保方面存在一定的疑虑,不知道怎么报销,报销率多少,是否能增加报销额度以及老公退休后如何享受职工医保,也不知到哪个部门咨询。服务对象表示希望社工能够协助其了解这方面的相关讯息。

(二)优势分析

1. 家庭支持系统较强。服务对象因失去孩子后,怕人提及此事,主动远离了人群,但还是和亲姐妹保持一定的联系,常在一起结伴喝茶聊天、出游。亲人的支持给了服务对象很大的生活动力,对其的悲伤情绪也有一定的抚慰作用。

2. 正式资源的支持。因儿子是在服役期间病逝的,服务对象夫妻俩可享受来自民政部门对军属的各项待遇,经济上也得到了相应的补贴,解决了生活之忧。

3. 性格优势。虽然服务对象提到儿子时情绪还是会有些难以控制,与外人交往也不多,但服务对象原本的性格是属于活泼开朗型的,对与人交往内心其实有一定的渴望,而且她也向社工表示愿意多与其他失独家庭聊聊。

三、社工介入过程

(一)服务目标

1. 到相关的部门了解相关的医保政策,协助服务对象解决医保政策享受上的疑虑。

2. 引导服务对象参加失独家庭交往小组,扩大其社会支持网络,使其更积极地面对生活。

3. 发挥服务对象的性格及能力优势,引导并鼓励服务对象成为小组领袖,为其他失独家庭服务。

(二)介入阶段

1. 第一阶段。

目标:接触服务对象,了解服务对象基本情况,建立专业关系。

时间:2014 年 4 月 28 日—2014 年 5 月

服务次数:2 次

介入过程:初次见面,社工在与服务对象聊天的过程中,仔细观察了服务对象的眼神、动作等细节。社工明显感觉,服务对象主动表达的意愿较少,一直处于社工询问才回答的状态中。许多问题回答得也并不确切,只用一两句带过,不愿多说。只有在聊到儿子的时候,服务对象的话语才变多。聊天过程中也一直在强调自己儿子懂事乖巧,非常受老师、教官器重。在听到儿子在部队患白血病时,服务对象一时间无法接受这个事实,觉得天都要塌下来了。为了挽回儿子的生命,她将自己的骨髓捐给了儿子,但也没有挽回儿子的生命,说到这里她已泣不成声。目前服务对象还会定期去血印寺看望孩子(牌位借放此处)。在她平复心情后,社工了解了她现在的生活状态。服务对象目前已经退休,丈夫未到退休年龄在某企业做保安。平时家里就服务对象一个人,每日也只是早起打扫房间,处理家务,买菜做饭。除此之外上网,看电视等。退休生活并不丰富。

第二次见面,社工就服务对象医疗报销方面的问题展开了细致的询问。得知了服务对象及其丈夫目前的收入情况。其丈夫患有类风湿性关节炎,医疗报销方面,夫妻二人并不熟知。社工表示可以帮助询问,争取最大限度的帮助。有了这个基础,后续的谈话还算比较愉快,最后互相交换联系方式并约定下次见面时间。

在该阶段,社工与服务对象访谈时注重"有问题的是问题本身,而不在于个人"的理念,社工并未将其定义为孤僻的"失独老人",而是倾向于关注服务对象的主要需求，让服务对象感受到社工的真诚，增加对其的信任。另外，社工也常使用支持性技巧，在第二次谈话过程中，着重致力于帮助服务对象了解政策，给予服务对象经济上的支持。

2. 第二阶段。

目标：进一步巩固信任关系，协助咨询医保相关补助政策。

时间：2014 年 5 月

服务次数：2 次

介入过程：社工向服务对象说明了政策补助上的事宜。目前服务对象的丈夫尚未退休，在做保安，民政局因为失独情况，每月给两位老人发放 2800 元的补助金。关于医疗费用报销方面，目前政策已经规定，不能有大幅度的改变，但是民政局承诺，逢年过节会对他们有经济上的补贴。在医保报销方面，社工也向南湖区民政局、嘉兴市社保局咨询了医保的相关政策，将医保政策通过电话方式反馈给服务对象——(1)服务对象老公现在享受的医保是军属医保，按规定只能享受现有的报销额度，不能增加报销额度。(2)如果服务对象老公退休后想享受职工医疗保险就得向嘉兴市社保机构交纳一定数额的医保金(具体交多少钱，要等到服务对象老公办理退休时再定)，这笔钱要服务对象家庭自己支付，由南湖区民政局承担。服务对象接到社工的反馈信息，表示十分感谢。

在该服务阶段，社工使用同理心技巧，在与服务对象的交流过程中，遇到其说自己儿子去世，夫妻两人年纪越来越大，日后无人照料时，社工点头，真诚地望着服务对象，并给予同理的表达，向服务对象阐述了其出现这种难过的心理是因为她对儿子十分宠爱，又寄予厚望，因此儿子的去世才给了她这么大的打击。服务对象失去依靠，随着年月增长，自然只能通过一些经济方面的补助才能得到更好的保障。另外，在跟服务对象沟通的过程中，社工上身前倾，以开放的姿势面向对方，会谈中与其保持稳定坦诚的视线接触，积极倾听并及时给予反应，让她知道社工在认真地听并且她说的话可以引起社工的共鸣，以鼓励她敞开心扉向社工表达内心的情感。

3. 第三阶段。

目标：丰富服务对象退休生活，扩大社会支持系统。

时间：2014 年 6 月—2014 年 7 月

服务次数：7 次

介入过程：该服务阶段以前期建立的关系为基础，社工主要引导服务对象参加街道的失独家庭小组活动，在小组中扩大服务对象的社会交往范围，增强其社会支持系统。每次小组活动结束之后，社工都会对其进行跟进，了解其在每次活动中的表现及成长。每一次活动，服务对象都积极参加，在几次的活动中，社工发现服务对象话多了，笑容多了，性格也开朗了，和组员沟通很融洽，很受其他组员的喜爱。在小组中，服务对象会主动打电话关心其他情绪表现比较低落的组员，也与同社区的另一位失独母亲成了朋友，彼此之间经常往来。社工经常鼓励服务对象多在小组中表现自己，并将组员对服务对象的喜爱传达给她，增强她的自信和自我认同感。在小组活动结束时，为了让小组继续发展，组员一致举手通过，选举服务对象为小组组长，带领组员开展每月一次的小组活动，增加组员之间的相互交流、相互支持。服务对象当时也表示，只要大家信得过她，支持她，她就担任小组组长。

在该阶段社工对服务对象主要以鼓励和肯定为主，一方面关注其在小组中的成长，另一方面根据其在小组中的表现，引导其成为小组领袖。

4.第四阶段。

目标：发挥服务对象的性格及能力优势，培育其为稳定的小组领袖，为其他失独家庭服务。

时间：2014 年 8 月—10 月

服务次数：3 次

介入过程：在小组内活动结束后的初期，社工还需对服务对象进行引导和鼓励，并推动其开展小组的第一次自主聚会。另外，社工经常通过“失独”家庭成长小组组员了解服务对象情绪是否有变化，也通过电话直接和服务对象沟通了解她的思想动态，关心其在作为“失独”家庭成长小组组长组织活动时，有无遇到困难。

通过小组组员，社工了解到小组聚会时，不是全部组员都能到齐，加上个别组员有不和谐的声音，对服务对象说那些没到齐的组员这么不配合她的工作其实是对她这个组长的不尊重，使得服务对象情绪低落，觉得自己吃力不讨好，不想再组织小组活动了。社工针对这一情况及时电话联系服务对象进行疏导，小组成员中有部分人因生活困难还要打工不能参加小组活动，也有个别人因私事不能参加活动，小组成员为 11 人，每次活动实到人数为 6—7 名，达到半数以上已经很不错了，希望服务对象不要纠结活动人数，继续当好小组组长。

社工还了解到服务对象办事认真负责，每次活动地点都要亲自考察，感觉符合组员大众的眼光，才确定为活动地点，有个组员家庭经济不好，每次的活动费服务对象都会帮助其解决。

在这个阶段，社工主要是在服务对象成为组长的初期，经常鼓励和肯定她的付出，避免服务对象产生退缩的行为。另外，组员聚会后社工都会对服务对象进行跟进，了解聚会情况。

5.第五阶段。

目标:结案评估,巩固服务对象改变的成果,鼓励服务对象继续助人。

时间:2014 年 11 月

服务次数:1 次

介入过程:由于服务对象与社工在同一社区,因此并没有按照严格的结案程序,在离别情绪上也不同于一般的个案,不需要做太多的处理。社工主要与服务对象一起回顾了整个服务过程,总结目前为止服务对象已有的改变和成长,并鼓励服务对象继续作为小组长带领组员聚会,将小组继续发展好。

四、个案成效

(一)目标达成分析

通过和服务对象几个月的沟通及服务,服务目标基本实现:

1.对医保政策上面有需求,社工便带着服务对象的问题跑了南湖区民政局、嘉兴市社保局咨询了医保的相关政策,将医保政策通过电话方式反馈给服务对象——一是服务对象老公现在享受的医保是军属医保,按规定只能享受现有的报销额度,不能增加报销额度。二是如果服务对象老公退休后想享受职工医疗保险就得向嘉兴市社保机构交纳一定数额的医保金(具体交多少钱,要等到服务对象老公办理退休时再定),这笔钱要服务对象家庭自己支付,由南湖区民政局承担。服务对象接到社工的反馈信息,表示十分感谢。

2.服务对象的社会支持系统增强。通过参加街道开展的"失独"家庭小组活动,服务对象已与多位组员成为朋友,日常生活中来往频繁,服务对象的情绪也得到了很好的缓解。

3.目前服务对象还在继续作为小组长为组员组织聚会,服务失独家庭。

(二)服务对象成长分析

在社工第一次与服务对象会面时,服务对象目光下垂,面无笑容,提及儿子时眼泪涟涟,表示在儿子病逝后,对什么都提不起兴趣,觉得生活没意思。接受社工专业服务及参加失独家庭小组活动后,服务对象变得开朗起来,笑容多了,话也多了,还能参加朋友间的旅游、聚会了。当上"同路相惜同心同行"失独家庭成长小组组长后,更是从一个服务对象成长为一个志愿者。

五、跟踪服务

社工之后还将继续不定期地跟进服务对象作为小组长的情况,及时给服务对象提供有力的协助。

六、社工反思

社工在服务过程中，没有对服务对象失去儿子这一问题特别注重，也没有常常进行开导、劝慰，而是从优势视角的角度，建议服务对象参加“同路相惜同心同行”失独家庭小组活动，让服务对象与有共同经历的组员倾诉，获得支持，将丧子之痛情绪得到释放，平复失子之痛。社工运用增能理论，帮助服务对象提高自身适应的挫折适应能力。在小组活动中，社工注意到了服务对象自身能力上的优势——亲和力。在以后小组活动中有意识地对服务对象进行培养，最后更是鼓励服务对象在小组中担任组长——让服务对象正式成为一名志愿者。

通过这次个案服务，社工最大的感受是，不要局限于初定目标的完成上，还要看到服务对象在转变过程中所表现出的闪光点，根据服务对象的变化，帮助其获得最大的收益。

七、所运用的理论

(一)心理社会治疗理论

心理社会治疗理论关于人的假设认为，人的行为是生理、心理和社会三重因素综合作用的结果，在对一个人的行为进行分析时应该充分考虑到这三重因素的综合作用。其中个人生理和心理是指个人内在的、稳定的身体结构与人格特征，社会则是指个人生活的社会支持网络及物质环境，这三个层次的因素相互作用，共同推动个人的成长与发展。在社会工作中，社工不应该把人看作孤立的个体，而要把人放到特定的情境中来理解。求助者所处的环境一般涉及家庭、亲属、邻里、朋友、学校和工作单位等。导致求助者的人际关系失调和心理困扰的原因之一是求助者早年未被满足的欲望或者未被解决的情绪冲突压抑在心中，干扰求助者当前的生活，妨碍求助者的对人际关系的适应。“探索—描述—宣泄”是社工帮助服务对象进行自我情绪认识和管理的过程，这三个阶段指的是在社工帮助下，服务对象对自己的情绪逐渐开始了解全面，进而能够描述清楚，最后进行彻底宣泄的过程。

首先从生理层面来看，服务对象虽然没有大的病痛，但是其丈夫患有类风湿性关节炎，必要时需要人照顾，这一定程度上为服务对象增添了生活负担；从心理层面上来看，服务对象从小非常疼爱儿子，认为其乖巧懂事，对其寄予厚望。但意外的疾病夺取了儿子的生命，也让服务对象失去了对未来的依靠，打击巨大，却很少有可以发泄的方式；从社会层面来看，不工作不出门之后，服务对象跟以前的朋友联系沟通越来越少，社会支持网络单一。

(二)增能理论

增能是个人在与他人的积极互动过程中,获得更大的对生活空间的掌控能力和自信心,以及增强其对环境资源和机会的运用,以进一步帮助个人获得更多能力的过程。增能观点的基本假设有以下几点:(1)个人的无力感是由于环境的排挤和压迫而产生的;(2)社会环境中存在着直接和间接的障碍,使人无法发挥自己的能力,但是这种障碍是可以改变的;(3)每个人都不缺少能力,个人的能力是可以通过社会互动不断增加的;(4)服务对象是有能力、有价值的。社会工作者的作用在于通过共同的活动帮助服务对象减少环境的压制和他们的无力感,使他们获得能力,并能正常发挥他们的社会功能;(5)社会工作者与服务对象与环境之间能够实现有效互动,从而能实现自己。正是在这一理论的基础上,社工将培育服务对象作为小组领袖服务其他失独家庭作为服务目标,在小组过程中增强其作为小组长的能力。

督导点评

该案例以心理社会治疗理论为视角分析,以增能为本的实务模式来提供服务,给整个服务案例搭建了一个很好的理论框架,也提供了较强的理论支撑。以增能为本的实务工作需要社工能够认识、促进和增进案主与其内部能量的关系,并运用系统之间的联系来增加他们按照愿望来塑造其环境优势、寻找方法和途径来提高他们胜任感以及建立有效关系的能力。案例中的服务对象是失独群体,大众往往会为他们贴上失能或半失能的标签,而社工在服务中能够注入增能的理念去激发和增强案主的能力,将其培育为街道里失独人员的领袖人物。另外,可以看到社工很好地利用了街道里的服务资源,将个案辅导与小组辅导相结合,给服务对象的成长提供了更多的空间。

(点评人:邵贞,浙江省之江社会工作发展服务中心项目部主任)

案例六
拂去乌云迎接阳光
——运用危机介入模式帮助失独家庭输入希望

社工:金建波[①]

一、案例背景

伴随着我国进入老龄化社会,在社会生存风险不断增加和独生子女政策的持续影响下,我国的失独家庭数目快速增长。2014 年柳锦社区新增一户失独家庭。

服务对象乐某,女,50 多岁,其独生女儿詹某系宁波某大学 2010 级学生。在大三去马来西亚分校做交换生时,于 2013 年 5 月在学校图书馆里突然晕倒,患抗 NMDA 受体脑炎,自昏迷以后每况愈下,在寻求许多努力无果的情况下,搭乘 SOS 专机回国,生病期间花费医疗费、交通费等三百多万元,这种病症治疗费用昂贵,在全球确诊的只有几百例,而在中国更是少见,詹某于 2014 年 3 月因病不幸去世。唯一女儿的离世对这个家庭的打击是致命的,整个家庭陷入情感的迷茫与缺失。失独者面临的最重要问题是心理创伤严重、经济收入掏空、精神支柱的倒塌、对人生未来迷惘等。社工的介入势在必行。通过与服务对象乐某的几次交流与沟通,社工与乐某之间建立了稳定的信任关系。

二、分析预估

面对失独家庭的人生困境,服务对象的问题是迫在眉睫的,为此,社工需要及时介入,提早进行干预,快速了解服务对象的主要问题,有效释放服务对象的负面情绪,排解服务对象的困扰,积极协助服务对象解决当前问题。服务对象的问题主要表现在以下几方面:

第一,个人层面。服务对象身心健康受挫,倍感白发人送黑发人的悲凉,再生育几乎不可能、服务对象成为痛苦群体的一分子。心理健康严重损害,

① 金建波:宁波市海曙区南门街道柳锦社区社工。

抑郁孤独，无所期盼，悲观的情绪不能控制，担忧未来，没有精神寄托。

第二，家庭层面。巨额的经济负担不可避免，服务对象之前为治疗女儿疾病已经花费了三百余万元，SOS包专机的72万元。治疗期间费用基本保持在每月10万元左右。服务对象与她的丈夫都是工程师，只是工薪阶层，这个耗资巨大的疾病迅速地用去了家庭所有的积蓄。

第三，社会层面。面对家庭结构的破坏，服务对象有明显的躲避亲友、同事现象，有自闭的倾向，不愿与人交往，社会支持不足。同时，服务对象还面临今后养老的问题，有了解养老机构政策导向的需求。

三、服务计划

（一）服务目标

危机介入是越早越好，可以有效帮助服务对象解决困境，缓解危机，重树信心。通过了解服务对象个性化的需求，链接各种资源，让服务对象有一个情绪的宣泄与共鸣，通过解决实际困难，填补家庭缺位，调整人生状态，重新恢复其社会功能。

（二）服务策略和程序

失独者往往是因为早期失独缺乏关注，错失解决的良机，进而导致更严重的心理障碍。而危机介入模式的目的是在有限的时间内通过快速、有效的帮助，让服务对象走出人生的阴霾。

1. 社工要运用同理心的技巧，掌握好沟通的时机，让服务对象在一个宽松的意境下敞开心扉，做一个好的倾听者，并及时给予情感的疏导与合适的建议。

2. 社工需要链接和运用资源，对服务对象提供必要的经济支持与补助，帮助服务对象度过困境，尽最大可使其得到一定的补偿。

3. 给予服务对象希望，将其从处于无助、失去希望的状态中拉出来，重新搭建服务对象的人生愿景，重构家庭支持。

4. 培养自疗能力，对于任何困境，服务对象自己才是最好的医生，社工应加强服务对象自我疗伤与自我愈合的能力，虽有危机介入，但不要过多许诺，多让服务对象进行自我调整，恢复自信才是目的。

5. 优势视角的原理，让服务对象主动融入社会，发挥个人特长，恢复自尊和自主能力，增强社会支持系统。

四、服务过程

第一步，及时爱心结对，由社工与其对接，了解其动态情况与需求，对其进行精神上的安慰。

第二步，政策上获得支持。受到海曙区人口计生局、区计生协以及南门街道领导的高度重视，服务对象可享受特扶金政策，只要及时将相关事宜向街道分管领导和区计生局相关科室汇报即可。同时，社工还将服务对象乐某失独一事以情况说明的形式书面上报给海曙区计生局，计生局局长、副局长、综合科科长、区计生协会秘书长均给予了重视。

第三步，鼓励服务对象与家人进行及时的沟通与信息反馈。服务对象的丈夫是部队官员，扶助政策可具体咨询部队进行对接，并通过与市里沟通，在国家 PADIS 系统关闭后，增补让其享受特扶政策的权利。区计生协并将其列为 5·29 慰问对象，同时告知服务对象相关情况。

第四步，多渠道的支持力度，及时送上生育关怀慰问。5 月底，区计生协将生育关怀慰问金 1000 元下发给街道，并在 6 月 4 日将该生育关怀慰问金送至服务对象手中。

第五步，帮助申请临时救助。在得知乐某家庭情况后，在街道指导下，社工为服务对象申请了海曙区慈善总会的临时救助，并由社区书记亲自陪同办理手续。服务对象在 6 月申报区慈善总会后，获 1 万元临时救助，申报民政补助后，获 4000 元临时补助。

第六步，逐渐缓解情绪，巧用沟通技巧。借助专心的聆听，感情的支持，社工与服务对象每次交谈的内容都会有所深入。服务对象通过前期的沟通，对社工有了进一步的信任，建立起良好的合作关系。社工在将区计生协慰问失独家庭的超市推拉车送给服务对象之际，与服务对象约好了时间、地点进行下一步的深层次交流。

第七步，稳定情绪，建立友情。整理服务对象的困惑与需求。通过与服务对象一对一的深入沟通，服务对象乐某主动说起有关市计生委政策咨询一事，并感谢社区、街道所做的事，希望立法上对失独家庭有一个更好的保障措施。并主动透露自己近期的工作状况与生活情况，表示很高兴找到支持的空间。

第八步，协助改变生活方式。服务对象通过自我调整，慢慢走出阴影，与丈夫的交流和生活习惯也有所改善，不但自己逐渐回归到原先的生活状态，愿意与同伴相处，更发现丈夫也有了细微变化，一系列良好的开端预示着自我的恢复。

第九步，调动服务对象改变的愿望。7 月底是服务对象乐某的生日，社工特意为她准备了一份惊喜，生日当天早早到服务对象单位送上生日蛋糕和贺卡。从得知到跑下楼梯这一路，服务对象乐某泪水无法控制，在与同事分享这份感动之际，真切感受到了社会大家庭的温情。

第十步，挖掘主动参与的热情。社工根据服务对象乐某的特点，推荐其加入"人民陪审员"申报行列，并顺利通过，鼓励服务对象参加社区组织的公益活动。服务对象表示要参加社区组织的点亮微心愿活动，与独居老人进行结对，定期多看望老人。

第十一步，初步的结案。这个个案远远没有结束，但作为初期的介入已经取得了预期的成效，今后，社工会通过进一步的沟通，与实现服务对象的愿望相结合，帮助服务对象实现自助，重新找到人生坐标。

五、案例评估

通过危机介入模式，社工围绕服务对象面临的人生危机迅速展开对服务对象的心理疏导与调适，并对服务对象的需求进行广泛的资源整合，对其给予经济上的一定补助与支持，逐渐改变其抑郁、自我封闭的状态，引导服务对象走出低谷直面问题，关注丈夫的改变，并愿意主动步入原先的生活轨道。社工介入及时，目标锁定明确，制订的介入计划帮助服务对象减轻了不少危机对其生活的影响，为服务对象提供了必要的支持，最终培养了服务对象的自主能力与自我愈合能力。

六、专业反思

社工帮助服务对象克服危机的过程不可能一帆风顺，服务对象对人生的变故进行自我调整也是一个缓慢的过程，社工要把握服务对象的动态变化，危机发生时陪伴，应对困难时提供解决途径与有效策略，树立其积极面对困境的决心，努力帮助服务对象重新恢复社会功能，形成其身心平衡的良性状态。为此，社工要对服务对象的需求与困惑做出快速的反馈与判断，协助其解决问题，有效稳定服务对象的情绪，努力调整服务对象的状态，鼓励其及时与丈夫沟通，增强彼此克服危机的自主能力。社工要与服务对象建立长久的相互信任的合作关系，为其创造更多的社会支持。

督导点评

对新产生的失独家庭的危机干预是一个极具挑战性的社会工作领域，他们的精神创伤，一般都会经历失独的震惊期、心理哀伤期、认同现实期和心理修复期，然后才能缓慢地实现心理康复。心理危机干预中有一个 24 小时黄全原则，如果能在第一时间做好哀伤辅导效果就会好一点，不要认为时间可以冲淡一切，随着时间的推移精神创伤或许会成为难以愈合的伤口。

本案例从“个人—家庭—社会”三个层面入手对失独家庭进行危机评估，制订服务计划，通过运用同理心的技巧、链接和运用资源，为服务对象输入新的人生希望、重构其家庭支持，为服务对象确立了明确的服务目标、策略和程序。社工设计了服务过程的十一个步骤，一步一个脚印地将危机干预向前推进，最终使服务对象初步走出了心理阴影，并受荐加入“人民陪审员”的行列，服务社会。社工与服务对象的互动也经历了“走进去—带出来—服务社会”的历程，所以本个案不失为一个比较成功的失独家庭危机干预案例。

（点评人：马洪波，浙江省之江社会工作发展服务中心宁波项目点负责人）

案例七
走出失独的阴霾，扬起生活的风帆
——记如何协助失独家庭的重生

社工：张朝英[①]

一、案例背景介绍

平桥社区地处市中心，东起镇明路，南邻三板桥街，西至长春路护城河，北接中山西路，总面积约 13 万平方米，共有常住居民 1399 户，其中失独家庭 4 户。失独家庭是遗落在社区角落的孤独家庭，在生命的某一刻，他们永远告别了“三口之家”。他们赶上 80 年代独生子女政策严格执行的年代，人到中年却遭遇独生子女夭折。于是，生病和养老，成为他们心头一块沉得卸不掉的石头。

独生子女家庭是我国实行计划生育政策之后大规模形成的特殊家庭类型。30 多年以来，当第一代独生子女成为社会中坚力量时，他们的父母已逐步迈入老年人行列。他们本该享受儿孙绕膝的“天伦之乐”，然而，有那么一群人，他们却要承受“白发人送黑发人”的丧子之痛，他们被称为“失独家庭”，经历了“老来丧子”的人生大悲之后，他们已失去再生育能力。随着时间的推移，失独家庭普遍精神敏感，对前景感到恐慌。平桥社区现有失独家庭 4 户，由于各种原因，这些家庭失去自己的独生子女后，为了避免触景生情，他们搬离了自己原来的生活环境，断绝了与原来朋友的联系，封闭了自己的心灵。社工运用社会支持网络理论、治疗模式支持理论、互动模式理论来开展工作，引导他们走出家门，建立正常的人际关系和社会交往网络，增强他们的主体意识和责任意识。

① 张朝英：宁波市海曙区月湖街道平桥社区社工。

二、分析预估

(一)中年失子痛不欲生

家住中山西路的胡师傅,独生子在19岁时得白血病去世,夫妻俩怕睹物思人,把中山西路的房子卖了,在人丰小区新买了一套,搬了家换了环境,但他们还是躲在自己家中不与人接触,生怕别人问起孩子的事。

(二)永远也过不去那道坎儿

家住青石街的徐阿姨,女儿在19岁时患肺癌去世,她说那时她感觉天都要塌了,没有了活下去的勇气,每天以泪洗面,2009年月湖西区列入拆迁,她也因此搬至江东新居生活,把女儿的所有物品都收了起来,徐阿姨才慢慢恢复了平静,但还是不肯出去与人接触,怕别人用异样的眼光看她。

(三)"孑然一身"的下半辈子

"女儿7岁那年因脑瘤去世了,我的家也在那时散了。"这是我们初次与家住青石巷14号的毛师傅接触时他说的第一句话,"前些年还与母亲一同居住,可去年母亲也离世,现在每天独自一人,无所事事,正是一个人饱、全家不饿。""有时候,看着我兄弟姐妹们一家子幸福团圆,这心里真说不出是什么滋味。"他的话句句如刀直插人心。每逢家人团聚的节日,毛师傅的心情更加沉闷。

(四)"养儿防老"的破灭

2013年7月应家22岁的儿子因意外猝死。他是家中的独子,父母已年过五旬,白发人送黑发人的哀痛,让两个老人一时无法接受,至今仍处在丧子之痛当中。

三、服务计划

在他们正在为此事暗自伤心的同时,社区为使他们走出小家庭、享受到社区的大爱,在街道社区的牵头下,成立了由志愿者组成的"我和你"并肩行团队,专门帮助那些失独家庭。该团队共有队员7名,由社区书记任主要负责人,团队成员由那些热心公益的社区居民组成,团队主要是以精神慰藉为主,以平等、尊重为原则,通过组织各类活动,让失独家庭能够走出家门融入社会的大家庭中。

如何为那些失独家庭服务,如何带他们走出悲痛,是并肩行团队的服务目标。服务团队在社工的指导帮助下，以尊重、接纳、有同理心的服务原则，走访失独家庭，将个案工作方法与小组工作方法相结合，以“走进去、走出来”的服务模式为他们制订服务方案。

(一)建立“专人”帮扶联系制

避免多人多次上门，干扰失独家庭生活。如何对失独家庭进行经济扶助、医疗救助、生活照料和精神慰藉等多项援助，绝非单个部门的事，因此，街道建立协调相关部门齐抓共管的协作机制，建立相关部门社会资源向失独家庭适当倾斜的政策体系。社区还建立了专人联系制度。

(二)加大生活帮扶力度

每年各个节日送慰问，送服务。对计划生育特殊家庭父母发放一次性抚慰金、协助他们申领独生子女伤残家庭补助等经济扶助。

(三)提供温馨的精神帮扶

前两项工作主要以“走进去”为主，而提供精神帮扶则是“走进去”与“走出来”的结合。在前期服务开展的铺垫下，“我和你”并肩行团队精心制定了小组外展活动，让几个有着相同境遇的失独家庭共同参加，相互鼓励。

四、服务实施过程

社区和街道的老龄工作者第一次进入胡师傅家中时，他表情淡漠地接待了工作人员。在交谈过程中，工作人员发现胡师傅精神上非常封闭，对外界有明显的排斥，他的妻子林阿姨更是把自己关在卧室中不愿出来。第一次见面虽然没什么大的效果，但胡师傅表示他们夫妻喜欢运动，这让工作人员明确了下一步努力的方向，也为胡师傅家庭走出阴霾奠定了基础。

此后，社区一有什么活动就去邀请他们。一开始他们总是直接拒绝。后来时间长了，他们的拒绝开始变得委婉：“谢谢你们啊，我们有事参加不了了，下次有机会参加。”这已经表现出他们对于社工的慢慢接纳。

于是，服务团队坚持联系胡师傅夫妻俩。针对他们喜爱运动的性格，2013 年 5 月，服务团队诚邀胡师傅夫妻俩参加月湖街道“我和你”并肩行团队联合“宁波四明救援双闪爱心车队”开展的“发现之旅”余姚大隐芝林古道游活动。在一次户外芝林行中，社工看到了林阿姨的飞速成长。活动的前段，参加活动的家庭都是各走各的，交流也很少。在青山绿水的烘托下，又巧遇边上一支年轻旅友团放着音乐在舞蹈、游戏，本次活动带队的队长看到失独家庭成员中，个别成员向往的眼神，就顺势提议两个团一起游戏。游戏中，胡师傅敞开了心怀，放松了心态，舒缓了自己的情绪，林阿姨的乐观天性也在游戏中渐渐地苏醒，脸上露出了久违的笑容，讲话的嗓门也响了，她还主动拉着坐在一旁观看的其他家庭成员参与其中。

为了避免失独家庭节庆期间的孤寂，端午节前夕，社区诚邀他们参加了裹粽子共度端午的活动。在活动时林阿姨拿来了许多自己亲手制作的丝袜花送给团队成员，还和大家一起边说边笑学着包粽子。在得知她还有制作丝袜花这一特长后，社区文体专干在暑期活动中，盛情邀请林阿姨来为社区内的小朋友们上一堂手工课。林阿姨毫不犹豫地答应了，并且主动提出所有的手工材料她会提供。在授课时她耐心细致，手把手地教小朋友，直到小朋友们都学会为止。一堂课两个多小时，虽然有点累，但林阿姨表示很开心。社工对于林阿姨和胡师傅明显的转变非常欣慰。不光如此，现在林阿姨已成为街道并肩行团队的队长，不仅自己家庭得到重生，还帮助更多失独家庭走出阴霾。

五、案例评估

目前社区的 4 户失独家庭，其中两户由于夫妻离婚，孩子死亡时并不在自己身边，因此悲痛程度并不是很深。根据他们家的实际情况，主要对他们进行经济方面的抚慰。另外两户，孩子都是 20 岁左右生恶性病死亡，他们经历了“白发人送黑发人”的惨痛过程，在痛苦的回忆中不能自拔。其中林阿姨一家儿子 19 岁时生急性白血病死亡，花光了家里的积蓄也留不住儿子年轻的生命；另外一户徐阿姨女儿 19 岁时生肺癌死亡，说起女儿的漂亮懂事，徐阿姨每次都是泪流满面。经过社工的多次上门沟通、交流，用真诚去感动他们，他们打开了心扉，走出了家门，尝试着与人交往，在小组活动中逐渐增强了与人交往的能力，并且在活动中能够主动有意识地帮助别人。徐阿姨现在情绪已趋于稳定，也能走出家门参加社区组织的一些活动；林阿姨现在担任了街道并肩行团队的队长，每次都积极主动和社工一起为组织活动出谋划策，准备活动所需的物品，忙得不亦乐乎，在她脸上已看不出曾经有过的悲伤。

六、专业反思

社会支持网络理论体系就是人与人之间的接触，通过这些接触，那些失独家庭感受到了来自社会、国家的关心和照顾，包括精神方面和物质方面。治疗模式理论体系是以精神医学、心理治疗和咨询理论为理论基础，通过社工一定的工作技巧影响失独家庭，从而使失独家庭改变行为方式，学习适应社会生活的经验，改变适应能力不足的问题，真正融入社会生活。互动模式理论是运用一系列小组活动，通过小组成员之间的互动，挖掘自身的潜能，增强社会交往的信心、知识和技巧，在此基础上，主动有意识地帮助别人，体会助人自助的快乐。

要想让失独家庭真正重生，走出阴霾，直面阳光，说起来简单，做起来难。对于社区内的各种弱势群体，特别是就失独家庭而言，亲人的离去，成了他们心中永远不可愈合的伤口，而他们所要面临的不仅仅是贫困和日渐衰老多病的躯体，还有那个解不开的心结。世上最难修复的便是情感的痛、心灵的伤，在日后的工作服务中，我们不仅要善于发现问题，而且要遵从社会工作专业理论，以人为本，为失独家庭提供心理慰藉和精神关怀，提供发展性、支援性和补救性的综合服务，让失独家庭真正体会到失独不失爱，使他们正常地生活，同时帮助他们建立和利用社会支持网络。

与此同时，失独家庭精神上的困扰与生活中的困境，用一句话就可以表述，即他们缺少的是朴素的人伦之需。而这一需求光依靠几名团队成员和少数志愿团队是无法长效生存下去的，政府部门和全社会应承担起相关责任，尽其所能给予失独家庭以特别的关爱，让他们充分享受到社会大家庭的温暖。如何让失独老人安度余生，是一道民生考题，需要有识之士共同努力。

督导点评

社工以社会支持网络理论、治疗模式支持理论、互动模式理论为指导，与失独老人建立了工作关系，本案例的特点是社工引入了“我和你”并肩行团队，这是积极利用外部资源后进行的资源整合。在服务过程中，社工以尊重、接纳、同理心的服务原则，走访失独家庭，以个案工作方法与小组工作方法相结合和“走进去、走出来”的服务模式，引导失独家庭走出家门，建立正常的人际关系和社会交往网络，增强其主体意识和责任意识。在前期服务的铺垫下，社工精心制定小组外展活动，让几个有着相同境遇的失独家庭共同参加，在活动过程中逐渐建立互帮互助的社会支持系统，这是本案例的一个亮点。

（点评人：马洪波，浙江省之江社会工作发展服务中心宁波项目点负责人）

案例八
走出阴霾，活出精彩
——新典社区服务失独老人案例

社工：徐波平[①]

一、案例背景

孩子是父母的至爱，是家庭希望的寄托。当唯一的至爱突然陨落，当蓬勃的希望骤然消失，对父母而言，那种钻心刺骨的痛，实在无法用言语形容！然而，在不幸过后，生活还要继续，人生还要继续。

服务对象郎师傅曾有一个令人羡慕的家庭，女儿是他和妻子一生的骄傲。女儿聪明、美丽，从上海某大学毕业以后和老公一起到美国工作，2002年又为他们添了一个可爱的外孙女。然而，2004年7月女儿在美国因滑雪发生意外死亡。从那以后，二老的世界就发生了翻天覆地的变化。随着时间的流逝，服务对象已慢慢地走出了阴影，但是服务对象的妻子却将那份痛深深埋在心底，不愿和周围的人联系和交流。

失独是人生的最大伤痛，社工将通过系列“助人自助”的服务工作，引导服务对象和他的妻子走出困境，帮助服务对象增能，获得更多更合理的社会支持网络，发挥服务对象自己的正能量，更好地帮助“同命人”，真正走出阴霾，活出精彩！

二、问题分析

在社会生活中，人与人之间的相互支持对维系正常的社会生活是必不可少的，而人们在生活中所遇到的许多问题往往也是由于缺少必要的社会支持而产生的。依据社会支持理论的观点，一个人所拥有的社会支持网络越强大，就能够越好地应对各种挑战。社会支持理论核心概念是社会支持，社工应积极帮助服务对象挖掘和扩展其非正式的社会支持网络，帮助其提高建立

① 徐波平：宁波市海曙区段塘街道新典社区社工。

和利用社会支持网络的能力。

服务对象郎师傅存在的问题：

经过一年多时间社工的深入接触与小组工作的顺利开展，服务对象已基本走出失独的阴霾，但妻子任阿姨对其在小组的工作不支持；

在小组活动中服务对象逐步体现出骨干的能力，但是小组成员对其的认同不一致，个别情况下个别组员对其也会产生攻击性语言；

服务对象自身热爱生活，常以“同命人”的特殊身份，帮助社区接触及做好失独工作。但服务对象有更大的正能量，想帮助更多的“同命人”。

三、服务计划

(一)工作目标

深入分析了服务对象存在的实际情况后，社工连同社区初步制定了下列工作目标：

1. 帮助服务对象获得妻子的支持；
2. 帮助服务对象处理小组事务；
3. 重组资源，帮助服务对象成为志愿者骨干；
4. 寻找平台，帮助服务对象发挥更大的正能量。

(二)服务策略

1. 以各种节日为契机，上门探望服务对象与其妻子，与二老建立良好的关系。

2. 依托社区，积极争取企事业单位和社会团体对服务对象进行资助，充分利用各种有效资源，进行生活上、精神上的照顾，建立正式的社会支持网络。

3. 提高服务对象在小组活动中的处理各项事务的能力，使之成为小组骨干。

4. 挖掘服务对象潜能，为其搭建更大的平台，帮助服务对象发挥更大的正能量。

四、介入过程

社工通过直接介入和间接介入活动，对服务对象开展帮扶工作。

(一)开展三关爱活动，引导服务对象家人进入社区

服务对象的妻子任阿姨是宁波某大学的退休教授，从事心理咨询相关工作，日常工作忙碌。社区一次次地上门邀请，都被她以“工作太忙”的理由拒

绝。得知任阿姨脚部动手术住院，社工和社区工作人员在第一时间到医院看望，送去水果和鲜花，做一些力所能及的照料。出院后，社工又在第一时间带上方便任阿姨行动的轮椅上门看望。

春雨润物细无声，社工的细致工作打动了任阿姨。10 月 12 日，任阿姨忍着脚部的疼痛，由社工推着轮椅为社区的志愿者讲授了与志愿者心理相关的课程。用生动的语言诠释了三点内容：一是绝对尊重受帮助人的自尊心；二是在公平的基础上帮助有困难的人；三是调整好自己的心态。做好一名志愿者，不仅要心胸宽广，而且要具备一颗感恩的心。精彩的讲解，博得了全体志愿者的喝彩。社工同时也注意到任阿姨在这过程中的变化。从那以后，任阿姨对其丈夫的工作表示了支持，并积极地帮助社区开展针对失独家庭的活动。社工遇到困惑时，二老还会从他们的视角出发热心进行指点。

(二)依托社区，帮助服务对象争取更多的社会资源

社工在多次走访服务对象时，发现服务对象和妻子不善于打扫卫生，房间的地板走进去总是黏糊糊的，窗台上、茶几上都积着一层灰。与社区沟通后，社工向有关部门进行了呼吁，及时为服务对象争取到了宁波第一张为失独老人提供的家政服务免费卡。

在各类节日到来的时候，社工总是带着各部门送来的慰问品去探望二老。频繁的走访拉近了社工与服务对象的距离。

(三)成立“温心家圆”工作小组，引导帮助服务对象成为小组骨干

针对失独家庭存在的长期缺乏精神寄托、晚年养老的忧虑及其他特殊性情况等各类问题，结合辖区特色，社工在社区成立了“温心家圆”工作小组，通过送温暖、送关爱，努力让有缺憾的失独家庭重新变得圆满。小组成立后开展一系列活动，做了大量有成效的暖心工作。在这个过程中，社工引导服务对象成为小组的骨干。刚开始，组员们对服务对象不了解，小组成员对其的认同不一致，个别组员对其也会产生攻击性语言。社工认真地帮助服务对象分析了问题的所在之处，陪同服务对象上门走访了社区其他 8 户失独家庭，同时帮助服务对象组织了两次失独成员的外出郊游活动，服务对象积极向上、活出精彩的生活观慢慢地感染了小组的其他成员，服务对象也经常以“同命人”身份去安慰、帮助他们，没过多久，小组里所有的成员都称服务对象为“大哥”。

(四)搭建更大的平台，帮助服务对象发挥更大的正能量

服务对象作为小组负责人，以同命人的感受帮助小组成员慢慢走出失独的阴霾，他的事迹已被市计生协广为重视。5 月底全国计生协会议在宁波举办，

市计生协希望服务对象能在大会上发言，讲述自己的经历和现在的生活状况，以鼓励更多的失独家庭走出悲痛。社工在得到这一消息的第一时间与服务对象进行沟通，政府给予的信任让服务对象很激动，对自己能够帮助社会上的失独人员充满了信心，答应一定做精彩的发言，鼓励同命人走出阴影。经过一个多月的改稿，制作PPT，彩排，在全国计生协会议上服务对象进行了精彩的演讲，感染了在场的每一位听众，国家计生协领导也对其给予了充分的肯定。

五、评估与结案

本案例从社工与服务对象建立良好的关系开始，在关心、关怀、关爱服务对象的基础上一步步带领服务对象走出自我狭小的空间，逐步融入社区更大的舞台，从而与外界建立更广泛的连接。并应用优势视角理论有效地开发服务对象自身的优势，帮助他搭建平台、发挥专长，在为更多的人服务的同时，提升自我；在被他人需要的同时，获得内心的价值感。

六、反思与展望

在失独老人的个案服务中，切忌把失独老人作为一个弱者，不贴标签。他们只是经历了人生中的一个重大打击，心理有过创伤。他们同时也是一个个具有自身优势的个体，和其他的人一样，具有闪光点。我们要做的不是去揭伤疤，而是要帮助他们和外界建立链接，发挥他们自身的优势，得到更多的社会支持网络。在充分尊重服务对象自决的前提下，激发他们的能动性，使其在与外部交流互动中，得到支持和认同感，从而充实自我，找到人生新的价值和意义。

督导点评

社工以社会支持理论为视角，帮助服务对象提高建立和利用社会支持网络的能力，挖掘和扩展其社会支持网络。通过制订针对性的服务计划、设置服务目标，增强了服务的可操作性，服务策略和工作步骤清晰明了。

尤其可贵的是，社工对失独老人不贴标签，认识到虽然他们经历了人生的重大打击，心理有过创伤，但他们同时也是一个个具有优势的个体，具有闪光点。社会工作者可以用优势视角的理念，发挥服务对象自身的优势，在充分尊重服务对象自决的前提下，激发他们的能动性，使其在与外部交流互动中，得到支持和认同感，从而充实自我，找到人生新的价值和意义，这是这个案例的亮点所在。

（点评人：马洪波，浙江省之江社会工作发展服务中心宁波项目点负责人）

案例九

陪伴计生特殊家庭老人走向灿烂的明天

社工:吴晓春 宋欣兰[1]

一、案例背景

李女士,六十余岁,二十年前女儿意外死亡,现无子女。夫妻均为企业退休人员,目前丈夫在经营小型加工厂,经济条件良好,夫妻关系以及兄弟姐妹关系也较融洽。由于失独带来的伤痛,李女士一直独来独往,心情低落,不与外界交往,对周边群体敏感、多疑,人际网络相对单一,在社区里只同几个人打招呼,平时不参与任何社区活动,但每次慈善捐款时她都会奉献一些爱心,随着年龄的增大,李女士对未来感到迷茫和无从适应,特别担忧的是日后的养老问题。

二、案例分析

(一)存在的问题

针对服务对象现状分析,主要是因失独所带来的一系列问题造成的,目前存在的问题主要有以下几个方面:

1.服务对象女儿去世虽然已经过去二十年,但是对一个母亲来说,那份伤和痛是永远无法抹掉的,也正因为有如此伤痛,服务对象承受各类生活中的不如意能力较差,认为自己是一个不幸的人,所以一直想以逃避来解决问题。

2.服务对象目前的人际网络圈子较小,除了有时同朋友亲戚搓麻将外,没有任何娱乐活动,丈夫工作较忙,更使其感到空虚、寂寞,对女儿的思念也只能通过各类纪念活动来释放。

3.随着年龄的增大,服务对象最担心的是进入高龄后,自己生活无法自

① 吴晓春、宋欣兰:宁波市海曙区白云街道白云庄社区社工。

理时产生的养老问题。

4.服务对象有想同外界接触的愿望,社区居民曾劝说她到社区参加活动,但都被她婉拒,她说她跟别人不一样,怕外界触到她的痛。

(二)运用优势视角评估服务对象

1.服务对象目前六十刚出头,经济等方面没有后顾之忧,身体健康,有较充裕的时间和精力。

2.服务对象家庭关系比较融洽,家庭支持网络健全,部分居民对她的遭遇也很同情,也希望她能走出家庭,所以服务对象具有一定人际交往的支持基础。

3.服务对象本身有同外界交往的愿望,且具有一定爱心,只是迈不开第一步,相信通过社工的引导和鼓励,会慢慢走出家庭,参加有兴趣的团队活动等,在被社工挖掘潜能后,甚至能做一些力所能及的志愿服务。

三、服务计划

(一)总目标

改变服务对象所面临的困境,帮助服务对象建立良好的人际交往网络,帮助其获得家庭、社区及社会资源的支持,使她享受到快乐的晚年生活,减少其对今后生活的担忧。

(二)具体目标

1.通过走访、沟通和交流,同服务对象建立良好的值得信任的专业关系,征求服务对象意见和建议,制订分步计划,同服务对象共同达成努力方向和目标:通过一年时间的共同努力使服务对象能够走出家庭、积极参与社区活动、对今后养老有计划,并力所能及参与志愿服务 2 至 3 次。

2.进一步了解服务对象存在的问题和需求,有针对性地开展服务。征求服务对象意见,物色一至两名热心人同她建立帮扶关系,通过半年时间帮助服务对象走出家庭参与活动,使其从陪同参与逐渐向独立参与转变。活动频率达到每周二至三次。

3.通过社工对服务对象周边资源的调查、组织和协调,发动和呼吁家庭成员、社区义工、政府养老服务平台为服务对象建立家庭、社区、社会的支持系统,为解决今后的养老问题打下良好的基础,减少服务对象对今后生活的担忧。

4.鼓励服务对象发挥潜能,重新认识自身价值,做一个快乐的老人。鉴于服务对象的爱心，社工应多创造一些服务对象帮助别人的机会，如参与结对帮困、团队服务等公益服务，使服务对象在服务中建立信心、获得尊重，并能发自内心地提出帮助他人的愿望。

5.根据介入的实际情况及时修改工作计划，确保服务对象按期完成目标。

(三)服务策略和步骤

1.物色一至两名热心的、与服务对象关系较好的同小区居民，帮助服务对象走出家庭，参与到社区的活动中来。

2.挖掘内外资源，发挥家庭、社区、社会的支持系统，对服务对象提供生活和精神上的支持与帮助。

3.为服务对象创造参与活动的条件，让服务对象在活动和助人中肯定自己的价值，开发潜能。

4.介绍相关养老院的情况和政策，带她实地参观养老院，增加服务对象对自己往后生活的信心，减少其不必要的担忧。

5.加大宣传力度，为服务对象获得家庭、社区、社会的支持和认同创造条件。

6.整合资源，协调和联络各有关部门，通过参与沙龙、培训、讲座，提高服务对象的能力，增强服务对象解决问题的信心。

四、服务实施过程

第一阶段：收集信息，制定预案。

第一次：社工遇到李女士，问询了她的生活状况，李女士称："最近挺好的，就是没事干。"于是社工邀请她到办公室坐坐，随即同她聊起天来。社工夸她身材好，跳起舞来一定很美，李女士表示她还是蛮喜欢跳舞的，只是担心被别人议论，还说小区里的王阿姨多次让她去参加活动，她心里有些犹豫。社工建议她进行尝试，如果遇到任何问题或者不愉快，可以与社工联系，并表示以后任何事都可以找社工帮忙。李女士称，她愿意同社工聊，只是希望社工能够为她保密。社工答应了她的要求。

第二次：社工上门到李女士家中，了解她目前状况，并问询了她家庭的情况，李女士说，她跟她丈夫的兄弟姐妹都比较多，大家经常有走动，特别与侄女的关系最好，李女士把她当自己的女儿一样看待。说到这里，李女士流着眼泪说："如果我的女儿还在，我也可以做外婆了。"社工劝导说："女儿过世已经有那么多年了，你也应有自己的生活了，如果你现在生活不如意，你女儿也会不安心的。"李女士说："我也曾多次想从这种痛中走出来，但一想到女儿，我就什么都提不起劲来。”社工征求李女士意见，是否愿意和社工在共同努力下，使目前的生活状态有所改变，李女士答应尝试一下。

第二阶段：走出家门，融入团队。

服务对象最大的症结是无法跨出第一步。万事开头难，只要能走出来一次，就会有第二次，所以社工在征得服务对象的意见后，找到先前提到的王阿姨。社工与王阿姨谈到李女士的想法，希望王阿姨能够陪同李女士参加活动。考虑到李女士的心结，王阿姨和社工商量先让李女士参加夜间的锻炼，因为夜色可能会让李女士感到更安全。吃好晚饭，王阿姨找到李女士让她一起到公园跳健身操，并承诺包她学会。一个多小时结束后，李女士感到有点累，王阿姨告诉她回去后有不懂的，她可以单独为她辅导。一个星期后，李女士已基本能跟上健身操的节拍，跳起来也自然多了，来回的路上她也愿意同王阿姨谈一些生活上的杂事。她说跳健身操比搓麻将好，跳过以后感到很轻松，王阿姨随即夸她是块跳舞的料，不但身材好，而且学起来挺快，她们的跳舞队正缺少像她这种队员，问李女士是否愿意参与。一个月后李女士参加了跳舞队，平时她不太言语，但学起来很认真。为了增加她的信心，王阿姨还抽空给她个别辅导。三个月下来，李女士受到了队员的肯定，都说她跳得好。李女士自参加团队活动后，早晚锻炼，增强了信心。队员们像朋友一样，有时还聚餐，她感到很开心。慢慢地，她也愿意为团队里的队员做一些事，如网上购物、到亲戚那里借衣物等，大家都说她人好，还热心。

第三阶段：获取支持，重建信心。

社工发现近来李女士参加团队活动经常请假，经了解是因为李女士的婆婆患上了老年痴呆症，又中风，生活无法自理，而其他兄弟姐妹又相对较忙，所以要她经常去照顾，弄得身心疲惫，想送到敬老院去，可又不知该怎么送。李女士一想到婆婆有那么多子女，也无法得到很好的照顾，就联想到以后自己老了也可能面临这种境况，心情更加烦恼。社工了解情况后上门跟李女士交流，提到区敬老协会有一个照护院，是专门为失能老人开设的，可以介绍她到那里看一下。

第二天，李女士在社工陪同下来到照护院，经工作人员介绍和参观，对环境和价格她都感到非常满意。在社工帮助下她婆婆很快就入院了，事后她非常感谢社工对她的帮助，社工也告诉她，如果以后她想进照护院，会得到很好的照顾，所以也不用对日后养老感到担忧，政策和条件一定也会变好。一段时间后，社工回访李女士，李女士对照护院非常认可，说政府这样关心他们，不仅每月给补贴，还解决了他们的养老问题，她也安心了，对今后的生活也有信心了。此后，李女士也告诉了社工一个秘密，她已同侄女达成协议，准备把自家的房子过户给侄女，侄女以后会照顾她的生活，一个个心结打开，一块块石头落地，李女士感到心不再堵得慌了，脸上也露出了笑脸。

第四阶段：自助助人，升华提升。

半年以来，李女士有了很大的改变，心情开朗了，衣着打扮上也鲜亮了，很多人说她变年轻了。她先后在老年大学、街道、社区参加了各类培训和团队活动。为了增加她的信心和能力，社区鼓励她当新组建团队的负责人。为了让她没有后顾之忧，社工先让王阿姨做她的助手，帮助她协调人员的招收，半年后通过每星期一次的训练，队员之间感情稳固，她也渐渐能够独立管理团队。社区多次为她们团队创造上台演出的机会。第一次演出时，李女士既紧张又高兴。她们的演出引得满堂喝彩，她下台后拉着社工的手表示十分激动，社工表示了对她的赞赏。

此后，李女士对这支队伍投入了更大的精力。现在她团队的队员也越来越多。李女士多次向社工要求，能不能让她再参与一些志愿服务。现在她与楼道内一位老人结对，经常上门看望，老人对她很感激。今年初社区开始垃圾分类试点，她也报名参加成为一名垃圾分类督导员。有些居民垃圾投放不分类或不规范，被指出时，就直接开口骂。李女士当时很伤心，觉得自己的付出得不到认可，也曾不想干了，但事后在社工的劝说下，坚持了下来，现在她对别人的议论也都能慢慢接受了。社工发现每到她女儿的祭日、生日、清明和过节，李女士都会躲在家里大哭一场，所以社工总在那些特殊的日子里引导她做一些事情，希望她走出伤痛。比如，社区组织单身老人游新宁波活动，当天恰逢她女儿生日，但听到社区让她做义工，她二话不说就参加了。通过这一次经历，社工发现李女士对她女儿的依恋有所转移。李女士正慢慢走出失去女儿的阴影，对自己的未来也有了一定的规划。

五、案例评估

经过近一年时间的服务开展，社工根据服务对象需求开展服务，已实现了预期的总体目标和分目标，通过社工专业服务的实施，服务对象参与社区的活动，找到了生活乐趣。现在服务对象有4—5个固定的邻里朋友，又分别参加了社区、街道、老年大学等多个团队，每周外出参与活动至少5次，而且在社区团队中成了一名骨干，不仅为自己的生活添彩，更为他人进行着多项的服务，还积极地参与到社区老年人结对、垃圾分类等公益活动中，在社区、家庭成员及政府平台三者的协同下，服务对象明确了今后养老的目标，免除了后顾之忧。

最重要的是，李女士在社工的精心陪伴下，远离了悲伤、寂寞和孤独，已经能够独立地走向灿烂的明天了。

六、专业反思

每个人都会老，失独老人的问题不仅仅是个人的问题，更是一个社会问题，需要更多的人去关注他们，也只有认识到自身的价值，失独老人才会感受到活着不是一个麻烦，他们虽然没有子女，但在社区这个大家庭中仍能找到兴趣相投、互相帮助、不是亲人胜似亲人的兄弟姐妹，只要社工们适时整合资源、运用专业的社会工作方法和技巧展开服务，就可以有效地为失独家庭打开一扇心门。

督导点评

社工以优势视角、增能原理和社会支持系统等社会工作理论为视角，开展对案主的个案服务。制订的有针对性的服务计划和服务目标都明确清晰，可操作性强。社工的服务过程具体详尽，逻辑性强，成功地让失独老人从家庭融入了社区。通过参与活动，社工激发了失独老人的潜能，使失独老人在家庭、社区、社会等各方有效资源的支持下改变了生活状态，失独老人不再孤独，生活开始变得有尊严、有价值，他们能够重新认识自我和快乐安度晚年，也为和谐社会的建设贡献了力量。

（点评人：马洪波，浙江省之江社会工作发展服务中心宁波项目点负责人）

案例十
“社工助我重扬生命的风帆”
——失独老人从受助者走向助人者

社工：杨玲菊[①]

一、背景介绍

老王，男，1949年2月出生，高中文化，曾在工厂当过电工，拥有六级电工证。多年前离异，10多年前丧子。二十几岁的独子突然离去，使得老王极度悲痛，曾一度精神恍惚，导致记忆力严重衰退，性格偏向固执，有时爱钻牛角尖。虽然退休金可以让老王生活无忧，但多年独居和相对封闭的生活，让他养成了独来独往的习惯，不愿与人多交往。老王有一个哥哥，但来往不多；有一弟一妹，与弟弟关系较亲密，与妹妹关系疏远，不太来往。去年服务对象老王已开始接受服务，由于很难深入进行，效果不甚理想，今年计生特殊家庭老年社会工作项目开始后，社区工作人员重启个案。

二、分析预估

社工通过多次走访，以及从老同事、老邻居等渠道侧面了解后发现，服务对象的生活状态大致如下：

离异、丧子的双重打击，使得王师傅的内心比较苦闷，长期封闭自我，看问题爱钻牛角尖，情绪较易暴躁；邻里关系陌生，喜欢独来独往，不与人交往；生活较孤寂，缺乏自信和热情。

社工在走访中发现服务对象对电脑有极大的好奇心，喜欢钻研。家中有一台式电脑，保养得非常好，可见主人对其的重视程度。但苦于平常没有交流，学电脑有些力不从心。享受不到电脑里丰富多彩的知识和信息。

服务对象退休前曾在一家国企干过36年的电工，拥有六级电工证，业务能力出色。且他本人非常喜欢这方面的工作，喜欢维修电器等。这是服务对

---

① 杨玲菊：宁波市海曙区江厦街道郡庙社区社工。

象自身所拥有的优势。

三、服务计划

(一)总目标

帮助服务对象走出内心阴影,改善人际关系;发掘自身优势,培养兴趣,提升能力,实现服务对象在帮助他人的同时,最终实现自身价值的终极目标。

(二)具体目标

第一步,帮助服务对象宣泄内心的悲苦,缓解心理阴影;

第二步,帮助服务对象改善人际关系,建立外部支持系统;

第三步,应用优势视角和增能理论,发掘服务对象潜在的能力,培养他的兴趣爱好;

第四步,根据服务对象的爱好和特长,提升他的自身优势,使服务对象在帮助他人的同时获得快乐和满足;从而改变他的人生态度,找到自己生命的意义。

(三)服务策略

通过引入外部支持系统和优势视角增能理论,帮助服务对象减轻内心不安,增强服务对象适应能力;改善人际关系,整合社区资源,为他建立外部支持系统;发掘服务对象潜在的优势,帮助他提升能力,发挥自身优势,最终实现助人自助的终极目标。

四、介入过程

(一)重点关注案主,外围收集信息

社工在一次失独老人的排查中,意外得知老王也是其中一员。多年以来,老王从未对外人及社区提及此事,社工明白老王并不愿让更多人知道他的不幸,因此社工打算先从侧面着手。社工先后走访了服务对象楼道里的邻居和老王多年前的老同事。老王早年离异,独自一人把唯一的儿子拉扯长大。但10多年前,儿子二十几岁便突发疾病离开了他。老同事说老王原本是厂里的技术工人,人很聪明,非常能干。这件事之后,人就变了,曾一度精神恍惚,记忆力严重衰退,人看上去也木木的了。而邻居们则说,老王独来独往,并不与人多言语,不知道他每天在家里干什么。

（二）贴近了解观察，分析深层需求

了解了老王的这些情况之后，社工就寻找机会，与老王直接接触。基于对60岁以上独生子女死亡家庭，政府有特殊抚助这一政策的了解，社工主动联系了老王，上门为其办理相关事宜。借机了解老王对这件事的反应和内心真实的状况。社工说明来意后，老王并没有表示过多排斥，但略微显得有些不耐烦。其间因为社工需要老王协助出示一张独生子女证明，老王大发了一通脾气，认为社工办事不力，给他带来很多麻烦。社工在耐心向他做解释的过程中，也留心观察了老王的情绪反应。他应该是被触到了痛处，不愿被人看出，用发脾气来掩盖和转移大家的注意力。这恰恰证明了他内心的伤痛依然没有消退。社工试图开导他，可是他非常烦躁地回避了。

（三）寻找社会资源，构建支持系统

基于对上一次走访得到的信息，社工决定从改善老王的外部环境开始，帮助老王建立有效支持系统。首先，社工向楼道小组长说明了老王的情况，请她带动邻居们，多给老王一些热情，多多关心老王，有机会去串串门。楼道里的小组长和他熟悉以后，鼓励老王来参加社区活动，在活动中认识更多的老人，扩大老王的交流圈。再者，社工了解到老王有一个哥哥，这些年来往并不多。社工辗转联系到了老王的哥哥，了解了相关情况。原来哥哥心里很关心弟弟，只是早年因爹妈的遗产问题有一些小误会，磨不开面子来关心弟弟。社工耐心地做了老王哥哥的思想工作，告诉他"血浓于水，亲不可待"的道理，唤起了哥哥心里对弟弟的浓浓亲情。哥哥答应主动探望弟弟，关心弟弟。亲人的关爱给老王的内心注入了一股强有力的暖流。有了社区、邻里、家庭的关爱，老王知道他不再是孤独一人。

（四）运用优势视角，发现特长爱好

经多次上门，社工有一个发现，那就是老王家有一台电脑，用一块干净的布盖着，保养得非常好，可见老王对它很重视。社工有意无意地和他聊起电脑，发现老王对电脑很感兴趣，有时间就喜欢在家捣鼓电脑。社工马上对他表示钦佩，夸他好学。老王很开心，话匣子一下子打开了。他向社工述说了学习电脑时遇到的困难，他说自己很笨，记性很差，老是学不会。社工及时鼓励了他，告诉他兴趣就是最好的动力。并向他介绍了社区的电脑摄影学习小组是由一些年纪相仿、对电脑摄影有共同爱好的学员组成的，大家一边学习，一边交流，学起来轻松也有乐趣。要是老王有兴趣，可以来试几节课。老王表示他有时间愿意来看看。

(五)整合外部资源,搭建合适舞台

社工联系了电脑学习小组的组长,说明了老王的情况。电脑小组表示欢迎老王的加入,并给了老王一份上课计划单,里面有详细的课程安排。就这样,老王开始了电脑学习。电脑小组的老师是业余的志愿者,学员都是爱好电脑的退休老人。小组里的每一位成员既是学员也是朋友。学习也是轻松自由的,谁有什么问题,大家就一起来探讨解决。刚开始的时候,社工发现老王有些爱钻牛角尖,在一些无关紧要的问题上咬住不放。为此,社工决定给老王另外再"开个小灶",在帮他复习的同时,开导他抓住主要的学习方向。老王总觉得自己很笨,记性差。社工不时地给他打气,并嘱咐老师多多鼓励他。

这样,慢慢地老王学会了不少电脑应用方面的知识,和小组学员之间的关系也更加融洽。更重要的是以前他一个人想破脑袋也想不出来的问题,在大伙共同探讨下得到了解决,老王很开心。他还拥有了自己的 QQ 号码,加了很多好友,还加入了社区的 QQ 群。他学会了 QQ 聊天,学会了用 QQ 传送照片、文件。

电脑小组除了学习电脑之外,还开设摄影学习,并成立了"白头翁"采风组,老王也加入了其中。为此老王还特意去买了架单反相机,认真地学习。此后,在社区举办的各种活动中,常常能看到老王的身影。摄影小组在社区内举办了摄影展,老王看到自己的作品上了墙表示十分开心。

经过几个月的小组学习,老王开朗自信了很多,他的生活充实了,精神头也足了。最重要的是他在学习活动的过程中,和小组成员、社工之间建立了相互信任的关系,有了互动和交流,获得了情感上的支持。

(六)自助还要助人,老王寻觅定位

在多次社区活动之后,老王主动找到社工,说:"社区有这么多为老人服务的项目,你给我也安排一个位置吧。我以前是做电工的,很多东西我都会修。老年人有什么要修的,我愿意上门为他们服务。"社工对老王的想法表示赞许,当即表示社区正好有一个志愿者岗位并欢迎老王加入。于是,社区举办的便民服务活动就有了老王的一个摊位——专门帮助居民修理小家电。由于老王技术过硬,做事认真负责,居民们的反响都很好。越来越多的居民来找老王修东西,老王也变得更加自信了。

(七)社工协助筹划,老王爱心小屋

社工见老王的维修服务受到居民的欢迎,于是在浙江之江失独老人项目

组马洪波老师的指导下，决定帮助老王成立一个修理屋，将其打造成长期的、品牌式的服务。经过与老王商量，及逐渐吸收社区内有类似特长又有爱心的居民加入，“老王爱心修理屋”挂牌成立了。修理屋的主要服务对象是社区里的老年居民，特别是困难老人、独居空巢老人、残疾人家庭、单亲家庭等，为他们提供小家电和家居用品维修，换灯泡、通水管等服务。社区帮助添补了一些工具，社工帮助做接待记录工作。到目前为止，修理屋已修理了二十多件小家电。

（八）生命重获价值，人生再扬风帆

老王不仅用他过硬的维修技术服务老人，更重要的是用他的爱心感动着周围的老人，取得了老年居民的信任。他们有什么东西坏了，有时候不仅是小家电，连雨伞、水龙头和下水管道出了问题，都会来找老王排忧解难。他们说老王不仅技术好，人也好，找老王最可靠！就这样一传十，十传百，再加上社工的宣传，老王在社区里俨然已经是个大红人了。老王的爱心奉献精神也感动了许多居民，有类似特长的居民主动找来社区，申请加入修理屋，和老王一起为社区老年居民出一份力，献一份爱心。到目前为止，修理屋已经壮大到 7 个人的小组了。老王每天都会来修理屋转转，统筹安排，直到把社工承接来的活儿干完才肯休息。通过修理屋的良好运作，老王不仅实现了他的价值，也找到了生活的意义。从一个受助者走向一个真正的助人者。

五、评估与结案

本案例从挖掘服务对象的兴趣爱好入手，帮助他培养并提升兴趣爱好，并使之发挥作用，一步步带领服务对象走出自我狭小的空间，逐步融入社区更大的舞台，从而与外界建立更广泛的联系。并应用优势视角和增能理论，有效地开发服务对象自身的优势，帮助他搭建平台来发挥专长，在为更多的人服务的同时，提升自我；在被他人需要的同时，获得内心的价值感。

但同时还需注意，服务对象的伤痛依然无法触摸的，本案例伊始，社工试想触及服务对象的内心世界，但是没有成功。因此社工改从外部支持系统上来帮助服务对象，根据服务对象的需求来开展服务，反而收到了良好的效果。

六、反思与展望

在失独老人的个案服务中，切忌不能把失独老人看成一个弱者，他们只是经历了人生中的一个重大打击，心理有过创伤。但他们同时也是一个具有优势的个体，和每一个人一样，具有闪光点。我们要做的不是去揭伤疤，而是帮助他们和外界建立联系，发挥他们自身的优势，去建构新的生活格局。社工要在充分尊重服务对象的前提下，激发他们的能动性，使其在与外部交流的互动中，得到支持和认同感，从而充实自我，找到人生新的价值和意义。而在这一过程中社工只要扮演好一个使能者的角色就够了。

督导点评

为计生特殊家庭服务是一个极具挑战性的社会工作领域，失独老人的需求既是多层次的，又是互相交叉叠加的。这就要求我们的服务切入点和手法也要有层次和针对性。

本案例首先是通过输入性服务为服务对象解决日常生活中的困难，疏解其内心的负面情绪，并在这个过程中与其建立初步的个案关系。随着个案服务的深入，服务对象开始逐步恢复和营造社会支持系统，同时，社工以优势视角和增能理论为指引，发掘服务对象潜在的能力，通过为其搭建关键性平台（如案例中的“老王修理屋”），使其获得了与社会的连接点和展现自我的舞台，在这个过程中，案主获得了自我价值的存在感，感受到了生活的意义和乐趣，在帮助别人的同时使自身获得滋养。这是本案例的特色和亮点所在。

（点评人：马洪波，浙江省之江社会工作发展服务中心宁波项目点负责人）

案例十一

缅怀过往与社会功能延续

——高龄老人家庭服务案例

社工：夏　爽　乐晓娇　吴佳俊[①]

一、案例基本信息

服务对象：孙爷爷、胡奶奶。

服务时间：2014 年 7 月—2015 年 1 月。

工作进度：入户面谈 12 次、电话联系 4 次，与社区协商 3 次。

二、服务对象基本情况、问题界定与需求分析

(一)基本情况

孙爷爷和胡奶奶 2014 年都已经 82 岁了，因为上了年纪，两人身体都不是太好，胡奶奶还患有抑郁症。夫妻俩都有退休工资，经济条件尚可。孙爷爷和胡奶奶一起生活，互相照顾，但孙爷爷性格比较内向，不太喜欢社交活动。

孙爷爷和胡奶奶的儿子已经去世，儿媳妇会经常来看望他们。儿子与媳妇生有一女，现为小学老师，孙女 2014 年生了一个女孩，已经 8 个月大了。

(二)问题界定与需求分析

1.身体状况较差。孙爷爷记性较差；胡奶奶听力不好，之前还生病 3 年，最近有些好转。

2.性格内向，心情抑郁。孙爷爷性格比较内向，不太喜欢社交活动，胡奶奶患有轻度抑郁症。

3.社会交往功能弱化。由于性格内向，孙爷爷和胡奶奶很少主动出去活动，原来偶尔去西湖边散步的活动也因为身体不好无法再继续。社会交往主

① 夏爽、吴佳俊、乐晓娇：浙江树人大学人文学院社会工作系，实习社工。

要局限在儿媳妇、钟点工和社区工作人员被动式的日常联系上，生活趋于封闭。

三、服务的理论指导

（一）延续理论

延续理论主张如果老年人能延续一生中一贯的活动水平，就能和社会相得益彰（Atchley，2000），老年人在能保持与以前的活动形态一致的成熟完整的人格时最为满意。延续理论对本个案的启发是：尽量延续和维系高龄“失独”老人的主要社会功能，提升其生活品质。

（二）缅怀治疗

在缅怀治疗（Reminiscence Therapy）中，社工协助老人通过对过去事物、感觉及想法的回忆，重新理解及评价过去一些不愉快的经历，从正面的角度去面对过去的失败和困扰，从而肯定自己，并促进他们对现况的适应。心理学家认为生命的晚期是要处理对自我的绝望或对自我感到完整这些问题。老人面对着社交活动减少和健康受损的情况，回忆能带给他们一定的喜悦，重温往日的成就有助于老人完成自我的整合。治疗性的缅怀已被肯定对于老人的抑郁、自尊和社交有正面的影响。

缅怀治疗的方向有三个：(1)进入老人过去的快乐回忆中，制造一个更能适应的情绪状况，令老人释放与往事相关的正面情绪，将感受带到现在，这有助于解除抑郁。(2)通过回忆老人过去如何成功地面对困难，从而改善老人的自尊和应付能力。(3)改善老人的社交技巧，缅怀昔日的社交生活、约会和恋爱、生儿育女等，都能有助于老人建立当前的社交联系。

四、服务计划

（一）目标

帮助服务对象释放正面情绪，减轻胡奶奶抑郁情况；延续和维系服务对象的基本社会功能；巩固服务对象的社会支持。

（二）服务计划

1. 社工通过入户访问、面谈陪伴、电话联系等多种方式，补充服务对象社会交往欠缺的状况。

2. 社工引导孙爷爷和胡奶奶讲述过去开心的事情，将正面情绪带到现在，并强化之，从而改善胡奶奶的抑郁情况。

3. 社工让孙爷爷和胡奶奶一起重温过去生活、工作中取得的成就等经历，维系其记忆功能。

4. 社工寻求社区工作人员、助老员、服务对象的儿媳妇、孙女等家人的支持，巩固其社会支持。

五、介入过程

（一）建立工作关系

目标：与服务对象建立工作关系，详细了解服务对象的情况。

过程：社工在社区工作人员小王的带领下来到年龄已有82岁的孙氏夫妇家中，小王事情较为繁忙，在介绍社工此行的目的后先行离开。刚一进门，胡奶奶坐在客厅的躺椅上，爷爷从卧室中出来和社工打了声招呼就重新回到里屋了。胡奶奶和社工聊了会儿天，但听力由于年纪的原因则显得不是特别好。生病三年，胡奶奶的身体素质在很长时间内处于不是很好的状态中，直到现今，身体才有些好转。在会谈期间，社区工作人员送来蒸锅表示社区人员对老年人的关怀。在社区人员走后，奶奶和社工提及以前会去离家不远的西湖散步，但近几年由于身体的原因就没再去过，基本不出去活动，平时也没有什么事情做，家里烧饭也都是由钟点工完成的。

（二）回顾工作经历

目标：与服务对象一起回顾过去的工作经历，肯定其人生成就。

过程：第二次见面伊始，胡奶奶在里屋休息，爷爷从里屋中出来和社工聊天，刚开始孙爷爷的话并不是很多，说自己是一个比较内向的人，平时也不怎么出去活动，一般只在家中看看报纸等。之后，在讲述自己以前的一些经历时，孙爷爷打开了话匣子。他说自己的母亲从前是丝绸厂的，父亲则是造纸厂的。其他人都说他很幸运，生在了光荣的工人家庭，但其实他小学没有读完就出去打工了。在1949年至1952年的几年时间中，他得到国家政策的支持去了党校读书，还在党校中担任了副班长的职位。后来，他当了一名建筑工程师，在设计院工作。

孙爷爷还向社工讲述了一些做人的道理，认为像社工这样的年轻人应该多吃苦，学会对自己负责，多孝顺父母，同时也应学着宽容和包容他人。在会话快结束的时候，家里的钟点工来了，钟点工对社工说两位老人的身体状况都不是特别好。

接下来是道别的时间，孙爷爷特地送社工们走出了楼房的大门口。

(三)争取家人支持

目标:与服务对象谈论家庭成员,了解家人对服务对象的支持情况与意义,评估"失独"对服务对象的影响。

过程:社工问及是否有亲戚会来探望时,胡奶奶回答自己的媳妇会经常来看望他们,并主动提及自己儿子的去世情况。胡奶奶还说到了自己的孙女,说孙女生了个女儿(刚刚满八个月),曾带过来给他们两个老人看过。孙爷爷则向我们补充孙女的情况,说孙女从杭州的某师范大学毕业,是一位硕士研究生,现为一名小学老师,下学期要调去担任初中老师,并说到孙女曾留学国外。两位老人在谈到自己的孙女时都很自豪。

(四)处理工作关系的波动,修正服务目标

目标:处理工作关系波动问题,重新评估老人社会功能,修正服务目标。

过程:暑假以后,社工继续入户与服务对象面谈,重点讨论了服务对象恋爱,即胡奶奶年轻时的人生愿望、代际关系等话题。由于服务对象记性较差,无法提前预约见面时间,社工们只能凭对老人是否在家的经验直接上门。有一次,社工上门时家里没人,社工一直等到孙爷爷回家才见到了服务对象。经过与督导讨论后,社工重新审视了与服务对象的工作关系,通过结束前说明、上门前电话联系、请社区工作人员转达等方式,将入户面谈时间相对固定下来,较好地处理了工作关系中的波动问题。

经过上述波动以后,社工重新评估了服务对象的情况及服务目标,将服务目标定位做了适当修正。具体来说,就是考虑到老人的年龄、社会、心理实际状况,将后半阶段的介入重点放在延续、维系服务对象的人际交往、记忆和社会支持等功能上。

(五)重新评估、维系社会功能

社工通过观察、提问等方法对服务对象的生活自理能力、记忆能力和社会交往能力进行了评估。我们发现:服务对象具备基本的生活自理能力,其他复杂一些的生活任务由保姆或儿媳妇帮助完成;孙爷爷的远期记忆力还可以,胡奶奶在这方面则相对要更好一些;二老的社会交往能力则是被动的、低层次的,平时只有被动参加原单位活动,接受原单位同事和媳妇、孙女的单方面看望等社交活动,连媳妇、孙女的联系方式都无法准确说出。基于评估结果,社工一是陪同服务对象做有氧操、玩拼图游戏、散步,减缓其记忆功能的衰退速度;二是把自己的服务定位为老人社会交往的一种替代方式,多给老人打电话,提高上门陪伴的频率。

(六)联络资源,巩固社会支持

此阶段服务已经进入尾声,为应对社工结案后的新情况,社工将工作重点放在联络和整合能够为服务对象提供照顾支持的社会资源上,以巩固服务对象的社会支持状况。一是将服务的基本过程、主要做法、经验与教训向社区汇报;二是通过社区与助老员取得联系,与其分享服务中获得的一些心得;三是电话联系老人的媳妇和孙女,建议她们有时间多来看望服务对象。

六、介入评估

(一)目标达成分析

帮助服务对象释放正面情绪,减轻胡奶奶抑郁情况;延续和维系服务对象的基本社会功能;巩固服务对象的社会支持。

1.服务对象正面情绪得到发掘。在社工有意识的引导下,孙爷爷和胡奶奶回顾、讲述了恋爱、工作成就等,重新体会到了自己的人生成就;在讲述自己孙女情况时,服务对象也表达和强化了自豪的积极情绪。

2.服务对象的基本社会功能得以延续。在记忆功能方面,服务对象从前期记不住社工到后期能够认识、记住社工,说明其短期记忆功能的衰退程度有所抑制;社工以奖状、相册等为载体,与服务对象一起回顾过往生活,巩固了服务对象的长期记忆功能。同时,社工十余次入户看望陪伴、电话联系服务对象,某种程度上也起到了延续服务对象社会交往功能的代替性作用。

3.社会支持得到一定巩固。在社工努力下,社区工作人员、助老员、保姆、服务对象的媳妇、孙女、原单位同事等要素被初步整合在一起,共同为服务对象提供日常生活、情感等方面的社会支持。

(二)社工自我成长与不足分析

服务计划的设计较为合理,社工以延续理论和"缅怀疗法"作为服务的理论指导,基本实现了预期的目标,并且能够根据服务对象年纪大、记忆衰退等实际情况,及时修正服务目标。同时,社工也存在以下不足:对于"失独"问题缺乏足够的实务干预经验,无法准确评估失独对服务对象的意义,没有与服务对象深入探讨失独带来的影响(甚至无法确定是否需要进行专门探讨);社工早期介入时在确定服务目标过程中,没有充分发挥服务对象的自主性;前期服务过程中,社工在资源整合方面考虑得比较少,后期虽然做了一些努力,但离理想状态还有较大距离。

督导点评

社工运用缅怀治疗手法，协助老人通过对过去事物、感觉及想法的回忆，将过去的正面情绪带到现在，并强化正面情绪，从而改善胡奶奶的抑郁情况。让爷爷回忆求学经历，跟社工分享自己的人生体悟，增强爷爷内心的自豪感和自我价值感。缅怀疗法能让服务对象重新理解及评价过去一些不愉快的经历，从正面的角度面对过去的困扰，从而肯定自己，寻找新的人生意义，增强自尊，提升价值感。

社工能随着服务过程的深入，适时评估服务对象的需求，延续服务对象的基本功能，陪伴服务对象一起散步、一起玩拼图，锻炼服务对象的记忆力防止其记忆力过快地退化。在做替代性陪伴的同时，社工也积极维持巩固服务对象的社会支持系统，社工与社区助老员取得联系，和媳妇孙女沟通，提醒他们多看望老人，以减少老人的孤独感。社工可进一步链接资源，针对服务对象年事已高不方便过多走动的特点，组织一些低龄长者或者低龄失独老人去上门陪伴，使其之间进一步形成一种互助支持关系。

（点评人：王卓群，浙江省之江社会工作发展服务中心办公室主任）

案例十二

计生特殊家庭老人情绪引导个案

社工：泮海苹[①] 李 炜[②]

一、个案服务对象背景

服务对象成阿姨，1954年出生。5年前，二十五岁的儿子刚考进公务员，正准备结婚，突然没了(猝死)，这对夫妻俩的打击非常大。情绪上始终没恢复，尤其是成阿姨，有时候情绪容易失控(社工平时上门走访时，服务对象会失控哭泣)。儿子从小是父母的骄傲，从来都很优秀，喜爱唱歌，与周围人相处非常好，因此服务对象尤其难以从悲伤的情绪中走出来，5年来的日子每天都很煎熬。

夫妻俩都是企业退休人员，丈夫马叔叔是从塑料厂退休的，成阿姨是从手表厂退休的，都有退休金，经济实力还可以，身体也较好。因为是老居民了，之前与社区、邻里接触都比较多，关系也较好，后来两人不怎么出门，也不爱与外界接触，社区活动也不怎么参与。例如当遇到社区组织企退人员体检时，他们就推说自己平时都有体检就没有参加。

二、个案工作背景

工作开始时间：2014年7月24日

工作结束时间：2014年10月9日

个案面谈次数：4次

电话接触次数：3次

其他方式接触次数：短信、微信

---

① 泮海苹：浙江省之江社会工作发展服务中心项目主任。

② 李炜：杭州下城区浙大御跸社区社工。

三、需求评估

(一)开展原因探寻

1. 虽然事情已经过去5年,但服务对象仍未能从阴影中走出,不敢看儿子的照片,每天以泪洗面,陷入思念儿子的悲伤中不能自拔。

2. 服务对象不愿意出门,虽然知道亲戚、朋友都在关心自己,但是自己难以跨出那一步,不愿意与人过多交流,认为自己会把悲伤的情绪带给他们。

3. 服务对象存在非理性信念:儿子这么优秀却没了,肯定是自己什么时候做了坏事受惩罚。

(二)问题分析及优势分析

1. 情绪问题:由于失去儿子,服务对象的情绪十分不稳定,没有从悲伤中走出来,每天都会哭,与人交流时也会时常情绪失控,流泪不止。

2. 社交问题:服务对象基本不外出,将自己封闭在家里,独自承受悲伤,行为退缩。

3. 家庭支持优势:夫妻关系较好,家庭分工明确。服务对象每天负责做家务,丈夫负责买菜烧饭。

4. 亲友情感支持优势:服务对象为人很好,有善心,儿子出事之前非常开朗。服务对象的亲戚、朋友对其十分关心,经常邀请服务对象出去游玩,但服务对象基本拒绝,不愿意出去,怕自己的情绪影响他们。

(三)目标

1. 舒缓服务对象因儿子生病身亡而导致的消极情绪,打开心结,引领其慢慢从悲伤的往事中走出来。

2. 帮助排解长期积压在服务对象心头的压抑情绪,进一步改善其心态,使其能积极乐观地生活。

3. 增强服务对象的社会支持网络,与其他人有良好的互动,在情感上能得到寄托与满足,使其从封闭在家的状态中走出来。

四、基本理论

(一)理性情绪疗法

理性情绪疗法又称ABC理论。A为引发事件,B为信念系统,C为结果,即各种认知、情绪和行为。从表面上看,人的不良情绪是由引发事件直接导致的，其实事实并非如此。在A和C之间，还有一个信念因素B在起作用，即服务对象通常根据自己的非理性信念看待引发事件，正是这样的信念才导致了其不良情绪。因此，要消除服务对象的不良情绪，关键就在于纠正其非理性信念。

（二）自我认同理论

失独老人整合自我的过程，是社会角色、社会地位"再社会化"的过程，是对其新角色核心地位的自我接纳和社会认同，其基础在于重新建立其自我认同感。对自我加强肯定有助于老人发展自尊、提升自信，实现安全老龄化。这种认同体现为两个方面：一方面是对已有经历和目前现状的认同，能够比较客观地看待自身的优势和需要帮助的地方，抛弃受助只会为他人增加负担的想法，在此基础上能够比较欣然地与社会工作者相互合作；另一方面是对未来的信心培养，对未来较为稳定的支持系统有所期待。

（三）社会支持理论

社会支持来自个人所在的社会网络或互动的社会系统。从支持主体来看，社会支持可以分为非正式支持和正式支持，社工与社区提供正式支持，亲友提供非正式支持。从支持内容来看，社会支持又分为工具性支持和表达性支持，社工主要提供表达性支持，即心理支持、情绪支持、自尊支持、情感支持和感情认可等。社工在探索服务机制、使老人未来的生活得到实际保障的同时，也需要挖掘服务对象需要的潜在非正式支持。

五、介入过程

（一）准备阶段

2014年6月，社区社工通过对服务对象的入户家访，为其建立了家庭需求评估表。在此基础上，社工制定了相关的入户访谈提纲，双方就访谈提纲、主要目标、服务程序、注意事项等进行了讨论，并决定一起前往服务对象家里进行第一次访谈。社区工作者的配合，对入户服务有很大的帮助，也为服务的资源整合提供了宝贵意见。

（二）建立专业关系

1. 目标：与服务对象建立初步的信任关系；初步掌握服务对象的基本资料，了解服务对象的基本信息以及主要需求。

2. 时间：7月24日上午

3. 内容及过程:第一次接触是由社区社工先与服务对象进行电话联系,确认服务对象在家,并同意社工入户后完成的。由于社区老龄社工原来与服务对象前期有过接触与电话联系,因此第一次入户访谈氛围较融洽。社区社工首先向服务对象介绍了机构社工,并说明了社工本次入户的目的,服务对象表示感谢社工的关心。然后,社区社工询问了服务对象最近的生活情况。服务对象讲述了儿子优秀的过往,整个过程,服务对象基本上在哭,丈夫默不作声。

从交谈中社工们了解到,服务对象性格和善,人缘较好,很多之前的老同事、朋友、亲戚都知道他们的情况,也都非常希望他们能走出来,经常打电话叫他们出去玩。虽然服务对象理解他们的好意,但始终不敢迈出第一步。一方面,他们不希望自己悲伤的情绪影响到他人,另一方面,自己也没有心情去与他们接触。另外,儿子的朋友也会过来看望他们。

服务对象有 4 个兄弟姐妹,其中一个妹妹在美国,也希望他们能过去度假。服务对象的父亲 90 多岁了,也住在杭州,服务对象非常想念父亲,也想去看他,但始终走不出去。社工趁机提出可以与侄子一起去看望父亲的提议,服务对象答应了。

服务对象现在每天就洗洗漱漱,整理家务。下午丈夫出去买菜做饭,其余时间两人就在房间里看看电视,看看新闻,不愿出门。丈夫偶尔炒炒股票,服务对象之前看过上海失独专家的报道,觉得深有同感,会剪报下来。服务对象不会用电脑,不想去学,知道自己落后社会了,但还是跨不出那一步。

4. 基本评估:

(1)服务对象对儿子非常疼爱,对儿子的性格、学习、人品、能力高度肯定,至今沉浸在失去儿子的悲痛中,情绪较不稳定。

(2)服务对象家里很整洁,但没有开灯,较昏暗。她基本不出门,将自己封闭在家中。一个人在悲痛中生活。丈夫对其的支持是一个加强其情感支持的切入点。

(3)服务对象性格较好,较替他人考虑,亲戚朋友等支持网络还在,并且他们对服务对象非常关心,且服务对象还会愿意与亲戚一起去见其父亲。

(4)服务对象对社工上门心理上不排斥,社工与其约好下次会再去看她。

(三)加强与服务对象联系

1. 目标:加强与服务对象联系,帮助其稳定情绪。

2. 时间:7 月 28 日下午

3. 内容及过程:社工与服务对象进行电话沟通并且表达了希望能去拜访的愿望,这次是服务对象丈夫接的电话。听到是社工的电话,服务对象丈夫语气开心了不少，还向社工表示了谢意，但同时也向社工解释因有亲戚来做客，恕不能接待社工。

4. 基本评估：

(1)通过电话加强了与服务对象的联系，服务对象对社工表示抱歉，表示服务对象还是愿意接受社工上门的。

(2)在第一次接触后，社工认为服务对象虽然有良好的社会支持网络，但基本上不与他们接触。这次联系表明服务对象与亲友的接触还是较为频繁的。

(四)引导服务对象走出封闭空间

1. 目标：在评估出服务对象与亲友接触较频繁的基础上，引导服务对象走出封闭空间，与其他失独家庭进行交流，以使其获得情绪缓解。

2. 时间：7月29日下午

3. 内容及过程：由于第二天街道方面会开展一个关于失独老人组成的小组，其中有一些情绪恢复较好的小组成员，因此，社工希望他们能带领服务对象参与到这个小组中来，通过小组活动一方面使其迈出家门，另一方面可以让同伴组员对其进行影响和开导。

社工电话联系服务对象表明要去拜访的意图，并说明了拜访原因。服务对象丈夫接电话后，首先对社工的关心表示了感谢，但同时严正声明自己最近不需要社工的探望，他们不想参加活动。

4. 基本评估：

(1)服务对象丈夫拒绝访谈的态度，与前期相比，转变非常大。关于这点需要继续跟进了解。

(2)服务对象丈夫并未完全拒绝，而是表示过段时间再联系。这是再次跟进的契机。

(五)疏导非理性情绪

1. 目标：引导服务对象直面儿子离世的事实，疏导其非理性情绪。

2. 时间：8月6日上午

3. 内容及过程：社工电话预约上门拜访，服务对象非常开心，表示欢迎。

服务对象首先为社工倒了一杯茶，主动对社工说明了上次拒绝访谈的原因，并表示非常抱歉。上次是因为服务对象患有肩周炎，刚去医院手术回来，因此不方便见社工。服务对象告诉社工，肩周炎是一直以来都有的，但是最近严重起来了，左手肩膀基本上动不了了，攀高、梳头等轻微的活动都做不了，并对社工进行了演示。然后，服务对象与社工分享了肩周炎给生活带来的不便，并说过段时间要再去医院手术。社工对服务对象表示关心，并在临走时布置给服务对象一个小任务，希望服务对象能陪丈夫出去买一次菜、逛一次超市或者晚饭后散步，一来可以出去走走，二来适量运动对身体也是有好处的。服务对象说她会尽量试一试。

在前段时间，服务对象表示很多同事、朋友也到家来看望过她，她非常感谢，但是仍旧控制不住情绪，流泪不止，她因此觉得对同事朋友十分抱歉。社工对此事进行了梳理，告诉服务对象能来看望她的都是关心她的人，因此他们不在意她对他们的哭泣，哭出来她的内心会好过一些。

社工提起了上次电话约服务对象去参加失独老人的小组活动，告诉服务对象小组活动的成员、目的以及期望服务对象参与以使其心态得到改变。服务对象表示非常感谢，并告诉社工自己暂时还是走不出去，希望社工能理解，再给她一些时间，如果她愿意走出来了，肯定会先打电话告诉社工。社工告诉服务对象那次小组活动的"养生"主题对服务对象的身体健康非常有帮助，其中有一个十分钟的健身操可以每天坚持做。服务对象对此非常感兴趣，社工表示要将健身操视频拷给服务对象，但是服务对象家的电脑不能拷贝，而且不能上网(服务对象的丈夫用电脑在炒股，因此社工认为电脑应该可以上网)，电脑是以前儿子用过的，至今没有修过，想留着儿子的记忆。

由此，服务对象开始讲述儿子的经历，以及儿子以前非常优秀的品格、能力，不仅学习工作好，而且孝顺、团结，从小就是她的骄傲，亲戚朋友都非常羡慕服务对象，儿子的朋友至今都会经常来看望服务对象。这个过程中服务对象一直在哭泣，社工对服务对象安抚、递纸巾，并给予关怀。

整个访谈过程，丈夫除了开门，请社工坐下并开电扇，最后感谢并送走社工，其余时间都坐在房间里玩电脑。社工走的时候，丈夫非常感谢，执意要给社工一包咖啡以表谢意。

4. 基本评估：

(1)服务对象对社工更加信任，告诉了社工更多具体的家庭情况及生活细节。

(2)服务对象的情绪好了很多，主动与社工保证不哭，但是仍然抑制不住地哭泣，尤其是回忆儿子的时候。

(3)丈夫对社工的肯定，侧面反映了社工给服务对象带去的正能量，以及对服务对象情绪上的帮助。

(4)关于电脑能否上网这件事，社工判断应该是服务对象不愿意让社工触碰儿子的东西才推辞说电脑无法上网。

(六)引导服务对象转移情绪焦点

1. 目标:引导服务对象认识并转变自己的非理性信念,转移其情绪焦点,正视并接纳儿子不在的事实。

2. 时间:9月1日下午

3. 内容及过程:服务对象非常欢迎社工,执意给社工泡咖啡。由咖啡开始与社工聊年轻人的生活方式。并告诉社工她自己原先的积极开朗的生活方式,以及时尚、与众不同的穿衣风格和乐观的待人接物的方式。社工对此表示肯定,并告诉她现在她也可以这样。

社工询问服务对象上次布置的作业(陪丈夫去买菜逛超市或者饭后散步)有没有完成,服务对象感到非常抱歉,说时间太短了还是做不到,她可能需要更多的时间才能迈出这一步。关于这一点,社工为服务对象带去社区“百老惠”学堂的报纸,其中有关于社区老年大学的课程介绍和时间地点,向服务对象讲解说如果服务对象有兴趣了可以自己联系,社工不强迫服务对象走出来,而是为她提供信息与方式。

社工问服务对象有没有再去医院手术,还为服务对象带去了亲自为她特制的肩周炎报纸,主要包括肩周炎的简介、饮食注意和锻炼方法。服务对象非常感谢,并与社工分享了报纸上的内容,还告诉社工不去医院了,肩周炎不能根治,报纸刚好可以给她用来学习锻炼方法。

在谈话期间,丈夫去领取了社区为他们特殊家庭准备的每日豆浆。服务对象告诉社工她与丈夫之间的隔阂。原本和睦相爱的关系因为自己与丈夫妹妹的来往而发生了微妙的变化,并嘱咐不要告诉任何人。

服务对象带社工穿过房间,走到阳台,并与社工分享她的新手机(昨天儿子的朋友来看他们的时候送给他们的)和手机上存储的照片。服务对象告诉社工之前从来不敢看儿子的照片,现在可以做到看着照片与儿子对话。翻着一张张照片,服务对象也在讲述一个个有关她儿子和她的故事。虽然眼眶仍旧会泛红,但是阿姨努力地让自己的眼泪回流、克制自己的情绪,社工在表示安慰和理解的同时,也告诉其如果儿子在天上看到她可以慢慢走出悲伤也会感到很开心和欣慰的。其中也有一些她与丈夫以前出去游玩的照片,社工趁机鼓励服务对象尝试走出去。最后,服务对象让社工教她如何使用新手机,如新建联系人、删除联系人、发短信、发微信等。

4. 基本评估:

(1)服务对象对社工更加信任,慢慢地愿意与社工分享一些内心或者家庭内部的事情。

(2)服务对象从来不敢看儿子的照片,但现在愿意把儿子的照片放在手机里,也愿意与社工分享以前的照片。

(3)在外部交往上,原先服务对象基本不接触社区或者外人,但现在可以接受社工,并且非常信任;而且可以发现最近这段时间服务对象与亲戚、朋友的接触频率也越来越高。

(4)在情绪上,虽然每次上门服务对象还是会哭,但现在她的关注点越来越广泛,也开始慢慢使用新手机,愿意尝试着跟上社会的步伐。

(七)巩固服务对象改变的成果,并继续跟进

1. 目标:巩固服务对象改变的成果,并继续跟进

2. 时间:9月2日下午

3. 内容及过程:社工教会服务对象使用短信、微信之后,主动给服务对象发了如何清洗葡萄的短信(社工9月1日带了葡萄上门),服务对象给社工回了短信,并表示感谢。服务对象也主动添加了社工的微信。

4. 基本评估:

(1)服务对象与社工的短信沟通体现出信任关系的进一步强化。

(2)使用短信与微信,表明服务对象已经开始慢慢接触新事物,并愿意去学习、联系与改变。

(八)巩固服务对象情绪状态,并结案

1. 目标:了解服务实施的整体效果,回顾服务对象做出的积极变化,强化其转变,对效果予以巩固,并结案。

2. 时间:10月9日下午

3. 内容及过程:服务对象对社工的来临表示非常开心,对社工的工作精神非常欣赏。服务对象表示他们最近生活过得很充实,表达了自己已经能使用手机打电话、发短信了,并请教了社工如何删除照片等功能。现在服务对象每天都能对着儿子的照片说心里话,减轻了服务对象的思念之苦,这有效缓解了她的悲伤。社工总结了服务对象这段时间来的状态改变,服务对象对社工表示肯定与感谢,也表示让她一下子走出家门比较困难,希望社工体谅,如果她能走出家门了一定会通知社工感谢社工。社工与服务对象一起填了结案评估表,并结案,告诉服务对象如果服务对象之后再有其他问题也可以再找社工,社工也会对其进行后期跟进。

4. 基本评估:

(1)服务对象的情绪状态相较原来改善很多,已经能独自对儿子表达思念,并做到与人聊起儿子时不再经常哭泣。

(2)在社会支持网络方面,服务对象的生活有了新的关注点,期待通过手

机这一媒介，能让服务对象与外界有更多的联系，与亲戚朋友多多接触。

六、介入的绩效评估

（一）目标达成分析

1. 成功建立专业关系；2. 正确评估了服务对象的需求；3. 引导服务对象认识到自己的非理性情绪，与其一起梳理情绪，接受并正确看待儿子不在的事实；4. 成功地让服务对象转移生活焦点，重新与以往的亲戚好友接触起来；5. 巩固服务对象已获得的能力，使服务对象自主面对生活的能力得到提高。

（二）服务对象成长分析

1. 在情绪梳理方面，服务对象的悲伤情绪得到转移，开始敢看儿子的照片，由原先的每次说到儿子就哭，每天以泪洗面，到现在已逐渐可以控制情绪。

2. 在社会支持网络方面，服务对象与原先的亲戚、朋友往来逐渐频繁，开始学着接受新事物，开始学习用手机等。这表明服务对象开始愿意打开心结接受全新的生活。

（三）整合后的资源分析

1. 社区资源整合：为了更好地了解服务对象的基本信息和需求，社区老龄社工、计生社工都提供了部分服务对象的信息。

2. 服务资源整合：为了使服务对象能够走出悲伤走出家门，加强与他人的联系，社工多次做服务对象丈夫的工作，让其丈夫带动服务对象走出家门，并强化了服务对象与亲戚以及儿子以前朋友的关系。

3. 专业资源整合：在遇到问题和不解时，社工及时寻求督导、朋辈督导的帮助，认真听取他们的意见，并将众人的意见运用到个案处理上来。

（四）自我成长分析

每做一个个案就是与服务对象的一次共同成长。在整个服务过程中，社工始终以积极的、平等的态度对待服务对象，让服务对象感受到社会对她的关怀。同时，社工也时刻严格遵守职业道德操守，通过合理运用个案工作技巧，包括交流技巧、解决问题技巧、改变行为技巧等，利用倾听、引导、反馈、总结等方式为服务对象进行服务，更学会了运用理性情绪疗法为服务对象加强服务。在整个个案的行进过程中，社工的沟通能力得到了很大的提升。

（五）自我反思

每次上门时，社工都会准备好访谈主题与提纲，但是随着服务对象与社工信任程度的增加，每次个案开展的时间都超出了预计的时间，特别是第一、二次，当服务对象的悲伤情绪蔓延时，社工很难将其悲伤情绪转移或者及时收住，所以在控制个案访谈的时间上社工还有待提高。

（六）相关困难及优势分析

1. 困难：对失独的敏感，加上服务对象的情绪已经积累了5年，社工在没有外界支持的情况下，独自面对服务对象做情绪疏导是一件非常具有技术性的事情，每一个动作、眼神、交流的语言都要非常注意，并要知道如何回应服务对象的悲伤情绪。

2. 优势：社工的年龄与服务对象失去的儿子差不多，而且作为一名女性社工，比较容易走进服务对象的心里，得到服务对象的信任。

督导点评

丧亲，尤其是父母失去唯一的优秀的引以为傲的孩子，会让他们承受难以想象的悲痛。案例中，服务对象5年了仍不能接受孩子不在的事实，自我封闭，不出门社交，虽然想念自己90多岁的父亲，但没有勇气出门去看他。这样的情况，很需要社工去介入。社工除了舒缓服务对象的负性情绪之外，更重要的是协助服务对象重整生活。服务对象患有肩周炎，但又不肯出去就医，社工主动收集一些医学知识助其缓解疼痛，并分享其感兴趣的养生知识，这有助于进一步加深服务对象对社工的信任。社工作为很好的倾听者，让服务对象在讲述过程中宣泄悲伤情绪，引导其慢慢接受现实。另外，社工也布置家庭作业引导服务对象和丈夫一起出门买菜，逐渐接受新事物，并鼓励其学着用手机去交流。社工整合资源，加强了服务对象的社会支持网络，强化了服务对象与亲戚、朋友的关系，这都是一种进步。

（点评人：王卓群，浙江省之江社会工作发展服务中心办公室主任）

案例十三
计生特殊家庭老人服务案例

社工:童肖毅 徐杭情 潘韩霞[①]

一、服务对象背景

(一)个人资料

董叔叔,男,1946年4月出生,高中文化水平,政治面貌为党员。其妻应阿姨于1950年9月出生,初中文化水平。目前,服务对象与其妻子两人一起生活。董叔叔原为某缝纫机厂的油漆工,爱好乒乓球。退休之后,董叔叔经常去文体局做志愿者,帮助组织一些体育比赛。偶尔还会帮助教一些小孩子打打乒乓球。应阿姨从去年开始信佛,平时会在家里和一些小姐妹打打电话沟通。有时候,寺庙里面有些活动,应阿姨也会去参加。社区里面经常有些流浪猫,应阿姨也常常喂食。据服务对象董叔叔描述,其唯一的女儿出生的时候就被诊断为先天性脑瘫。在女儿活着的时候,应阿姨为了照顾女儿就提前退休在家以便24小时照顾女儿,而且一照顾就是32年,直到女儿离世。女儿离世后,应阿姨一直都不太能够接受孩子离开的事实,家中一直保留着孩子离开之前使用过的一些康复器械。

(二)环境资料

董叔叔夫妻两人关系比较和睦,两人之间相互支持,董叔叔对妻子非常呵护,不愿意外人过多打扰到妻子。在妻子沉浸在孩子离开的悲伤中时,董叔叔一直陪在妻子身边开导她、照顾她。

董叔叔在第一次与社工进行面谈的时候表示自己与亲友之间的联系比较少,因为自己在看到他们的子女的时候多少会想起自己的孩子。服务对象家距离社区服务中心较近,同时服务对象的社区意识比较强,一般家中有什么事情通常会去社区找工作人员帮忙。但是社区工作人员表示虽然服务对

---

① 董肖毅、徐杭情、潘韩霞:浙江理工大学法政学院社会工作系,实习社工。

象董叔叔比较开放，但是一般社区工作人员比较难与其家人接触，也难以进入服务对象家中。社区工作者告诉社工有一次社区需要进入服务对象家中拍些照片，但是服务对象一家怎么都不愿意让社区人员进入，无奈之下，服务对象最后同意在家门口拍了张照片。服务对象平时爱好打乒乓球，这是其几十年来一直保持着的良好习惯。服务对象在退休之后，经常会去打球，偶尔还会志愿去文体局组织一些体育比赛活动，有的时候还会教小孩子打球。在服务对象志愿服务的活动中，其生理、心理、人际交往等各方面逐渐恢复良好。

二、个案工作背景

开始时间：2014 年 7 月 16 日

结束时间：2014 年 8 月 9 日

个案面谈次数：4 次（3 次为家庭访视）

电话接触次数：4 次

其他方式接触：2 次

三、需求评估概况

（一）个案开展原因

1. 服务对象女儿的离开给其家庭带来了巨大的伤痛，尤其是其妻子不能很好地接受女儿离开的事实，需要社工帮助其进一步正视和接受事实。

2. 服务对象妻子信佛之后只吃素食，身体健康状况下降，服务对象在与社工接触的过程中主动向社工寻求帮助。

3. 服务对象不愿他人进入其家中，同时也不愿意其他人来“打扰”妻子平静的生活。

（二）服务对象问题及优势视角分析

1. 服务对象身体健康，平时还会经常外出走动，比较愿意与外人接触。平时在家家务活动基本都是由自己来做，只要有时间，服务对象还会主动去参加志愿服务活动。

2. 服务对象在逐渐走出失去孩子的阴影，同时会主动给予妻子更多的支持，帮助妻子也一起走出阴影。

3. 服务对象的妻子主动接触了佛法，心理状况逐渐好转，并在信佛的过程中接触了一些小姐妹，后者给她带来了很大的精神支持。

4. 服务对象家中还保留了其女儿以前用过的东西不做处理，而且不愿意外人进入家中。

5.服务对象认为外人接触妻子会打扰到其妻子的生活,因此不愿意社工或者他人接触她,对妻子有过分保护的倾向。

(三)目标制定

1.协助服务对象帮助其妻子逐渐打开心结,慢慢从失去女儿的悲伤中恢复过来;协助服务对象对妻子的饮食健康进行调整,合理安排膳食。

2.鼓励支持服务对象勇于表达合理诉求,解决其现实困境。

3.培养和支持服务对象参加志愿服务活动以及体育运动,通过运动增强身体素质。

4.增强服务对象的社会支持网络,加强其与外界特别是同质性群体的联系,在情感上得到寄托和满足,走出心理阴影、走出家庭、走向社会。

四、基本理论运用

(一)任务中心模式

任务中心模式认为每个人都具有解决问题的能力,这种能力是人与生俱来的,它帮助人在困难的处境中找到有效的方式应对面临的问题,促进人的健康成长。社工在这过程中主要扮演协助者的角色,尽可能地挖掘和激发服务对象的潜能,让服务对象自己面对生活中的问题,并且鼓励与协助服务对象采取积极的行动改善其家庭目前的生活状况。

(二)现实治疗模式

现实疗法是由美国精神病学家威廉姆·格拉塞于20世纪60年代创立的心理治疗流派。他强调行为本身而非情绪或态度,尤其是强调人对现在行为的观察,强调以问题为中心,以现实合理的途径求得问题的解决。它重视现在,而不重视过去;不重视移情作用,主张顺其自然。旨在帮助当事人认清什么是他们真正的需要,分析当前行为是否有益、有效、负责,进而帮助当事人选择负责任的行为,制订行动方案,以解决现实问题。社工在与服务对象接触的过程中,应以任务为中心,着眼现实需求,帮助服务对象认清现实,面对现实。

(三)相对剥夺理论

相对剥夺理论的提出基于这样一个假设:自我评价依赖于人们把自己的状况与其他可与他们进行比较的人们的状况做比较后得出的结论。在特定的情况下,受到严重损失的家庭如果把自身的处境与遭受更为严重损失的家庭相比,他们的剥夺感可能比损失较小的家庭还要小。相对剥夺理论为我们指出了一套能为经验所验证的假说。当几个人差不多是在同一程度上受到侵害时,每一个人的痛苦和损失似乎都很大;而当许多人在不相同的程度上受到侵害时,与更大的损失相比较,即使是比较大的损失似乎也是小的。进行比较的可能性取决于损失大小的可见度。在服务过程中,社工鼓励和支持服务对象通过相对剥夺理论的运用,将自身的经历与具有相类似经历的人进行比较,从而在一定程度上减轻自己内心的痛苦。

五、介入过程描述

(一)第一阶段

接触服务对象,了解服务对象基本情况,建立专业关系。

1.目标:进入社区,与社区工作人员对接,了解服务对象的基本信息,接案,对社区以及服务对象基本情况做初步评估。

2.介入过程:社工与社区工作人员见面,相互熟悉,并说明此行目的。社区工作人员向社工介绍社区基本情况包括社区各类资源。社工向社区工作人员了解较为详细的服务对象的基本情况并初步评估服务对象的情况,同时与社区工作人员协商接案情况。社工请求社区工作人员带领社工进入服务对象的家庭生活情境,并请求其与服务对象做好前期预约工作。此后,社工与社区工作人员保持联系,并将介入的大致方案以及工作的基本情况与社区工作人员协商,并寻求社区工作人员的协助。

3.介入的手法和技巧:

(1)避免将"服务对象"视为"有问题的人"。在与社区工作者沟通的过程中,社工主要了解的是服务对象的现实生活状况,而不是在于其带着什么样的问题在生活。

(2)专注地聆听。社工在与社区工作人员面谈的过程中保持专注的姿势、表情和眼神,认真了解社区与服务对象的一些基本情况。

(3)简明扼要具体化。在与社区工作人员沟通的时候,社工应目标明确,言语清楚简洁。

(4)对焦。在与社区工作人员交谈的过程中,社工应将游离的话题聚焦到某一个话题上,找到问题的重心,并顺其延展。

(5)摘要。社工要对社区工作人员谈到的关于服务对象的具体情况进行概括总结,并做简要的重点阐述,向工作者查证摘要的准确性。

(6)澄清。引领社区工作人员针对前期所做的初步的家庭情况评估中不明确的地方进行陈述，使其更为清楚和具体。

（二）第二阶段

深入了解服务对象的生活，与服务对象达成共同目标

1. 目标：与服务对象建立初步工作关系，初步达成服务目标，并与服务对象进行沟通，了解服务对象的生活现状。

2. 介入过程：社区工作人员在社工与其联系之后就主动与服务对象进行沟通并事先得到了服务对象的同意。服务对象董叔叔主动与社区工作人员协商在社区服务中心与社工进行第一次会面。在社工进入社区时，社区工作人员将这一情况向社工做出了说明。虽然时间定得有些突兀，但社工从社区工作人员那了解到服务对象的基本情况良好，基本可以与他进行第一次面谈。

服务对象在与社区工作者约定的时间里到达了社区服务中心。社工与服务对象董叔叔在社区主任的办公室进行了第一次面谈。由于社区工作人员在开会，因而只有社工与服务对象进行面谈。

社工与服务对象在社区主任办公室的会客厅内呈 90 度坐下。社工主动向服务对象表明自己的身份是社工专业的实习学生，前来拜访的目的主要是对其现实生活状况做一些了解，并尽可能为其提供较为专业的社会工作服务。服务对象董叔叔对社工没有排斥，以开放的姿态和社工进行了交流。

服务对象董叔叔详细说了一下自己独生女儿的情况，虽然对于女儿的离开董叔叔还是有点情绪波动，但是他也表示自己在周围人的开导之下还是看得比较开的，和另外那些在地震、空难中失去所有亲人的人来说，服务对象觉得自己算是幸运的。社工对服务对象的应对方式表示赞同，并鼓励他放宽心，看开一些。

对于妻子，服务对象董叔叔表示，因为妻子长期照顾脑瘫女儿，所以面对女儿的离世，妻子还是不能接受，一开始就是在家里发呆流眼泪，之后，在董叔叔的劝导下，应阿姨慢慢开始接触外界，为了表达对女儿的思念，应阿姨开始接触佛法，经常参加寺庙举办的各种活动。服务对象董叔叔表示自己没能给女儿和妻子提供好的生活，所以有时妻子对他有埋怨或者会冲他发脾气，他也只好默默忍受。社工对服务对象对其妻子的支持表示认同，并鼓励他坚持这样做，通过夫妻间的互相支持，可以使服务对象在面对子女的问题上不至于太过孤单和无助。同时，社工告诉服务对象在其妻子情绪不稳定的时候，一定要在妻子的身边，给予她最大的支持。

对于现在自己和妻子的情况，董叔叔说，现在自己是文体局的志愿者，自己喜欢打乒乓球，有时教教小孩子，有时就做裁判，比较忙，所以恢复得也比

较好。妻子和自己相比，情况差了点，但是也在慢慢恢复当中。现在他们两个身体都没什么大毛病，除了妻子一直都有肺部疾病外，两人在照顾自己方面还是没问题的。服务对象表示自己主要就是担心以后老了，生大病了，需要人照顾的时候不知道该怎么办。董叔叔还调侃，要死就要死得快。虽然这种想法有些悲观，但在一定程度上也是一种挺现实的想法。社工告诉服务对象平时可以多参加一些志愿类的活动，社区要是有活动的话也可以参加，在妻子同意的情况下甚至可以将妻子也带出去参加活动。另外，社工认为服务对象提到"要死就死得快"，对以后的养老问题有诸多担忧，是其对一些社会保障的不自信引起的，社工认为有必要引导服务对象对国家的养老政策和特殊补助政策做一些了解。

在社工提到这方面的时候，服务对象表示自己一直对这方面有所关注。他认为采取一些较为极端的方式去迫使政府做出政策的调整并不是好办法。对于国家有关失独家庭的政策，服务对象董叔叔认为其中其实还存在很多不完善的地方，比如说对于所有失独家庭都是一个统一的标准，没有根据不同家庭的情况进行细分，这样对于像他们这样经济一般甚至是困难的家庭来说，就不合理了。服务对象董叔叔认为政府会逐渐在这方面加大对失独家庭的帮扶力度，希望能够尽快看到更加具有实际意义的方案。社工鼓励服务对象对这方面的政策多做关注，也可以将自己的看法提出来，告诉社区工作人员或者社工，社工会尽力将诉求反映到有关部门。同时，社工认为服务对象对社会保障还是抱有较大的期待的。

谈到服务对象的妻子时，服务对象告诉了社工一个现实担忧：他的妻子在经历了一段痛苦走不出来的哀伤期后，开始信佛。而信佛导致的一个直接结果就是服务对象妻子应阿姨为了表示信佛的诚心，改变了原来的饮食习惯，开始只吃素食。近两年来，服务对象妻子的身体健康状况逐渐下降，这使得服务对象董叔叔不知如何是好。社工告诉服务对象对这方面不用太过担心，希望服务对象平时尽量将饮食的营养搭配好，这样会有助于身体健康。在条件允许的情况下可以适当买一些营养品。

在会谈即将结束的时候，服务对象董叔叔也表示，之后有什么事情可以联系他并主动给社工留下联系方式。

3.介入的手法和技巧：

(1)关注、倾听和支持。在整个面谈的过程中，服务对象一直主动向社工倾诉，社工始终保持着专注的姿态，积极鼓励服务对象倾诉内心感受和释放悲伤情绪，并通过语言、表情以及行为动作向其表示适当的关注与支持。

(2)适时地发挥同理心。社工在服务对象谈及女儿的离世时表现出了同理心，向服务对象表达了自己对于服务对象这种经历的真实想法。语言上不能说“我理解你”“我知道你的想法”等，只是真实地说“我也不知道该对你说些什么”“虽然我不能完全了解你的想法，但是我知道你现在因为女儿的去世非常悲伤”。

(3)开放式的询问，这有利于更加全面地了解服务对象的信息，从而更好地对其需求进行评估。

(4)避免将“服务对象”视为“有问题的人”。在与社区工作者沟通的过程中，主要了解的是服务对象的现实生活状况，而不是在于其带着什么样的问题在生活。

(5)相对剥夺理论的具体运用。鼓励和支持服务对象将自己的情况与他人进行比较以此来减轻自己的痛苦感，从而进一步达到走出失独的阴影的目的。

(三)第三阶段

主要表现在对服务对象的现实需求进行力所能及的帮助，并进一步巩固与服务对象的信任关系。

1.目标：与服务对象深入接触，进一步巩固与服务对象的信任工作关系；对服务对象的现实性需求进行评估和协助服务对象达成自我满足。

2.介入过程：在上次与服务对象面谈过后，社工了解到服务对象对其妻子的膳食和身体健康十分担忧。社工通过寻找，为服务对象的妻子制定了一份营养膳食的食谱，打算在进行回访的过程中将食谱交给服务对象。社工在到达服务对象的家门口时，拨通了服务对象的电话，不巧的是服务对象正好在文体局组织比赛。于是社工将食谱委托服务对象的邻居转交给服务对象。

在与服务对象接触的过程中，服务对象董叔叔告诉社工，由于子女离世之后，其家庭一直处于较为悲伤的情绪中，因而对子女的一些事情没有太过关注。服务对象说其子女还活着的时候自己所在的单位给其购买了独生子女的保险，但是一直没有对理赔的事情做太多的关注。最近听到有关这方面的消息，希望社工帮忙。

社工在与服务对象接触过后，主动走访了人寿保险公司，询问了解了如何处理保险理赔的工作和程序。社工将了解到的信息写在卡片上，并主动给服务对象送到家中。

3.介入的手法和技巧：

(1)探究。社工要针对服务对象的需求，了解服务对象已经做过的努力，在服务对象面临问题时，主动了解服务对象有怎样的解决办法，并通过协助服务对象解决现实问题，对其现实需求进行评估与满足。

(2)适当地关注、倾听和支持。社工通过语言、表情及肢体语言表达关心，让服务对象体会到支持和尊重。

(3)引领性技巧。服务对象在面临自己的需求遇到困境的时候，社工主动与服务对象沟通，并通过引领性技巧的运用，引导服务对象通过自身的努力，走出现实困境，并且在必要的时候给予服务对象帮助。

(四)第四阶段

发挥潜能，强化能力建设与社会支持网络的拓展。

1.目标：协助服务对象挖掘自身的潜能，通过优势视角强化能力建设以及小组活动增强服务对象的社会支持网络。

2.介入过程：在与服务对象接触的过程中，社工了解到服务对象平时对政府的一些社会保障政策以及各类新闻关注较多。社工告诉服务对象可以将自己对于失独方面的政策做更加具体细致的关注，并将其整理出来。服务对象了解到社工会在近期进行小组活动，主动表示可以给予社工一些自己的建议。

服务对象董叔叔平时爱好打乒乓球，而且还会主动去文体局做一些志愿服务活动。社工鼓励服务对象要坚持参加志愿活动，多参加文体活动。服务对象表示认同。

由于好几次都因为各种原因没有见到服务对象，所以社工打算直接去服务对象家拜访。到了服务对象家门口，社工询问邻居得知服务对象在家。社工敲门后，服务对象对社工的到来表示很惊讶，并称社工这么做是"突然袭击"。一开始服务对象只是和社工在门口交流，在社工的再三恳求下，才进了屋子，服务对象家像他之前说的那样，很暗也有些乱。女儿的康复器械都没有扔掉，服务对象说是其妻舍不得扔。社工表明想和阿姨聊聊，服务对象说她在卧室里看电视，现在在打电话，不方便。我们在客厅也隐约听见阿姨在和别人聊天，感觉心情不错。我们说要帮董叔叔做饭，打下手，董叔叔拒绝了，并说有什么事情就到外面交流吧，家里也没坐的地方，还比较暗。社工看到服务对象家中放置了一些轮椅之类的东西，就委婉地询问这些东西。服务对象主动告诉社工这些东西都是以前自己孩子用过的东西，他的妻子一直不愿意将这些东西丢掉。社工鼓励服务对象继续鼓励和帮助其妻子从失去孩子的阴影中走出来，在适当的时候与妻子协商可以将这些用品捐赠出去，这样也是对孩子思念的一种表达。服务对象对此表示认同，同时表示会考虑社工的建议。

在与服务对象接触的过程中，社工了解到服务对象妻子的情况，社工认为有必要主动与服务对象的妻子接触。在社工进行第一次家庭访视的时候，社工向服务对象表示了与服务对象的妻子进行一次会谈的意愿，但是服务对象拒绝了社工的要求。服务对象告诉社工他不太愿意社区或者其他人接触妻子，他担心妻子的情况会在外界的接触下不能得到很好的恢复。社工鼓励服务对象要勇敢地协助妻子走出来，不仅仅是心理层面的走出来，还应该在必要的时候带着妻子走出家中，适当地参与一些活动，与外界接触多一些，这样会有利于妻子的恢复。服务对象对社工的看法表示认同，但还是不太愿意社工与服务对象妻子直接接触，因而社工主动向服务对象表示暂时不与服务对象妻子接触，在服务对象认为可以的时候，或者遇到一些需要社工帮助的时候，可以主动与社工联系。服务对象向社工表示感谢。

3.介入的手法和技巧：

(1)社工两次去服务对象家中都没能成功，因此决定到服务对象家门前再与其联系。服务对象对社工的突然到访非常吃惊，甚至在门口与社工“对立”了几分钟才勉强允许社工进入家中。在进入家中之后，服务对象没有将我们引进房间里面，而是在看起来并不宽敞而且摆满服务对象女儿生前用过东西的小客厅里与社工交流起来。在交流的过程中，服务对象还不停地向社工表示家里不宽敞，没地方坐。在交谈了一会儿过后，考虑到服务对象的感受之后，社工主动向其告辞。在社工离开之后，服务对象前往社区，向社区的工作人员比较含蓄地表达不希望社工到他家中的意愿。社工考虑服务对象有这样的举动是出于对其妻子的保护，不愿意外人在他妻子面前谈起他女儿的事情，从而引起其悲伤情绪。

(2)社工的这一次家访并没有提前与服务对象打好招呼，因而也没能完全达到预期的效果。可以肯定的是，服务对象对于社工的到访并没有表现得很厌恶，还是比较开放地接待了社工，这说明社工在前期与服务对象之间建立起了比较牢靠的信任关系。但是，由于未能与服务对象做好充分的沟通，服务对象在社工离开后通过社区工作人员向社工传递了“不希望社工冒昧前往其家中”的信号，这告诫社工在进行家庭访视之前一定要与服务对象做好充分的沟通，并且最好能够征得其同意。

(3)积极关注和鼓励。对服务对象表达关心，鼓励其积极应对生活，实现自我价值。

(4)优势视角理论的运用。社工对服务对象的优势保持敏感度，发现了服务对象家庭关系融洽、朋友间关系密切、社会交际能力较强的优势，鼓励服务对象增进与亲友的感情，多与他们出去走走，多参与一些社会活动，以丰富自己的社会生活。

(五)第五阶段

结案总结评估与服务的后续跟进反思。

1.目标:处理好服务对象与社工之间的离别情绪,做好服务实施的效果评估并予以巩固,并与社区工作人员共同商讨后续的跟进服务反思。

2.介入过程:社工对服务对象的近况进行问候,表达关切,并通过闲聊了解了服务对象现如今的情绪状态,评估服务实施的效果,再次强调其良好的社会支持网络这一优势。

之后,社工又联系社区工作人员,提醒其加强对本案服务对象的关注,并力所能及地对服务对象进行帮助,如找一些服务对象可以参加的活动或工作,另外提出最好能够有志愿者可以多陪伴服务对象。

3.介入的手法和技巧:

(1)积极关注和鼓励。对服务对象表达关心,鼓励其积极应对生活,实现自我价值。

(2)通过开放式提问了解服务对象的改变状况,对服务实施的效果进行评估。

(六)介入绩效评估

1.目标达成分析:

(1)接案,成功与服务对象建立专业信任关系。

(2)正确评估了服务对象的现实性需求并协助服务对象得到基本满足,让服务对象得到自我实现的满足。

(3)与服务对象达成共识——共同帮助妻子走出失独的阴影。

(4)巩固了服务对象已有的改变,并促进其进一步成长。

(5)促进服务对象与社区之间的关系更加巩固,使其得到较为长久的来自社区的支持。

2.服务对象成长分析:在整个服务的进程中,服务对象的心理、生理以及社会层面都得到了不同程度的进步。从心理层面来说,服务对象基本能够接受女儿离开的事实,并且会协助其妻子也走出失去孩子的痛苦。生理层面,在社工的协助下,服务对象更加主动地关注妻子的营养和膳食平衡。社会层面,服务对象在走出失去孩子阴影的同时,积极主动与外界保持密切的联系,发挥自身的特长和兴趣爱好,主动从事志愿活动。同时,服务对象也对身边的资源和已有的支持网络有了更加深入的认识,并发挥主观能动性,积极巩固与拓展其支持网络。

3.工作者成长分析:

(1)评估服务对象需求时,社工懂得了不能只相信服务对象的一面之词,要通过各个方面来客观评价服务对象的真实需求。

(2)在与服务对象的相处中,社工应努力保持价值中立,防止自己的价值观侵入。

(3)提升了社工自身的沟通能力和应变能力。

(4)社工学会了真诚,能够做到表里如一,对服务对象的一切无条件接纳和关怀。

(5)理论联系实际,合理运用个案工作技巧,将书本知识运用到工作中,深化了对于专业的认识。

(6)严格遵守社会工作者的职业道德操守。

(7)学会了整合一切对服务对象有用的资源。

4.介入困难及应对分析:

(1)刚开始接触服务对象,由于对服务对象的不了解,社工不太敢与服务对象过分深入地交谈,随着与服务对象接触的深入,社工已经逐渐能够较为深入地与服务对象进行沟通。

(2)服务对象女儿离开的时间不是特别久,因而女儿离开的阴影始终或多或少地在服务对象一家人的心中存在着。

(3)服务对象对社工与其妻子接触比较排斥,不愿意外人打扰妻子,对妻子保护心超强,社工在整个服务过程中都没能与其妻面谈。社工退而求其次,通过服务对象间接为服务对象妻子提供服务。

5.实际介入自我反思:

(1)社工对服务对象所表达的经历或感受要保持价值中立,坚持非评判原则。

(2)社工在与服务对象面谈前要做好充分的准备,明确谈话的主题和目标,并且要思考说每一句话,做每一个动作的理由。

(3)社工在面对服务对象时应当做到无条件的接纳和关怀,不可存在偏见。

(4)社工要学会引导服务对象发现自己的优势。

(5)作为社工自己要有预见性的准备,要有能力引导服务对象讲话,不能毫无目的地随服务对象讲,且要把控好时间。

(七)典型事件分析

(1)在与服务对象沟通的过程中社工了解到,董叔叔比较担心其妻子的饮食问题,因此社工主动为其准备了比较合理的饮食食谱给服务对象做参考。服务对象对此举表示非常惊讶,在与服务对象接触的过程中,服务对象一直表示这份食谱让他非常开心。社工与服务对象的关系也更近了。

(2)在服务的过程中,社工希望能够通过家庭访视了解服务对象,在多次与服务对象电话预约未能成功之后,社工主动找到了服务对象的家中。在到达服务对象家门外后,社工给服务对象拨通了电话。在社工与服务对象沟通了许久之后，服务对象还是勉强让社工进入了家中。之后，服务对象通过社区工作者含蓄地向社工表示了害怕妻子受到伤害的忧虑。社工在随后的介入过程中，主动与服务对象董叔叔事先打好招呼，然后再进行拜访。服务对象对社工的改变和理解也表示了感谢。

督导点评

社会工作者从优势视角理念出发，积极挖掘服务对象的优势资源，鼓励、支持并引导服务对象走出失去孩子的阴影，结合自身的兴趣爱好和特长，去从事志愿活动，丰富自己的生活，这也是生命的意义体现，并在同时加强了服务对象的社会支持。此外，社会工作者随着服务过程的深入，不断评估服务对象的现实需求，并根据其需求，链接资源协助服务对象了解保险理赔，并为其妻子制定了营养膳食食谱，协助其解决现实需求。制订了整个针对性的服务计划、设置服务目标，可操作性强。同时，服务策略和工作步骤清晰明了，服务过程具体详尽。

不足之处在于，社工针对服务对象妻子不愿意过多交流，支持网络较薄弱的问题，可做进一步介入，促进其积极生活态度的形成和持续的社会参与。

（点评人：王卓群，浙江省之江社会工作发展服务中心办公室主任）

案例十四

计生特殊家庭老人“代际照顾”案例

实习社工：陈丽文①

一、个案背景

个案名称：天水街道 DX 社区失独老人代际照顾个案服务
个案性质：支持性服务
服务对象：独居老人 M
个案时间：2014 年 6 月至 2014 年 12 月
个案过程：
探访 7 次；电话接触 10 次；督导会议 8 次；与社区接触 3 次。

二、服务概述

结合服务目标与实际资料掌握情况，社工确定了 DX 社区的 M 老人为项目初期的重点服务对象，进行个案工作。经过多次督导会议，最终确定服务的总体目标：前期以建立专业关系为主，形成固定的陪伴模式，中后期着重建立生命周期内社会性的代际交往关系，建立社区助老员、学生、社区人士共同参与的持续性接力陪伴服务模式，最终建立失独老人的安全老龄化服务模式的工作目标。实施方式是：以学生作为协助助老员，对服务对象进行专业性个案服务，与社区助老员结伴助老，通过专业示范，逐步推进助老专业化发展，通过完整的个案服务过程，与社区助老员共同实现专业成长，满足社区对社区助老员服务在专业化提升方面的期待。

三、服务对象基本情况与需求评估

（一）基本情况

孟阿姨，女，80 岁，独居，患有肺癌，属于特殊病种，享有配药优待，有近

---

① 陈丽文：浙江树人大学人文学院社会工作系，实习社工。

视、散光、白内障等视力问题，听力也不是很好。独子于 2008 年 4 月因癌症去世，后丈夫也因癌症去世，其有儿媳与孙女，不同住。孟阿姨为企业退休人员，有退休工资，经济条件还可以。有职工基本养老保险、职工医疗保险和政府资助的居家养老服务。社区配有助老员俞女士每天上门看望她，社区也为她申请了居家养老服务，年底为她申请困难补助。老伴去世后，孟阿姨看开了很多，也经常在社区里走动，参加社区活动，儿媳、孙女会来看她，精神状态较好。

服务对象患病，比较重视饮食和体育锻炼，生活作息比较规律。每周要去路较远的医院看病或去医馆看中医，需换乘公交，尤其雨天路滑或冬天寒冷时有所不便。服务对象有强烈的自尊和良好的独立意识，虽然有一定的人际关系，但是常常坚持事事亲为，担心麻烦他人。提起丈夫、儿子生病直至去世期间的艰辛，多次忍不住落泪。为 29 岁的孙女找到男友即将结婚而开心，同时感慨虽然媳妇孙女孝顺，但毕竟不比女儿，尤其媳妇不常看望，孙女即将组建自己的家庭，估计以后看望次数也会变少，孟阿姨晚上经常怀抱玩具熊入睡。

(二)需求评估

1. 日常生活方面，老人虽然有一定的自理能力，但是由于患病，各方面功能有所衰退，记忆力有所下降，而且独自看病有一定困难。

老人一向注重饮食、作息规律和体育锻炼，但是受文化水平限制，无法独立阅读书籍或报纸，也就无从了解报纸中关于养生方面的信息。虽然老人比较坚持独自去看病，但也提到无力坚持排队与等候久坐。另外，服务对象生活中偶有忘记关闭煤气阀的经历。可见，老人需要一定的生活辅助性服务。

2. 精神状态方面，虽然老人较为乐观开朗，但是每次提及儿子与丈夫过世前后的经历，都很悲伤。老人比较好强，平常也会进行一定的娱乐活动，开心时会发出爽朗的笑声，但是提起独子与丈夫生病的经历以及两位去世后家里的拮据状况，几次落下泪水。老人比较喜欢毛绒玩具，家中有多个大小不同的玩具熊，夜晚老人会怀抱布熊入睡。可见，老人有时会感觉孤独无助，需要一定的心理疏导与心理陪伴。

3. 人际关系方面，儿媳、孙女会探望，与社区企退负责人员及助老员均有一定联系，但是孙女即将组建自己的家庭，助老员工作繁重。

老人比较乐于参加社区组织的活动，也愿意为居民提供力所能及的服务，说明老人对融入人群有一定的向往。孙女即将组建家庭，老人也很开心。但同时感慨儿媳始终不如女儿，不能较多探望，说明老人对未来长久稳定的社会支持缺乏信心，有所忧虑。

综上，老人的基本需求包括生活扶助、心理扶持与持续陪伴。

四、服务目标

建立在生命周期内社会性的代际交往关系，建立社区助老员、学生、社区人士共同参与的持续性的接力陪伴服务模式。

五、介入模式和实施策略

（一）介入模式

人本主义治疗模式。这一模式适用多元文化，适合为失独老人这一特殊群体提供服务。这一模式以“人”为焦点，强调积极的人性观，注重每个人的价值和尊严，在温暖的专业关系中，通过社工的真诚、无条件的接纳与同感，使服务对象表达情绪与需要，不断产生自我接纳的效果。使用这一模式为老人服务时，社工应尊重老人对以往经历的倾诉与情感宣泄，但在同时强调老人在曾经的苦难中孕育的坚韧与自强，并以此为契机，为老人提供长期陪伴。

（二）实施策略

以学生做协助助老员，进行专业性个案服务，与社区助老员结伴助老，通过专业示范，逐步推进助老专业化发展，通过完整的个案服务过程，与社区助老员共同实现专业成长，满足社区对社区助老员服务的专业化提升的期待。

六、基本理论

（一）自我认同理论

失独老人整合自我的过程，是社会角色、社会地位“再社会化”的过程，是新角色核心地位的自我接纳和社会认同，其基础在于重新建立自我认同感。对自我加强肯定有助于发展自尊、提升自信，实现安全老龄化。这种认同体现为两个方面：一方面是服务对象对已有经历和目前现状的认同，能够比较客观地看待自身的优势和需要帮助的地方，抛弃受助会为他人增加负担的想法，并在此基础上能够比较欣然地与社会工作者相互合作；另一方面是服务对象对未来的信心培养，对未来较为稳定的支持系统有所期待。

（二）社会支持理论

社会支持来自个人所在的社会网络或互动的社会系统。从支持主体来看，社会支持可以分为非正式支持和正式支持两种，社工提供正式支持。社会工作者与社区服务相互结合，不断探索长期的持续的服务机制，使老人未来的生活得到实际保障。从支持内容来看，社会支持又可以分为工具性支持和表达性支持，社工主要提供表达性支持，即心理支持、情绪支持、自尊支持、情感支持和感情认可等。社会工作者与助老员一起探索针对性的服务内容，并使之持续有效地发展。

七、介入过程

(一)准备阶段

从 2014 年 6 月 28 日起，项目服务组社工成员接受督导培训。2014 年 7 月 5 日至 9 日，社工制订个案计划书。社工共同制订《天水街道灯芯巷社区独居老人心理陪伴个案服务计划》，内容包括计划概要、服务方案、服务目标、服务评估等。

7 月 10 日至 15 日，社工开始进行入户服务前的资料分析、资源整合、与社区工作人员的具体合作等服务前工作。社工的工作包括：联系街道、走访社区、分析资料、听取意见、调整方案等。特别是听取了社区工作人员的具体意见，将计划书交给天水街道社区事务科负责老年工作的 Z，双方就前期进程安排、主要目标、服务程序、注意事项等进行多次讨论，对计划书进行多次修改，最终达成一致，这对服务进行前期准备时显得至关重要。在入户服务前，Z 通过其丰富的工作经验向项目组成员介绍了为老人服务的技巧，并表示将与学校师生共同完成该项服务项目。社区工作人员的督导，给予项目组实施入户服务很大的帮助，也为项目组进行资源整合提供了宝贵意见。之后，社工与灯芯巷社区企业退休管理工作人员 C 取得联系。当月 15 日，C 到老人家中告知课题组探访安排，获得老人同意。

(二)建立专业关系

1. 目标：了解服务对象的基本情况，主要经历、生活现状、建立信任关系。

2. 内容与过程：7 月 16 日，C 陪同社工来到老人家中，社工与老人单独交谈。老人对社工的到来表示欢迎，并详细介绍了自己生活起居的细节、各方面人际关系、参与的娱乐活动、以往经历等各个方面的内容，同时提供了电话号码、病历本、老照片等材料。其间，老人主动提起独子因病去世，眼睛湿润，社工对老人进行了安慰，尤其高度赞赏其照顾生病的丈夫、儿子期间所付出的艰辛劳动以及独自一人生活中所体现的顽强坚韧。晚饭时间，社工简单帮助老人准备了器具后离开，并约定下次探访时间。

3. 基本评估：老人对上门心理陪伴不排斥。老人对社工的到来非常欢迎，并期待未来的固定到访。

(三)提供生活服务

1.目标：加强双向互动、提供生活服务，并与社区助老员初步合作、开始组建支持系统。

2.内容与过程：7月30日，社工带去了亲手折的千纸鹤，老人主动带社工到内屋观看供奉的菩萨，点香，让社工拜拜，并念请菩萨保佑社工事事顺利、平安，还端上前面供奉的水果给社工吃。老人觉得千纸鹤很漂亮，很开心，社工提议串成串挂起来装点一下，大家一起把带来的千纸鹤串起来挂在门边，老人很喜欢，也挑了两只千纸鹤放在菩萨左右。老人向社工展示社区新发的手机，每个老人都会有一只，具有紧急求救的功能。老人说自己小脑萎缩，以前孙女教她飞行棋的玩法，她也记不住。社工跟老人一起动手折纸，并制作新的坐垫。因老人听力有问题，社工与Y助老员一起约定探访时间。

3.基本评估：老人对这种隔代交往、陪伴为主的服务形式很喜欢，对社工充满着期待。离开时老人很舍不得社工走，一直站在门口目送社工。

(四)进行心理陪伴

1.目标：进行心理陪伴，并探索与社区助老服务之间的衔接。

2.内容与过程：8月27日，社工来到老人家中。谈话间老人流露"活着也没有意思"的哀伤，谈起了儿子去世的时候孙女只有13岁。后来，丈夫得了前列腺增生，小便无法排出，肚子胀气，开了两次刀，管子从身体里接出来，使得小便流向随身携带的袋子，会很臭。说起这些，老人默默地流下了眼泪。社工握住老人的手以示鼓励，并共同谈起孙女的工作与比较美好的前景。后来，老人就招呼社工一起找邮票，说以前常会把邮票夹在书本里，邮票很有价值，想找出来，社工趁机把凌乱的书收拾整齐。书本都是以前服务对象的丈夫的，其中也夹杂着她丈夫从前的照片和老战友的书信，看到这些，老人脸上显得很平静，只是仔细地翻阅。拿起丈夫以前记录的账本，老人主动向社工说起了账本的由来。看到书本里夹杂的孙女小时候的照片，老人也高兴地自说自话。然而最后，邮票依然没有找到。在后来的谈话当中，老人显得很可惜，说自己小脑萎缩，记性不好了，之前也忘记了退休工资的银行卡密码，那时候觉得很难过，后来在银行人员的帮助下凭身份证明拿到了工资。之后，社工介绍了社区工作人员、助老员提供的主要服务以及家政服务券的使用等。最后，老人希望社工下周陪她去卖书，10月或11月陪伴她去卫生院体检。

3. 基本评估

(1)老人身体状况渐渐不佳,心理状态有所起伏。未来老人需要更多的陪伴与帮助。

(2)老人主动提出未来需求。说明对社非常信任,并真正接受服务。

(五)整合社会支持

1. 目标:协助进行健康护理,整合社会支持。

2. 内容与过程:10月12日至11月14日,社工三次来到老人家中。主要介入过程:(1)倾听老人与老朋友聊天,陪同老人观看家庭相册,跟老人共同进行生活回忆。老人心情比较平静,与社工分享了以往的经历。并介绍老朋友给社工认识。(2)帮助老人进行有线电视的扣费设置。服务对象主动提出希望能够绑定银行卡每月自动扣除有线电视费用。社工建议服务对象可以按年缴费,这样比较方便,最后服务对象同意了这一意见,社工尊重服务对象的意见。(3)身体护理按摩。服务对象肩部糜烂引起手臂和后背疼痛,起初服务对象用辅助工具使劲抓挠,效果甚微,后社工尝试按摩老人疼痒部位,服务对象感觉好转,根据医生的嘱咐,社工提醒服务对象不能像以前一样按摩,要局部按摩加之药物辅助。社工也会抽空多次上门进行护理。(4)协调与助老员的工作。由于服务对象肩背部不适,孙女和社工按摩护理时间有限,社工同服务对象商量寻求助老员的帮助,服务对象觉得助老员工作繁忙未提出要求,社工同服务对象分析请求帮忙的好处,即疼痛是短暂的,请助老员帮助后服务对象可以独自照顾自己,减轻了助老员的压力,或者可以减少按摩时间。服务对象听后表示赞同。

3. 基本评估:(1)服务对象主动提出要求是对社工的信任;(2)社工缺乏护理知识,服务对象能够指导社工如何帮助自己,充分发挥服务对象已有的经验;服务对象在每个阶段都有不同的需求,社工针对这些需求及时调整了服务内容,为服务对象的生活提供了便利;(4)社工与服务对象的儿媳、朋友、助老员链接,共同建构支持系统。

(六)社工与老人相互支持

1. 目标:继续进行生活陪伴,社工与老人相互支持。

2. 内容与过程:11月26日与12月1日,社工来到老人家中,主要进行:(1)继续帮助老人按摩,倾听老人故事,老人表达了希望多了解未来孙女婿的愿望,并将孙女带来的豆腐鱼送给社工;(2)使用工具炒制花生,一起品尝,其间,老人情绪平稳,对社工家中喜事表示祝贺,并鼓励社工好好工作。(3)向社工倾诉病情加重,药量加大,经济上出现一定负担,社工予以安慰。

3.基本评估:(1)生活辅助方面,服务对象身体状态处于恢复阶段,仍需要多加照料和关心,陪伴其共同度过。(2)服务对象拥有较为积极的人际资源,只是因为孙女男朋友、孙女工作都比较忙和一些其他因素无法与他们共同居住,但他们都还是定期探望,在老人病情较稳定的前提下,家庭关系、朋友关系的人际支持(非正式支持)还是能为老人提供温暖的。(3)服务对象自身有她的优势、能力和生活经验,自身经验的分享和传授能够帮助服务对象建立自信,获得满足感,而在面对长期生活困苦后建立的能力能够帮助服务对象克服以后的困难。

(七)引导老人拓展生活圈

1.目标:帮助老人重新认识家庭支持,拓展社会交往。

2.内容与过程:12月19日、12月22日,社工来到服务对象家中,主要进行:(1)向助老员了解老人近况,讨论老人的身体情况,探讨如何帮助老人减轻疼痛;(2)疏导老人与儿媳妇的关系。社工一直倾听,并夸奖老人有个孝顺的孙女,老人的心情才稍稍平复。老人说不知道自己能不能活到孙女结婚,社工告知只要保持好心情肯定可以的。一方面,这是老人生活的动力,另一方面也成为其担忧的一部分。(3)陪同老人外出。社工在纸条上写下名字和号码,并描粗描黑,并在老人手机上输入自己的名字和号码,并教会老人打电话,帮助老人剪指甲和扣扣子,得到老人赞赏。走出家门,社工在老人的指点下与老人散步、合影。

3.基本评估:(1)逢年过节对于服务对象来说是悲伤的,一个人过节则加重了这种悲伤;服务对象所在社区在居家养老服务方面比较成熟,在一定程度上能够帮助服务对象,孙女孝敬服务对象,无论服务对象是否一起过年,都没有停止关心服务对象,常常来陪伴服务对象。(2)服务对象在社会环境中因体力原因和其他因素相对弱势,参与社会事务有限,形式较单一。服务对象的孙女很孝顺,而多加陪伴共同度过一些时刻可以提高服务对象参加社会事务的信心和安全感,社工在户外活动中的陪伴也同样有这个效果。

六、介入的绩效评估

(一)目标达成分析

1.固定人员、固定时间的陪伴服务,与老人建立稳定的专业关系。

2.老人对社工上门服务的悦纳为建立"隔代陪伴"服务模式奠定了基础。

3.解决老人的实际困难,调动老人对事物的兴趣是深入了解老人需求的工作切入点。

4. 与社区助老员形成互补的服务模式，是形成接力陪伴服务模式的基础工作。

(二)服务对象成长分析

1. 服务对象心理成长：从最初每每提及丈夫去世便难抑泪水到与社工一起比较平静释然地整理旧物、观看家庭照片，与社工一道分享对家庭成员的真实想法，虽然老人依然时有哀伤，但在情绪控制与心理成熟度方面都增强了许多。

2. 服务对象社会接纳成长：从不愿麻烦别人到被动接受社工的到访，再到主动接受社工帮助、与社工一起分享朋友圈子，甚至提出与社工一同进行户外活动，这些都体现了服务对象对社会支持系统的不断接纳。

(三)整合的各种资源分析

1. 社区资源：街道 Z、社区 C、助老员 Y、服务对象老朋友
2. 家庭资源：老人儿媳、孙女
3. 专业资源：C 教授带领专业师生组成的课题组

(四)自我成长分析

在介入过程当中，社工与服务对象共同成长，相互促进。首先社工在心态上发生了很大的转变，对自身与老年人相处之道有更深的体悟。通过与服务对象的互动社工学到了更多与老年人相处的学问，并慢慢变得成熟。这种成熟不仅表现在对专业知识的掌握和运用方面，而且表现在与社会的关系方面。在整个服务过程中，社工始终以积极的、平等的、真诚的态度对待服务对象，倾听服务对象的声音，以此赢得了服务对象的信任；时刻严格遵守社会工作者的职业道德操守，做好保密工作；合理运用个案工作技巧，包括交流技巧、沟通技巧等。

七、自我反思

失独老人是一个比较特殊的人群，在聊天交流过程中要尽量避开其伤心往事。社工还缺少这方面的语言行动技巧，也缺少相关心理方面的知识。

介入过程与社区环境、社区工作人员联系较少。社工在介入的时候对自己缺乏信心，没有调动服务对象的整个资源，尤其是人际资源。在介入过程中，社工的感受和发现未和社区及时沟通。

八、相关困难及优势分析

由于实践经验缺乏，服务对象对失独话题的敏感性是社工巨大的挑战。而情绪疏导方面的专业知识缺乏导致社工与服务对象交流过程中面对服务对象的情绪失控只能随机应变。社工之前接触失独课题，心理准备和知识查阅都比较充分，服务对象配合度高，了解自己所需，能够指导社工如何为自己服务，这减轻了介入过程的难度。

督导点评

该个案服务整体介入计划及目标清晰，阶段性目标层层深入。介入过程中的关系建立为这类案例起到了良好的示范作用。社工肯定老人对逝去亲人的付出，与老人共同制作具有思念及祝福意义的千纸鹤，倾听老人对往事的述说，无形中走进了老人的内心。可以看出，社工对老人持续及固定的陪伴给了老人很大的支持与慰藉。需要注意的是，个案最初的目标设计是希望以多元性的支持系统来为老人提供持续的陪伴服务，但从整个案例服务来看，社工是主要的支持来源，但社工只是一个暂时的支持系统，并不能发挥长效的作用，社工需要更多地为服务对象建立孙女——社区及社区助老员——社区志愿者这样一个能够持续为服务对象提供支持的系统，以避免自己退出之后服务对象又回到最初的状态，也需要及时判断服务对象是否已对社工产生依赖。

（点评人：邵贞，浙江省之江社会工作发展服务中心项目部主任）

案例十五
计生特殊家庭老人“优势强化”个案

实习社工：方丽亚[①]

一、个案背景

个案名称：天水街道 HB 社区失独老人优势强化个案服务
个案性质：支持性服务
服务对象：L 老人
个案时间：2014 年 9 月至 2014 年 12 月
个案过程：
探访 5 次，电话接触 7 次，督导会议 6 次。

二、服务概述

结合服务目标与实际资料掌握情况，确定 HB 社区的 L 老人为项目中期的重点服务对象，进行个案工作。经过多次督导会议，确定服务的总体目标：强化老人优势，引导其进行更广泛的社会参与。服务前期以建立专业关系为主，形成相互信任的伙伴模式，中后期从生活事项的解决和积极自我建立入手，最终建立失独老人的安全老龄化服务模式的工作目标。实施方式：由实习社工进行专业性个案服务，参与老人的主要社会活动，并在过程中持续不断地强化老人的能力和优势，促成老人积极生活态度的形成和持续的社会参与。

三、服务对象基本情况与需求评估

（一）基本情况

L 老人，男，72 岁，与 66 岁的妻子 T 老人同住，身体健康。独子于 1998 年因意外事故去世，无后代。老人经济状况良好，有退休工资、机关事业医疗

① 方丽亚：浙江树人大学人文学院社会工作系，实习社工。

保险和养老统筹，享受社区计生特殊家庭帮扶金。

老人是社区的通讯员，常常在《人民日报》等报纸刊物发表文章，比较健谈，心态比较积极乐观，喜欢旅游，经常去外地旅游。有较为固定的朋友圈子，平时能够参与一定的社区学习和活动，初期接纳社工方面有反复，接受后愿意社工陪伴其一道参加活动，并主动向社工展示作品等。

(二)需求分析

1.精神状态方面，比较积极乐观，但内心深处对过往有所避忌。在聊天过程中，老人主要集中介绍自己的各种活动安排及兴趣爱好，从未提及儿子的事情，并透露自己是希望通过密集的活动度过独子去世后漫长的时光。这些活动成了老人的依靠，社工从中进行优势开发有助于老人形成更好的自我认同和更积极的生活态度。

2.人际交往方面，服务对象有一定的朋友圈子，但其仍期待一定的代际支持。老人有自己的同学会并愿意投入组织，愿意到各处摄影，将一些美好的事迹记录下来写成文章发表，并参加老年书法的学习，有很强的写作能力，有比较丰富的人际支持和社交活动。但是活动范围基本集中在同辈的圈子里，较少有来自年轻辈的交往和支持。老人家中一直摆放着与朋友孙女的合影，对社工很欢迎，并且期待社工组织更多的活动。这些都说明老人对代际支持和传承有渴望。综上，老人的基本需求包括优势强化和代际支持。

四、服务目标

与服务对象建立良好的关系，强化优势，提高服务对象的信心，增强其自我认同，帮助其形成更加积极的生活态度，帮助其建立在生命周期内社会性的代际交往关系，实现服务对象的安全老龄化。

五、介入模式和实施策略

(一)介入模式

社工在介入时采取的是任务中心模式。这一模式的基本假设包括：人之所以有问题是因为能力暂时受到限制，陷入问题时会产生改变的动力，人有适应问题的本能，但人们通常只想减轻困难到可忍受为止。面对失独，老人尝试通过参与各种活动来处理这个问题，说明老人愿意承担自己的任务并且对自己有承诺。社工只要在此基础上明确老人任务完成的情况并给予适当的鼓励，强化优势，就可以引导老人更加积极地生活。

(二)实施策略

根据服务对象所表现出来的优势,可以对其进行强化,从而使服务对象的生活状态变得更为积极向上,使其身心更加健康。1.服务对象参加各种各样的组织活动,社工可以针对其参加活动积累起来的经验,以及学到的一些知识和技能或是才艺,给予其表现的平台。2.根据其经济的优势、摄像爱好、旅游经验优势,社工可以鼓励其组织老年旅游团,跟很多志同道合的老年朋友一同出游,丰富生活色彩,并且能用一种更为有趣的方式来满足其社交的需要。3.根据服务对象在编写方面的特长,社工可以鼓励服务对象将生活经验,以及每次参与活动的经验写成文章投稿,与更多的人分享。

六、基本理论:优势视角理论

优势视角着眼于个人的优势,以利用和开发人的潜能为出发点,协助其从挫折和不幸的逆境中挣脱出来,最终达到自我提升、实现理想的一种思维方式和工作方法。(1)个人、团体、家庭和社区都有优势。服务对象比较开朗,有诸多兴趣爱好,有足够的经济可以支持他们去各处旅游,在家庭相互支撑及经济支持上具有优势。服务对象健谈,还会给《人民日报》写稿,具有技能优势。(2)创伤和虐待、疾病和抗争具有伤害性,但它们也可能转化为挑战和机遇。服务对象在经历过丧子之痛后,十几年来生活得依然健康积极,说明其具有能从伤痛中走出来的能力,有经验和勇气迎接未来的生活挑战。(3)所有的环境都充满资源。在服务对象的周围有很多的支持网络,包括来自亲人及其他人际资源的支持。服务对象参加了一些兴趣活动,如书法、摄影活动等。(四)服务对象知道什么会对自己的问题或关注点有帮助。服务对象对于自己的生活有较高的追求,所以服务对象即使退休了也还是会做自己喜欢的事情,做能发挥自己才能的工作,对于生活质量也有追求。

七、介入过程

(一)准备阶段

2014年8月,社工上门联系,老人表示愿意接受服务。9月23日,服务组成员接受督导培训。9月28日,社工制订初步工作计划书,与老人先后联系,争取上门机会。其间多次召开督导会议。

(二)建立专业关系

1.目标:认识服务对象,与服务对象建立初步的信任关系,收集资料了解服务对象的基本信息以及兴趣爱好。

2.介入过程:2014 年 10 月 28 日,社工来到服务对象家中。见到服务对象后,和他亲切握手,家中只有 L 老人一人。社工向老人主动做自我介绍,因为之前联系过老人,老人对社工也有一定的了解。社工也了解到了老人平日里爱干的一些事情,了解到老人是一个热爱生活,有各种兴趣爱好的乐观豁达的老人,他喜爱乐器、摄影、书法、看 NBA、写诗词、写游记文章等。之后老人还拿出了相机与社工合影留念,大家都很开心。老人家里打扫得非常干净整洁,虽然家中空间不大,但十分温馨。老人还很热情地邀请社工参加他以后的一些活动,大家聊得很开心,也相互了解许多。

3.介入的手法和技巧:

(1)观察。老人对社工上门表现得十分热情,气色也很好,家里空间不大,但是物件摆放井然有序,很干净。

(2)表达真诚和热情。在与老人交谈时社工身体始终保持开放的姿势,主动谈论他感兴趣的话题,从他喜欢的旅游入手,谈论他热爱的东西,让他更好地接受社工的服务,同时让服务对象感受到真诚和信任。

(3)表达专注、积极倾听。老人很开心地谈论前段时间他刚去美国发生的趣事,社工听得很认真、很仔细,也会及时回应老人话题。

(三)强化社会支持网络

1.目标:了解老人的具体情况,感受老人的日常生活,参加老人的活动,帮助强化老人的社会支持。

2.介入过程:2014 年 11 月 3 日,社工陪同老人参加同学音乐会,并帮助准备节目。那天来了十多位老人,大家聚在一起互相切磋乐器演奏技巧,一起聊天说笑,场面欢快热闹。社工主要就同学会的一些情况和服务对象进行了交流,也和服务对象的同学们聊了天,对服务对象有了更全面的了解。面谈过程中,老人表现出来的积极向上,让社工很感动,其生活也充满了正能量的感悟。服务对象对于社工的到来感觉很欣慰,这次会谈社工的主要任务是走进服务对象的生活,感受服务对象的内心世界,并力所能及地帮助服务对象做一些小事。

3.介入的手法和技巧:

(1)运用支持性技巧,表达鼓励和支持。对于老人积极的一面社工给予赞扬和肯定,表示希望老人能够继续坚持下去。

(2)运用优势视角和尊重,始终相信老人是一个有长处的人,也尊重他的自主选择权。

(四)强化积极的生活态度

1.目标:欣赏服务对象的作品,观察其对社会生活的积极关注,强化生活态度。

2.介入过程:2014年11月7日,这一次面谈,社工主要是对服务对象的一些诗词作品进行了欣赏,交流了一下这方面的知识。服务对象很爱惜他的作品,都收藏得很好,还笑着和社工讲述诗词背后的故事。社工和服务对象交流感觉很开心,让服务对象有被肯定的感觉。

3.介入的手法和技巧:

(1)观察。老人在说起旅游这个话题时能够主动地说起自己的一些优点,脸部表情和肢体动作比前几次都要丰富,整体精神面貌很好,自信心很足。

(2)运用支持性技巧,表达鼓励和支持。对于老人积极的一面给予赞扬和肯定,表示希望老人能够继续坚持下去。

(五)强化服务对象技能

1.目标:强化服务对象的技能,帮助其进一步提升信心。

2.活动内容及过程:2014年11月22日,社工主要围绕服务对象的书法课,交流书法心得,给一起上课的老人拍照留念。服务对象练书法时非常认真,社工去找他的时候,他还提前在车站等。社工的到来给书法课带来了生气,服务对象也很开心,社工同样大开眼界。书法课让社工对服务对象更加了解,证实了服务对象对生活的热爱。

3.介入的手法和技巧:

(1)运用支持性技巧,表达鼓励和支持。让老人知道自己是有很多优点和长处的,可以实现自己的价值,大家也会一直支持他。

(2)运用优势视角和尊重,老人兴趣爱好很多,运用老人的优势,陪伴老人参加一个个他觉得充满自信与自尊的活动。

(六)积极认同巩固

1.目标:不断积累、巩固自我认同。

2.活动内容及过程:2014年12月20日,社工将精心制作的相册送给老人,和老人聊了这段时间来的感触以及对老人的期望,也让服务对象谈了对社工的看法,并做了告别。老人一直握着社工的手,感觉很舍不得;虽然相处时间并不多,但真的非常珍贵,社工表达了希望老人能继续健康平安快乐生活的愿景。

3. 介入的手法和技巧：运用支持性技巧，表达鼓励和支持。

八、介入绩效评估

(一)目标达成分析

1. 在推进个案的过程中，社工与老人建立了较亲密的专业关系，使老人获得了期待的代际支持。

2. 通过社会网络、特长技能、生活态度等方面的不断强化，促使服务对象的优势不断得到巩固。

3. 老人的自我认同不断提升，自我应对困境的能力不断增强。

(二)自我成长分析

本次个案介入让社工能够在真实的生活场景中将理论用于实践，服务工作有欢乐也有艰辛，但社工们不断摸索前进。整个个案做下来，社工的付出还是得到了相应的回报的。首先是老人从不愿意接受社工到热情与社工们握手的转变；其次是从老人在家里接待社工到愿意社工陪伴他参加活动的转变。社工由此体会到个案是一个动态的程序化过程，要不断根据实际情况和制定的程序步骤来进行调整，不能只是一味按照书本上的来，也不能抛开书本只凭个人的经验开展工作。此外，无论社工是否专业，真诚是必须做到的，这也是服务对象对社工产生信任的基础。

九、自我反思

由于沟通技巧不足和计划欠详细等，服务对象在社工接纳前期出现反复，后才真正接受。社工在设计介入环节争取服务对象参与方面显得不足。

不足表现在介入过程中社工与老人所在社区联系较少，没有及时有效地整合资源。社工对服务对象妻子 T 的关注也不够。

十、相关困难及优势分析

失独话题敏感，具体介入需考虑的因素繁多，难免疏漏。服务对象自身具有一定解决问题的能力，且乐于展示和倾诉，使社工的介入能够比较顺利地进行。

督导点评

积极老龄化是指老年人为了提高生活质量，使健康、参与和保障的机会尽可能获得最佳的过程。它让人们认识到自己在一生中体力、社会以及精神方面的潜能，并按照自己的需求、愿望和能力去参与社会。失独老人虽然有其特殊性，但通过优势视角去评估，服务对象具有很多优势资源，广泛的兴趣爱好和特长、积极的生活态度，具有一定的经济优势，社工强化服务对象的优势，提供服务对象能够自我展示的平台，进一步提升自信，有助于老人形成更好的自我认同和更积极的生活态度。此外，进一步强化服务对象的支持网络，加强代际支持，可以满足服务对象的需求。

本案例可进一步把服务对象培养成领袖，让他的积极心态和诸多特长去影响和服务其他失独老人，从输入性服务转为输出性服务。

（点评人：王卓群，浙江省之江社会工作发展服务中心办公室主任）

小组工作案例

案例十六
我们的旅行团
——计生特殊家庭旅游小组

社工：邵 贞[①] 熊晓岑[②]

一、小组名称

我们的"自助"旅行团

二、预估分析

在社工对失独家庭的探访过程中，接触到不少自己外出旅行的服务对象，他们觉得像自己这样的情况，钱放着也没用了，生活费够花就好，出去走走还可以散心。但在分享自己外出旅行的事迹时有服务对象表示自己报团出去旅行有时会很尴尬，因为团里都是不认识自己的人，很多时候都会谈及儿女，自己就不知道该说什么，感觉很心酸。也有服务对象表示自己很想出去旅行，但是一个人又不想去，自己找团也很麻烦。

该小组组员的招募主要是建立在项目前期开展的三个小组的基础上的(三个小组分布在四个街道，组员各不相同)，在之前的三个小组的组前评估及小组过程中都有组员提出希望社工帮他们组织外出旅行，社工也曾经在一个小组中试图组织一次外出旅行，但由于组员的经济情况各不相同，愿意花钱出去的并不多，最终没有组团成功。因此社工希望能够将这三个小组中有这方面需求的组员以及其他没有参加过小组但有同样兴趣的服务对象集中在一起开一个自助旅行小组，这样他们以后可以以这样的团体形式一起出游，不管是报团还是自己组织去，都不会再遇到自己独自出去时的尴尬。

---

① 邵贞：浙江省之江社会工作发展服务中心项目部主任。

② 熊晓岑：嘉兴市南湖区南湖街道桂苑社区社工。

三、服务计划

(一)活动理论

活动理论认为活动水平高的老年人比活动水平低的老年人更容易对生活感到满意,也更能适应生活。活动理论的观点基于四种假设:老年人的社会角色丧失越多,参与的活动越少;老年人的自我认识需要在社会活动中形成和证明;自我认识的稳定性源于角色的稳定性;自我认识越清楚,生活满意度就越高。

活动理论主张老年人应该通过新的社会参与用新的角色来改善老年人由于社会角色中断所引发的情绪低落,用新的角色取代因丧偶或退休而失去的角色,在新的社会参与中重新认识自我,从而把自身与社会的距离缩小到最低限度。

(二)小组目标

1.通过小组活动,将有共同旅行需求的人聚集在一起,成立自己的"旅行团"。

2.通过组员的经验分享,提供更多的旅行资讯给组员,协助组员以团体的形式制订年度旅行计划,满足组员的需求。

3.协助组员以团体的名义,与合适的旅行社签订优惠协议,减轻组员的旅行负担。

(三)小组性质

该小组是开放性的兴趣类小组。

(四)小组对象

服务对象为南湖区失独家庭,因小组是开放性的,组员人数一开始为12人,但后来渐渐增加,没有确定的数量。

(五)活动时间

2014年10月17日至2014年12月19日

(六)前期准备

1.联系旅行社

社工积极联系嘉兴当地的部分旅行社,了解其是否有优惠的可能以及旅行社的相关要求，并成功与一家旅行社取得合作意愿。

2. 组员探访及组前评估

首先对之前在小组中表达有旅行需求的组员进行探访，了解其意愿；其次再对之前探访过有旅行需求的服务对象再做探访、招募，并做组前评估。

3. 联系各街道，根据组员的分布寻找合适的小组场地。

4. 因组员来自各个街道，很多组员相距比较远，因此社工联系之前合作过的爱心车队的公司，争取爱心车资源，为服务对象提供每次活动的接送服务。

(七)小组程序

活动节数	日期/地点	活动目标	具体内容
第一节	10.17 南湖社工服务社	组员相互认识、熟悉，对小组形式及内容达成共识	1. 社工说明小组内容 2. 组员及社工自我介绍 3. 破冰游戏 4. 分享“我心中的旅行” 5. 旅行团团长推选 6. 家课布置
第二节	10.27 凌公塘公园	体验集体出行，共同制订第一次旅行计划	1. 通过游园活动拉近组员距离，增强团体意识，初步体验团体出游 2. 社工提供参考旅行线路 3. 讨论确定第一次旅行的地点 4. 组员公园聚餐
第三节	11.18—11.20 磐安	让组员亲身体验小组出游的乐趣	组员磐安三日游
第四节	12.19 南湖社工服务社	社工结束小组，将团队完全交由组员自己组织和管理	1. 新成员自我介绍 2. 组员团体旅行感受分享 3. 社工小组总结

四、服务计划实施过程

(一)第一次聚会

一开始有部分组员尚未明白小组“自助旅行”的意义，以为是社工会为他们安排旅游，通过社工的说明以及与组员的讨论，社工和组员针对小组日后活动的开展方式和组员组团旅行的形式基本达成了共识。同时也在组员建议的基础上一起商量好了下一次小组活动的地点和形式，组员们都表现出了较强的主动性。

该小组的组员来自三个不同的小组，同组的组员之间是熟悉的，不同组之间则相对陌生，但是由于本次的小组主题是大家都很感兴趣的内容，因此组员之间共同讨论自己关于旅行的经验和期望，很自然地会有一些沟通和互动。虽然社工应组员的要求取消了原本的互动游戏环节，但组员之间的互动由于共同的话题讨论也达到了预期的效果。

整体上小组的组员对旅游都比较热衷，有很多共同话题可以聊，整个小组气氛也因此比较活跃。其中S是新加入的组员，之前没有参加过小组，他是个很有旅行经验的旅游爱好者，在小组中也跟大家分享了一些他的旅行故事，但他不太愿意听别人说，在其他组员自我介绍时他几乎不听，而且也不面向组员，只在介绍自己的时候才会面向大家。社工可再对其进行多一些的评估，了解其是否有跟小组成员一起出游的需要和意愿。Y和H是各自原小组的组长，相对其他组员他们两位显得更加积极，同时也会主动提一些对整个小组出行有利的建议，组员对他们也有较高的信任度。在本次小组活动结束时，组员也推选他们继续担任旅游小组的组长，两位也欣然接受了。L和C是夫妻，相比而言妻子更加愿意跟其他组员沟通，丈夫相对内敛，但社工也注意到在组员们进行自我介绍过程中他在下面主动与不认识的组员D说“你好”。在分享自己的旅行经验时他提到最开心的是与自己的母亲去杭州旅游，但现在母亲去世了觉得不会再有开心的旅行了，说到这些时该组员情绪有些失控，表示自己需要一个人走出去平静一下。社工没有做更多的介入，给其发泄情绪的空间。组员D非常随和，一直看着大家笑，把自己带来的橘子分给周围的组员，并在小组中表示自己很少外出但最开心的就是有人到他家里看他。在其他组员表达意见时他很少发言，但又很配合组员的集体意见。E全程都比较安静，跟组员的互动比较少，似乎对旅行的兴趣也不是很大，她表示自己很少出去也不太喜欢出去。该组员的组前评估是由社区社工做的，社工需要对其的需求做进一步评估。还有两位是来自一个小组的组员，他们来得比其他组员相对晚一些，但融入得比较自然，在跟大家分享自己开心的一次旅行时也说得很生动，但他们对这个新的小组的归属感不强，在本次活动快要结束的时候他们私下跟社工说要退出小组，觉得都是一些其他街道的组员不熟悉，而且自己也有一起外出旅行的小姐妹，就不在这里参加了。社工也尊重他们的意愿。

(二)第二次聚会

在组员的关系建立上，目标达成情况良好。在游园的环节，组员有较大的互动、交流空间，在第一次聚会的基础上组员相互之间已经熟悉，交流方面相比于室内也有了更多的自主性。没有记住名字的组员会主动问其他组员的名字，还主动相互留了联系方式。在游园过程中，组员一开始对于拍照还有些不好意思，但看到好的背景社工便会鼓励组员合影留念，聚会后半程，组员开始主动要求社工帮他们合影，还相互纠正拍照姿势，相互赞美。虽然是市内的公园，但大部分组员都表示自己是第一次来，尽管天气并不是非常晴朗，但组员都表示这样的天气正好，大家一起逛逛很开心。在集体聚餐的时候，组员表示大家就像嘉兴半日游一样，吃饭安排得比旅行社还要好。

另外，组员的团体意识也有所增强，能够资源共享。目前市内有很多关注失独家庭的组织，但涉及范围较小。在小组活动过程中，组员之间互相讨论自己接触过的组织和所参加过的活动，并将这些资源相互分享，表示自己有活动时就会叫上其他的组员。这样虽然社工难以整合所有的服务，但通过小组这个平台组员也能够实现服务共享。组员也表示这是社工的功劳，因为他们之前彼此都不认识，也就没有这样交流分享的机会了。

在制订旅行计划方面，初次旅行计划基本确定，但年度旅行计划尚未如期制订。社工在小组活动之前向旅行社咨询了一些近期的线路，并将这些线路提供给组员作为参考，组员选择了磐安作为第一次旅行地点，并初步确定在第二个月的 17 日前后出行，由组长将旅行信息告知未到场的组员，并统计最后的人数。

整个小组活动过程中组员都是两三个一起边聊边走的，看到好的风景就会一起合影，虽然只有 D 一位男性，但他也一直笑着跟大家聊天，包括外出旅行他也表示自己天天有时间，随大家安排。两个组长也主动照顾组内两位相对较弱的组员，Y 带着 D，时不时地就会说一句：老陆你要跟着我，慢慢走。H 带着 W，常常会牵着她的手走，叮嘱她要小心。I 是这次新加入的，她表现得很幽默，也一直关注着大家，看到有几个组员没有跟上大家，就会喊“乡亲们，向前走”“看一下就跟上来哦，乖一点”，她和 Y 两个人都很能调动小组气氛。

组员在聊天过程中谈到过几天要喝喜酒送红包，在说到红包大小的问题时有组员建议“不要给太多，像我们这种情况都是收不回来的”，还相互问去世的小孩是否结过婚，在谈论这些的过程中社工注意到组员们都没有悲伤，情绪也没有受到影响。

（三）第三次聚会

本次聚会是服务对象们的第一次集体旅行——磐安三日游，旅行社以成本价给了组员极大的优惠，除了小组的组员外，也有组员叫了自己相识的失独家庭一起参与。因社工并未一起出行，本次旅行过程无法详细描述，在第四次聚会时组员做了简单的分享。

（四）第四次聚会

本次聚会组员带来了七个新成员，第一次活动中退出的组员又回到了这个兴趣小组中。组员分享了第一次集体出游的过程，对景点都赞不绝口，纷纷表示享受到旅行社如此大的优惠很感恩。有的组员还表示在住宿方面，因想跟熟悉的组员住在一起，跟导游商量过后就解决了这个问题，这一点跟自己出去旅行很不同。还有组员带来了在景点拍的纪念照和大家分享，鼓励此次没有去的组员下次一定要一起去玩。社工总结回顾了前三次的活动，表示之后将会把这个旅行团交给两位组长，组员之后想集体出游时可与组长商量，由组长来组织及联系合作旅行社。

五、目标达成分析

1. 失独家庭的旅行团已基本成形，也有了两位负责人，并且成员在不断增加。

2. 社工已促成小组与一家旅行社形成合作关系，旅行社负责人表示该失独家庭团体报团旅行均以成本价为其提供优惠，很大程度上降低了失独家庭的旅行成本。

3. 每个失独家庭有其特殊性，而且组员们比较喜欢随性旅行而非特地安排在什么时候，因此年度旅行计划的制订目标没有达成。

六、社工反思

该小组原本设计了六节内容，在开展的过程中缩减到了四节，但达到的效果是和预期一样的，甚至更好一些。组员推选的两位组长非常负责，也愿意带领组员开展活动，而组员也切实享受到了团体旅行的优惠。因此，社工在开展小组活动过程中需要依据实际情况及时做出适当地修改，避免一成不变地按着计划书执行的问题。

另外，在小组活动中，虽然游戏是社工经常会利用的活动方式，但不能过多地依赖游戏，或者将游戏作为小组活动的主要部分，依据不同的小组目标设计不同的体验性活动会有不一样的效果。在该小组初期，社工也设计了一些游戏，但发现比起破冰和互动游戏，给他们一些感兴趣的话题来讨论似乎更容易拉近组员彼此间的距离，比起室内的活动，在更大的室外开放空间，组员的互动性会更强。

督导点评

本小组是开放类的兴趣小组，社工更多扮演了资源链接者的角色，了解并比较当地旅行社及相关优惠活动，取得合作意愿。其次，为互不相识但有共同经历以及共同需求的组员提供一个平台，通过前几次的小组活动让大家彼此认识，逐渐增强团体意识，形成团体文化，引导大家制订旅行计划。小组发展成熟后，由小组领袖带领组员进行自助磐安三日行，且在第四次小组活动的时候大家分享了第一次集体出游的过程以及拍摄的照片，小组成员之间已达成默契。在这时候，社工抽离出自己角色，在以后的旅行中由组长组织组员并联系合作旅行社等事宜。整个小组根据组员需求设定，基本达成目标，且在这过程中社工很注重组员的能力建设。

（点评人：王卓群，浙江省之江社会工作发展服务中心办公室主任）

案例十七
“同路相惜，同心同行”计生特殊家庭交往小组

主社工：邵　贞[①]　王丽平[②]

协助社工：熊晓岑[③]　杨　静[④]　朱　佶[⑤]

一、背景理念

失独老人，指失去独生子女的老年父母。他们将所有希望寄予独子身上，然而，子女的不幸离世让他们在最需要照顾的时候变得老无所依。以该家庭内女性49岁以上的标准来看，南湖街道共有这样的家庭29户，其中子女留有下一代的只有3户。社工对这29户家庭都以访谈的形式做了需求评估，根据初步的需求评估结果来看，社会支持的需要是这部分群体共同的且比较集中的需求，大部分的失独家庭都表示不愿意与同龄的非失独家庭交往，主要原因是处于服务对象这个年龄段的人群日常聊天时的话题基本上围绕在孩子、孙子和家庭上，而这个正好是失独人员不想碰触的话题。因此，这类服务对象很希望能够接触与他们有相同经历的失独人员，在这样一个支持系统中，他们彼此有更多的共同话题，也更能够理解彼此的情感，能够站在理解的角度上相互鼓励和支持。小组活动的开展正是为这部分群体提供一个相互认识和交往的平台，进而为他们构建一个互助性的支持系统。

二、预估分析

1.需求分析：小组的需求评估主要建立在南湖街道每户失独家庭的需求评估的基础上的，因此没有再专门针对组员重复开展评估。

2.优势分析：12名组员来自不同的失独家庭，性格和情绪状态都不同。有几位在需求评估时就表示对于失去子女这件事已经能够看开，并表示想要

---

① 邵贞：浙江省之江社会工作发展服务中心项目部主任。

② 王丽平：嘉兴市南湖区南湖街道社工。

③ 熊晓岑：嘉兴市南湖区南湖街道桂苑社区社工。

④ 杨静：嘉兴市南湖区南湖街道烟雨社区社工。

⑤ 朱佶：嘉兴市南湖区南湖街道民北社区社工。

过好当下的生活。社工在小组开展过程中可以将这几位组员培育为中心人物,协助社工来构建这个互助支持系统。

三、服务计划

(一)小组理论:社会支持理论

社会支持理论重视人对社会的适应性问题,强调人在社会环境中的感受,重视个人对周围环境中的资源的利用,将个人的发展与适应性问题的个人因素和环境因素结合起来,认为人与环境中的各种系统(家庭、学校、社区、文化、社会组织等)是相互作用的,认为个人通过对社会资源的广泛利用可以改善目前的生活状况,并通过制定一系列的行为模式,实施相应的干预行动,在一定程度上缓和个人社会适应问题,为个人的成长和潜力的发挥提供一定支持,也在一定程度上为改善个人的生活状况提供资源。

社会工作服务作为一种正式的社会支持网络可以在失独家庭的群体中发挥两个作用:一方面,社工以其掌握的社会资源为受助者提供直接的帮助,以满足受助者当前比较紧迫的需求;另一方面,社工帮助失独家庭补足和扩展其非正式的社会支持网络,帮助组员提高建立和利用社会支持网络的能力。失独人员在小组活动中通过与他人的交流沟通,能够获得一种情感上的支持和形成一种社区层面的支持网络。

(二)小组目标

1.通过多样化的活动及互动游戏,丰富组员日常生活,唤起组员对生活的热情。

2.以小组形式为组员提供共同性的交往平台,增强失独家庭之间的情感联系,构建互助性的支持系统。

(三)小组性质

该小组为支持性小组。

(四)小组对象

南湖街道的12名失独人员,其家庭成员为潜在组员,有时他们也会来参加。

(五)活动时间

2014年5月29日至2014年7月

(六)小组程序

活动节数	日期/时间/地点	活动目标	具体内容
第一节	2014.5.29 9:00—10:30 南湖社工服务社	通过破冰游戏让组员相互认识,共享端午佳节	1.小组简介及本节活动说明 2.自我介绍 3.破冰游戏:米袋入篮 4.齐来包粽子 5.美粽评比 6.本节小结 7.家课布置
第二节	2014.6.6 9:00—10:30 嘉兴博物馆	促进组员进一步相互认识和熟悉,建立组员之间的信任关系	1.本节活动说明 2.“我心中的你”互动游戏 3.上节家课分享(端午节组员互相问候的完成情况及感受分享) 4.参观博物馆、陶泥制作体验 5.本节小结
第三节	2014.6.13 9:00—10:30 南湖社工服务社	1.设立小组规范,让组员对小组有一定的责任感,规范组员的行为 2.加强组员之间的认识及熟悉程度,加强组员之间的合作	1.本节活动说明 2.小组规范讨论及制定 3.“帮我签个名”互动游戏 4.“美食大推荐” 5.本节小结
第四节	2014.6.27 9:00—10:30 南湖社工服务社	通过养生讲座,增加组员生活乐趣,加强组员间的交流	1.本节活动说明 2.养生小讲座 3.养生咨询及交流 4.本节小结
第五节	2014.7.11 9:00—10:30 南湖凉亭	通过“美食比拼”分享烹调经验,进一步增进组员间的交流和互动,增强组员的团体意识	1.美食大评比 2.厨艺心得交流及分享 3.小结 4.合影留念 5.家课布置
第六节	2014.7.18 8:00—11:00 南湖	通过本次外出活动让组员之间加深组员之间的感情,圆满结束六节小组活动	1.本节活动介绍、景点介绍 2.烟雨南湖半日游 3.聚餐 4.小组回顾及总结 5.组后计划及讨论

四、服务计划实施过程

(一)第一次聚会

本次聚会的主要目标是让组员之间有一个基本的认识,通过集体包粽子的游戏拉近这些失独老人之间的距离,同时让他们提前感受端午的节日气氛。在互动游戏和包粽子的过程中组员的互动都比较充分,也有比较多的交流,在包粽子的环节,社工原本安排按照分组来包粽子,但是由于物资方面的原因,没有按照原先的分组,也取消了"美粽评比"的环节,最后来不及煮的粽子都让组员自行带回去了,但大家都还是表示很开心,有组员说很久没有这样包粽子过端午了。组员之间也有了基本的认识。

在小组开始前有几位组员会主动进行交流,在游戏环节也有两位组员主动站出来做主力,其他组员也都表现得比较积极,尤其在分组游戏的时候,组员会表现出一些小组荣誉感。在包粽子环节,有两位组员(F、H)没有参与其中,而是闲聊起来。其他组员都积极参与,有一位组员(K)虽然自己不会包粽子但主动帮忙剪线和为包粽子的组员分线,还有两位组员虽然不会包,但在社工的鼓励下也尝试学着包粽子,有一位成功了,另一位尝试了几次都没有成功就放弃了。在分享活动感受环节,有一位组员(M)情绪比较激动,当场哭泣,她的丈夫(K)受其影响也很激动,说了一些比较愤慨的话,这在一定程度上影响了另外几位组员的情绪,但经社工引导到另一环节之后该组员(M)的情绪稍稍有些平复。在抽签决定节日问候对象时组员都主动寻找自己抽到的组员,确认是哪一位。在活动结束时,有几位组员主动相互留联系方式,也有几位组员去安慰之前哭泣的那位组员。在整个活动中有两位组员(J、L)表现得尤其积极,比较能够带动小组气氛,也非常乐于跟组员和社工沟通。

这次小组聚会,整体上达到了预期的目标。在有组员情绪激动、哭泣时,社工的处理方式是允许其一定程度上发泄情绪、表达自己感受,并表示理解她所表达的意思,其他组员也对其说了一些安慰的话。社工为了小组活动的正常进行,等其情绪稍微平复了一些后再继续进行下一环节的活动,并且也在活动结束时表示之后会单独去探访她,让她感受到社工对其的重视。而该组员日后也成为社工的个案对象,社工运用小组与个案相结合的方式为其辅导。

(二)第二次聚会

在上次小组活动结束时有组员提出意见,希望小组的开展地点能够多样化，不局限在一个房间内。因此社工通过街道链接资源，将小组的开展地点放在了嘉兴市博物馆，当天上午馆内只接待小组组员。大部分组员都表示自己是第一次来，在参观的过程中都很兴奋，相比第一次小组活动，组员在参观时社工不用刻意引导组员，组员彼此间也能够自然而然地进行交流。在学习制作陶艺时，组员主动两两合作，在捏着陶泥的同时，组员虽笑着说好像小孩子玩的东西，但脸上的表情亦充满童真。制作完成后组员相互点评其他组员的作品，社工亦为每位组员与其作品合影留念。在制作陶艺的同时社工引导组员分享上次活动社工布置的家庭作业，组员都表示自己已认真完成，而且第一次尝试以这种方式给别人节日祝福，虽然一开始觉得有点奇怪，但接到别人的祝福电话时心里很开心。还有组员表示自己给好几位组员都打了电话。

通过本节的小组活动，组员之间的互动更频繁也更自然，使组员进一步相互认识和熟悉的这一目标基本达成。

（三）第三次聚会

第三次聚会主要是通过互动游戏"帮我签个名"来加深组员间的认识，寻找组员之间的共同性，通过"美食推荐"环节来讨论与大家生活息息相关的话题，同时商定下次活动的主题。在寻找共同点环节，一开始组员有些不好意思找别人签名，几位社工便协助并带动组员走动起来，去寻找与自己有相同点的人。而在美食推荐的环节，有两位厨师出身的组员则跟大家分享起自己做菜和做甜点的心得，其他组员都表示希望在下次活动中能够尝到他们的手艺，纷纷向他们讨教。在讨论的同时组员们也确定好了下次的活动形式和地点。

就组员的表现来看，在本次小组活动总结中大部分组员都更能够说出自己的想法，而且也更具体，在讨论小组活动时，也有部分组员说出了自己的期望。组员还明显地表现出团队意识，认为这次讨论出来的这些只是部分人的想法，还要尊重没有来的组员的意见。这表明组员对小组这个团队已有一定的归属感，尤其是对小组聚会时间的建议，可以作为日后组员自己组织聚会的前期尝试。

（四）第四次聚会

本次聚会的主要目标是通过养生讲座增加组员对健康的自我管理，并通过分享及交流，增进组员之间的相互了解。在听讲环节，因组员对养生讲座颇感兴趣，因此基本上听课认真，能参与其中，纷纷提问，也知道了自己生活中的一些不健康习惯。在交流分享环节，组员 Y 分享了一些自己生活中的养生习惯,同时也向医生求证自己的这些习惯是否符合养生之道;组员F日常的生活与健康的养生截然不同,他也将自己平时生活饮食习惯与大家讨论,组员对F组员的饮食习惯讨论纷纷。

第四次小组活动在主题上其实是承上启下的,第三次聚会大家讨论美食,这一次是由医生及组员与大家分享养生之道,引出下一次活动的美食品尝主题,引导大家参考医生所说的养生食谱去制作食物。在小组的活动设计上,前两次聚会主要是让组员熟悉和认识,建立团队意识。从第三次小组活动开始,小组的活动设计开始转到与组员日常生活相关的主题上来,让组员在自己熟悉的生活情境中实现进一步交流和互动。

(五)第五次聚会

第五次聚会是在南湖边的一个长亭里,每位组员带一道自己做的食物与大家分享,品尝过后大家投票选出自己觉得最美味的食物,并由该食物的制作员与大家分享自己的烹饪秘诀。十几道菜摆在桌上,大家边吃边评论,已经开始相互请教制作方法。在这一节中,有两位组员还带来了自己的老伴。而在前几次小组聚会中一直情绪不稳定的M也主动跟新来的组员聊天。聚会的最后,组员还一起照了一张全家福,每个人都显得很放松,很享受。

(六)第六次聚会

本节的主要目标是通过外出活动使得组员之间的感情加深,通过小组聚餐和小组活动总结给这些失独老人提供一个互助互爱的平台,为今后他们之间互相联系、开展活动埋下伏笔。小组活动开始前,在社工的安排下,大家在会景园集合。鉴于前面几次小组活动总有组员迟到,社工事先再三通知准时到,所以八点半不到几乎所有参加的组员都陆续到场,只有H迟迟未出现。当社工正想给H打电话时,发现已经有组员(F)主动摸出手机在催促H了。大家趁着等H的空隙,摸出扑克牌打起来,完全不像前几次那么生疏,相互之间有说有笑,不亦乐乎。H终于出现了,大伙开玩笑要他表演节目作为惩罚,他委屈地说:"每次我都第一个,你们都磨磨叽叽的,我今天是特地晚点来的。"大家哈哈大笑。

在外出活动和小组聚餐的过程中组员的互动都比较充分,也有比较多的交流,在烟雨南湖半日游的环节,组员们已经不像前几次的活动那样需要社工引导,而是相互结伴而行,自行参观,有说有笑。每次上船,总会相互礼让座位,彼此提醒小心慢行。在小组聚餐环节,由于餐厅包厢大小有限,两桌是分开两个房间的,但热烈的气氛并没有影响彼此的"串门",在最后送礼物环节,社工因不舍而哽咽,组员们反倒安慰起社工,表示你们不用担心我们,你们这么用心帮我们把这个平台搭好，我们一定好好利用，以后经常聚会。组员们还推选出一位大组长和两位小组长，带领以后的小组聚会。总体而言本次小组活动的目标达成情况良好，可以说是六次活动中最热烈、最感动的一次。

五、成效评估

(一)评估方法

社工主要采用两种方法进行评估：(1)活动评估表；(2)每次活动的观察记录。

(二)操作

具体的评估操作从两个方面进行：(1)在小组最后一节，组员填写活动评估表，对小组及社会工作者的表现进行打分；(2)依据主社工及协助社工在小组进行时的观察及每节的记录进行分析。

(三)评估结果

从评估表的结果来看，组员对小组的满意率为91%。

从每节小组及小组目标的达成来看，小组主要是两个目标，一是通过多样化的活动及互动游戏，丰富组员日常生活，唤起组员对生活的热情。二是通过小组为组员提供共同性的交往平台，增强失独家庭之间的相互了解和情感联系，构建组员们互助性的支持系统。

对于第一个目标，小组每次活动都有一个主题，迎合端午节的包粽子，外出参观博物馆及陶艺制作，关于美食的推荐与讨论，小型的养生讲座，自助型野餐以及最后的集体出游。这些主题性的活动既贴近组员的日常生活，又是组员自己平时不会单独去做的事，或者是想做但没有同行人一起做的事，因此每一个活动社工都格外关注组员的参与和尝试，让组员能够在这些活动中找到自己感兴趣的部分。当然，组员并不是对每次小组的活动都有很高的参与欲望，但在这个过程中社工选择的这些活动也是对日后组员自行组织活动的一个示范。比如在整个小组过程中，组员最开心的是自助型野餐和集体出游的部分，组员们表示有了这样的体验，等天气凉快些他们自己就会以南湖为基地结伴来散步、聚会和打牌等。小组初期的需求评估显示，有部分组员表示自己平时做什么事都觉得没劲，也没什么值得开心的事情，但在小组活动过后，有组员主动去社区找社工表示自己参加这个小组之后很开心，觉得自己一开始还是抱着有些随意的态度对待这个小组，但是几次之后觉得很值得参加。更有组员在参加完小组后表示自己要恢复以前有规律的生活，还邀请其他组员一起去旅游、打太极。目标基本达成。

对于第二个目标，在构建支持系统方面，主要是通过在上述主题性的活动中穿插一些互动式的游戏来帮助组员相互熟悉，同时在不同阶段布置一些家庭作业来增加组员在组外的一些联系，并在小组的最后推选出三位小组负责人，继续组织组员的聚会。这方面的成效比较明显地表现在最后两节小组活动中，组员之间的互动明显增多，组员之间会约定做一些事。组员也表示他们之后肯定会继续联系和来往，要不然就浪费了这个小组的成果，社工也白白辛苦了。

六、跟踪服务

小组结束后，社工主要对小组长进行跟进，通过她了解组员聚会的情况，并及时给组长提供支持和鼓励。组员邀请社工参加他们的第一次聚会，整个聚会都由组员自己主导，他们讨论中秋怎么过，同时也定下每个月的 9 号为聚会日(后考虑到部分组员有特殊情况，聚会几次后改为 2 个月聚一次)，并邀请社工在过年前再与他们相聚。这个“老友会”一样的组织如今还在作为组员的支持系统发挥着作用。

七、专业反思

(一)组前评估

组前评估是小组很重要的一个环节，它一方面有利于社工设计更加符合组员需求的小组内容，另一方面经历这个过程后，组员一开始便会对小组产生一定的认同感，这也有利于保证之后组员的出席率。在这个小组中，虽然社工知道需要这个环节，但因为成立小组前对每位组员都做过个体的需求评估所以没有再经历这一环节。这使得小组经历了较长的磨合期，组员对小组的归属感到中后期才建立。

(二)小组中社工的人数设置

该小组由一个相对比较有专业经验的项目社工与四位缺乏专业经验的社区社工合作建立的。虽然希望通过这样的形式让社区社工能够切身体验实务过程，积累专业经验，但是项目社工的全程参与和社工过多导致的问题使社区社工对项目社工产生依赖，以及社工之间责任不明确而产生相互依赖。社区社工在整个小组过程中都相对缺乏责任意识，很少自己做决定，也不会主动在组后对有需要的组员进行跟进。项目社工的参与一定程度上限制了社区社工的发挥和成长，而过多的社工参与会让社工缺乏责任意识。因此，可能小组社工还是不超过3个为好。

（三）社工自己要对小组有信心

第三次和第四次小组活动的组员出席率相对较低，第三次小组活动只有6位组员出席是一个不正常的状态，那一次活动影响组员出席最大的原因在于负责当节的社工没有提前告知组员小组时间，导致部分组员因不确定小组是否开展而安排了其他的事情。同时社工也需要看到，原本第一次参加小组的人中就有一些是不能成为长期组员的，他们有的需要工作，有的只能在身体状况较好的时候才能过来，而且也不能避免有组员当天的确有事不能来。社工不能不加分析就自己先对小组失去信心，更重要的是要在分析中反思自己在小组中的作为和投入进而改善。若社工自己对小组没有信心，那么一定程度上又会反过来影响社工的投入，进而影响到小组的发展。

督导点评

本案例是一个交往支持性小组，其小组目标主要想通过多样化的活动及游戏，丰富组员的日常生活，同时以小组形式搭建交往平台，构建互助性的支持系统。对大多数的失独家庭而言，都不太愿意与同龄的非失独家庭交往，所以在具有相同经历的有共同话题的失独人员群体中，为他们构建起互助性的支持系统，形成支持网络是有意义的。

小组活动设计紧扣小组目标，并适时评估组员需要，根据组员对小组期望，诸如活动地点的非局限性，小组开展形式上的要求，社工链接资源并灵活调整安排小组内容。整个小组开展还是比较成功的，根据小组评估结果达到小组预期目标，从小组初期个别组员的情绪失控到小组成熟期和小组末期，组员之间相互熟悉，相互探讨养生和美食，到小组跟进时发现组员定期自发组织活动，互相照顾，可见大家的小组凝聚力和小组归属感的增强是很明显的，这为12位组员成功构建起互助性的支持网络。

（点评人：王卓群，浙江省之江社会工作发展服务中心办公室主任）

案例十八
生命之光依然灿烂
——计生特殊家庭老人互助支持小组

社工：王文萍[①] 张雪华[②]

一、背景理念

2014 年 6 月，南湖区建设街道社会工作部经过前期的摸底调查，了解到街道里有这样一批失独家庭，他们大多在 60 周岁以上，他们唯一的孩子不幸离世，让他们在最需要照顾的时候变得老无所依，孤立无助，他们的社会交往非常单调，基本上天天待在家里，社会支持系统也很薄弱。依据失独老人的需求，社会工作者希望运用专业的小组工作理念，给他们孤独的晚年生活提供一个支持性的平台，让他们抱团取暖，相互支撑，让他们有一个幸福的晚年生活，使生命之光更加灿烂。在这样的背景下，社会工作者决定成立一个失独老人互助支持性小组，让老人们彼此之间建立支持系统，满足与人交往的需要，让他们感受人世间的温暖。

二、预估分析

（一）组前评估分析

据组前摸底数据显示，全街道现有失独老人家庭 26 户，涉及 43 人。这些失独老人大多已退休，物质上基本能够满足生活，但缺乏社会群体支持，内心孤独苦闷。在摸底中，我们发现失独老人普遍对自己未来的养老问题产生了担忧，同时，失独老人与身边的其他老年人接触的时候，难免会听到别人家子女的情况，触景生情，所以失独老人在与他人交流方面也存在顾虑，缺少社会支持系统，希望能找到同命人抱团取暖。开展失独老人互助支持小组可以为失独老人提供一个支持性的平台，让老人们在彼此之间建立支持系统，满

① 王文萍：嘉兴市南湖区建设街道紫阳社区社工。
② 张雪华：嘉兴市南湖区建设街道社工。

足与人交往的需要。

(二)优势分析

1. 资源优势：为了更好地帮助失独家庭走出困境，社会各界越来越重视这个特殊的群体，区妇联与计生协合作，启动了三叶草帮扶项目，希望通过这个活动平台，让社会工作者了解到很多失独家庭人员其实还是很渴望走出伤痛，融入社会的。建设街道领导和社工部都很重视这个群体，愿意为这个小组的成立提供各种物资支持，包括活动场地的支持和资金支持。

2. 组员自身优势：通过和组员的前期接触，社会工作者发现有几位组员性格比较开朗，也善于与人沟通，有几个阿姨还具有艺术细胞，唱京剧、打太极等才艺方面都很优秀。

3. 专业支持优势：社会工作者自己长期工作在社区，既有一定与老人们的沟通交流经验，又具有社会工作的专业知识，并且这次失独老人互助支持性小组有项目督导全程指导、跟进，对开展小组的社工进行个别及团队督导。

三、服务计划

(一)小组理论

1. 社会支持理论认为，一个人所拥有的社会支持网络越强大，就能够越好地应对各种来自环境的挑战。以社会支持理论取向的社会工作，强调通过干预个人的社会网络来改变其在个人生活中的作用。特别对那些社会网络资源不足或者利用社会网络的能力不足的个体，社会工作者致力于给他们以必要的帮助，帮助他们扩大社会网络资源，提高其利用社会网络的能力。

相比于一般老人，失独老人社会支持网络更加薄弱，他们大多远离人群，怕人们提及子女触景生情。因此，我们希望通过建立失独老人支持小组来增进这些失独老人之间的互动和交往，建立社交支持网络系统，通过一些活动和游戏让他们这些同命人彼此熟悉，强化组员之间的联系，让他们感受到团体的力量和支持，并通过小组成员共同推选出小组组长来延续小组以后的支持活动，使小组成员间的联系更加紧密。

2. 优势视角理论认为，每个人、群体、组织和社区都有其内在的能力，包括天赋、知识、社会支持和资源，只要存在恰当的条件，就可以建设性地发挥自身功能。在社会工作实务过程中，它不是孤立地或专注于问题，而是将目光投向于可能性，在创伤、痛苦和困难的荆棘之中看到希望和转变的种子。优势视角的宗旨是动员服务对象的力量(天才、知识、能力和资源)来达到他们自己的目标和愿望。优势视角的实践意味着，作为社会工作者所应该做的一切，都要立足于发现和寻求、探索和利用服务对象的优势和资源，协助他们达到自己的目标、实现梦想，直面他们生命中的挫折和不幸。在与组员接触的过程中，我们可以清晰地看到好多组员自身拥有的各种特长及爱好，而这些都是组员们容易忽视的，但这些又何尝不是组员发生改变的动力之源呢。小组介入的过程也就是发掘组员的优势、使组员意识到自己的优势并将这些优势作为实现目标的力量的过程。

（二）小组目标

总目标

通过小组活动，加强街道范围内失独家庭成员之间的联系，形成支持系统，扩大每个家庭的社会支持网络。融入社会，恢复社会功能。

过程目标

1. 链接资源，通过开展外展活动，增强组员之间的凝聚力，开阔眼界，帮助老人了解养老信息，满足老人们的养老需求。

2. 激发失独老人的潜能，使其体验和认识生命的价值、意义，增强其社会责任意识。

3. 通过在失独小组成员内部成立公益义工团，使小组成员由受助者变为助人者，实现助人自助。

（三）小组性质

互助支持性小组。

（四）小组对象

小组一共有8名小组成员，其中有一对夫妻，组员来自7个家庭，都是60岁以上的失独老人，他们都已经退休在家，其中年龄最大的组员78岁。

（五）活动时间

2014年7月3日至8月7日

(六)小组程序

活动节数	日期/时间/地点	活动目标	具体内容
第一次	7月3日上午9:00—10:30,街道二楼社会工作部。	彼此熟悉,拉近距离。	通过破冰游戏,让组员相互认识,初步了解。订立小组契约,规范小组行为。
第二次	7月11日上午9:00—10:30,街道四楼1号会议室。	才艺展示,激发潜能。	通过组员的互动,才艺展示,增加组员间的信任,挖掘组员的优点。
第三次	7月18日9:00—16:00,平湖养老院和东湖。	通过外展活动,了解养老信息,增强交流,开阔眼界。	在参观养老院的同时,让组员作为志愿者,为养老院老人进行太极、武术、书法等才艺展示,挖掘潜能,体现生命的价值和意义。与养老院工作人员交流互动。
第四次	7月24日上午9:30—10:30,街道二楼社工部。	知识分享,相互交流,共同成长。	由小组内老年大学的学员与大家分享学习的过程和体会。在分享的过程中,社会工作者了解组员对于进老年大学的想法和建议。
第五次	7月31日上午9:00—10:00,街道二楼社工部。	通过成立义工团,激发组员的潜能,服务社会,体现价值。	成立义工团是组员活动前大家共同的需求。此次小组活动分组讨论,推出骨干领袖,制定规章制度。
第六次	8月7日上午9:20—10:30,街道二楼社工部。	处理离别情绪,分享小组体会。	通过成效评估,了解服务对象的满意度及目标达成情况,为以后服务提供借鉴。处理好离别情绪。

四、服务计划实施过程

(一)第一次聚会

社会工作者在第一次聚会前,就与小组内每个成员进行了交流和沟通,了解他们每个人的基本情况,所以在小组第一次聚会时,社会工作者已经能够很准确地叫出每个组员的名字,但是组员间互相还不认识,为了更好地让组员相互认识，放松情绪，打破陌生感，拉近双方的距离，建立初步信任关系，社会工作者首先通过“棒打无情郎”和“笑口常开”两个游戏，让组员间的气氛很快活跃起来，大家打破了陌生感。游戏后，社会工作者还与组员一起订立小组规范，以约束破坏小组活动的行为，保证小组活动的顺利进行。通过这次活动，组员对彼此都有了初步的认识，也初步确立了小组规范和契约，这为接下来的小组活动的开展奠定了基础。

在这次活动中，社会工作者鼓励一些内向羞怯的组员做一些简单的发言，采取非批判的态度，用关注和倾听的技巧，引导其他组员尊重发言的组员，并积极回应组员的提问，小组第一次活动取得了预期的效果。

(二)第二次聚会

在第二次小组聚会中，小组活动目标主要是通过组员的才艺展示强化他们的自身优势，增强自信，提升组员的自我价值感。

在活动开始时，社会工作者让组员重温上次活动的内容，相互说出名字，然后再和大家一起做了“笑口常开”的游戏。在小组气氛开始活跃的时候，社会工作者决定首先让大家一起来表演太极八段锦，其中李阿姨、洪阿姨、叶阿姨学太极多年，在她们三个太极高手的带领下，另外五名组员，还有社会工作者——因为这次实习督导也来活动现场了，社会工作者也邀请实习督导一起和组员打太极，在太极八段锦优美的音乐伴奏下，会打太极的，不会打太极的都一起动起来了。叶阿姨是一个比较内向的人，但是太极却打得非常专业，社会工作者给予了叶阿姨充分的肯定，叶阿姨腼腆地笑了。宋阿姨在社会工作者的鼓励下，也给大家表演了一段京剧，组员们都很兴奋，说真看不出宋阿姨有这么好的嗓音。刘师傅是这个组里唯一的男性，社会工作者让他表演一个节目，他大大方方地唱了一首《在那桃花盛开的地方》，歌声嘹亮，组员们都被震惊了，给予了他热烈的掌声，不停地叫着“再来一首”，小组气氛达到了高潮。社会工作者在整个小组才艺展示的活动中，自己也积极参与其中，但同时仔细观察每个组员的变化，并且对组员的表现都给予积极的肯定，这增强了组员的自信心。

这次小组活动大家都比第一次活跃，相互间也开始熟悉起来，在活动中也开始学会欣赏其他组员，达到了预定目标。组员才艺展示调动了组员的积极性，激发了潜能，大家能相互合作，增强了组员之间的凝聚力，小组团队开始形成。组员们开始学会分享经验，交流参与本活动的感受和体会。

(三)第三次聚会

第三次小组聚会，社工安排了外展活动，主要是通过参观民办养老院，以了解更多养老信息和动态，通过与老人们的联欢互动，让大家得到更好的交流，提升失独老人价值感，进一步增强小组凝聚力。

7月18日上午，社工和小组成员坐上了去平湖的161路公交车，车子有点挤，小组成员都是60岁以上的老人，其中吴阿姨已经78岁了，在车上，小组成员都互相谦让，首先让年纪大的坐，因为路途有些远，有的成员坐了一会儿又站起来，让给其他的组员坐，成员之间气氛非常融洽。来到养老院，院长告诉我们，这里的老人们得知我们要来和他们一起搞联欢活动，都很开心，我们来到六楼大厅的时候，老人们都已经等在那里了，我们的组员也为这次联欢活动准备了非常精彩的节目。有李阿姨、洪阿姨、叶阿姨的太极二十四式和八段锦，宋阿姨的京剧红娘演唱，凌师傅和陈阿姨夫妻俩的武术和书画表演，还有刘师傅的男高音独唱《走进新时代》，为了能让组员尽情地展示自己的才艺，社工为这次活动做了充分的准备，把组员要的音乐伴奏全部下载到播放器里，还特地带了一套小音箱来配合演出。因为准备工作做得比较充分，这次和老人的联欢活动大家都表现得很精彩，得到了老人们热烈的掌声，大家都很开心，社工在主持的时候，也特别注意和老人们的互动，整个会场的气氛都被带动了起来，笑声、掌声充满了整个会场。演出结束后养老院的负责人说，这是养老院里老人过得最开心的一天，以前也有单位给老人们表演节目，但缺少和老人们的互动。而社工们搞的活动更加注重与老人之间的交流和互动，注重在场每个人的参与感，让每个人都得到了应有的尊重。

演出结束后，社工带组员去详细了解了养老院的具体运作情况，因为组员都是失独者，特别关注养老问题。午饭后的休息时间里，组员们很兴奋，大家热烈地讨论起来，平时在小组活动中很少说话的叶阿姨也和大家一起交流起来，整个小组成员，都融入讨论中，从开始的陌生，到现在的尊重和信任，大家彼此坦露心扉，已经能真正地融入集体中。

下午，我们全体组员去参观了东湖边的李叔同纪念馆，李叔同是我国著名的音乐家、教育家、诗人，他的警句“勇猛精进”也给大家很多启示，组员们还唱起了李叔同填词的歌《祖国歌》《送别》，组员对这个中国新文化运动的先驱和嘉兴老乡给予了极高的赞誉，在纪念馆里看到李叔同卓越不凡的人生轨迹，大家觉得以后对生活会更加珍惜，以更积极的生活态度面对人生。

第三次小组活动，组员们积极性更高，相互之间也比较熟悉了，一路上大家相互帮助照顾，达到了预定目标。参观养老院，组员们了解到了有关养老的信息和动态；与养老院工作人员交流，组员们也了解到了更多的养老信息。组员们的才艺展示和与养老院老人的互动活动扩大了自身的社会支持网络，激发了内在的潜能，使自己更深刻地懂得了生命的价值和意义。游览东湖、参观李叔同纪念馆，让大家在活动的过程中增强了彼此之间的凝聚力和稳定性。社工在整个外展活动中,时刻关注小组的变化,把握小组活动的进程。

(四)第四次聚会

第四次小组活动主要是让小组向稳定的志愿团队发展做准备。举办老年大学知识学习分享会,相互交流,共同成长。

为了这次活动能够顺利开展,社工前期走访了嘉兴市老年大学,掌握了老年大学一些比较详细的资料,在活动开始时,社会工作者把这些资料介绍给了组员,组员李阿姨现在也正在老年大学学习,社工请她给大家分享在这所大学学习的过程和体会,在分享过程中,社工认真倾听了组员对于进入老年大学的想法和建议,社工本着尊重的态度,对每个组员的发言给予了回应。

因为现在的小组已经进入了小组活动的中期,组员们互相之间已经非常熟悉,相互之间可以不用引导就可以自动聊天沟通,达到预定目标。分享过程提升了组员的自我价值和成就感,培养了组员的互助精神。老年大学知识分享会促进了组员的交流,增长了见识,开阔了眼界。在社工的引导下,大家表示将来要把老年大学学到的技能及表演才艺奉献给以后的义工团服务活动中,进一步发挥各自的潜能。

(五)第五次聚会

第五次小组活动主要通过组员的民主讨论和提议,在组内成立失独家庭公益义工团,服务社会,实现助人自助。

因为已经是第五次小组活动了,组员之间已非常熟悉,小组已经进入成熟期,所以社工在活动开始时,让组员自告奋勇担当发令人员,带领大家做游戏。组员之间团结默契,气氛非常活跃。洪阿姨在几次小组活动中,都表现出了一定的领导才能,这次她毛遂自荐,愿意担任义工团组长,得到了组员的一致认同,大家有了主心骨。社工将作为未来街道层面义工团的协调者。社会工作者与组员一起共同制定了义工团的有关规章制度,以约束义工团成员的行为。

这次小组活动中,社工扮演了一个协助者的角色,减少了对整个小组的控制,让小组充分自决,发挥了组员们的能动性,感受到了组员对小组及义工团强烈的归属感。

(六)第六次聚会

第六次小组聚会是整个小组活动中的最后一次,活动主要是对前面的活动进行分享和评估,处理好离别情绪,顺利结束小组活动。

最后一次活动,大家在活动中都表现出依依不舍的情绪,社工在活动中,首先给组员分发参观平湖李叔同纪念馆时的合影，分发养老院里表演的VCD光盘，回忆大家在一起时的美好时光，提议建立义工团QQ群；接着，社工引导组员分享自己在小组中的变化和收获，再对此做总结；最后，社工向组员分享自己观察到的其他组员的变化，强化小组成果。与此同时，社会工作者向组员发放了小组成效评估表，让组员对整个小组活动的服务成效进行满意度评估，小组成员进行了积极的回应，并做出了自己的评价。社工在安慰他们的同时也告诉他们，活动虽然结束了，但我们的义工团活动才刚刚开始。通过民主讨论，社工对公益义工团的后续计划进行了安排。活动最后，社工和组员一起高唱《好人一生平安》和《渴望》，并和所有组员一起合影留念。在《好人一生平安》的祝福歌声中这次小组活动正式结束了，大家依依惜别。相信随着以后义工团活动的继续开展，老人们的生命之光将依然灿烂。

社会工作者在小组最后活动中，正面强化组员的积极情绪和好的改变，引导组员在以后的生活中继续相互联系和沟通，巩固小组成员间的支持系统，利用义工团这个平台，去展现自我，让这些失独老人们的生活更加幸福。

五、成效评估

(一)评估方法

社工采用的是活动满意度评估表及观察记录来对小组的结果与过程进行评估。

(二)操作

小组的成效评估主要通过以下两种方式：(1)在小组最后一次活动中，社工引导组员填写活动评估表，对小组服务成效及社会工作者的表现进行打分；(2)社工依据对小组活动的观察及每次活动的记录和分析进行评估。

(三)评估结果

通过参加失独家庭互助支持小组，组员们都有了明显变化，如叶阿姨原先是一个不爱与人沟通交流的沉默寡言的人，现在也愿意与其他人一起唠唠家常了。刘师傅在失去唯一的儿子后，原本开朗的他天天待在家里上网，再也不出去参加任何社交活动，通过这次小组活动，他开朗了许多，又重新走出了家门，社区退休党员的活动，他也参加了，并且愿意参加义工团以后的义演活动。通过小组活动，小组成员扩大了社会支持网络，每个成员的自信心都得到了增强，自我价值观也得到了增强，达到了整个小组的预期目标。

六、跟踪服务

在小组结束半个月后，社工打电话给义工团组长洪阿姨，询问了组员目前的情况，洪阿姨告诉社工，现在组员间相互都有联系，也进行过两次小范围聚会，在义工团组长的带领下，他们还一起为社区的老人们进行过一场文艺会演。同时，大家还和别的街道的失独家庭的老人开始交往，走向更广阔的舞台，社工为此感到欣慰。

七、专业反思

社会工作是用生命影响生命的事业，在开展小组服务的过程中，社工的努力会给组员带来一定的帮助，但同时也有可能给组员带来伤害，特别是面对失独家庭这个特殊群体的时候。所以社工要对组员及自己负责，在服务中需要对服务对象的状态和需求进行不断评估，始终以服务对象的需求为主而不是以社工自己认为的需求为主。

社工在整个小组活动中，时刻观察着小组的进程及组员的变化，并对此进行恰当的控制。社工觉得要做好一个小组活动，必须做好每一次的准备工作。比如社工在小组外展活动去平湖时，把组员表演要的伴奏的音乐全部下载好，怕对方没有必要的设施，所以自己带了音响，使这次外展活动与老人的文艺联欢取得了圆满成功。

这次小组活动有项目督导全程现场跟进指导，督导对每次活动都给予积极回应，进行专业指导，比如在前期的活动安排中，社工本来想安排组员到福利院献爱心，项目督导觉得对这些失独老人来说，活动有风险，老人们看到孩子时难免触景生情。社工需要对每一个组员的状态和这方面的承受能力做更详细的评估之后才能够确认这一场活动是否适合进行。社工听取了督导的意见后，取消了这样的活动。这跟以前没有督导跟进进行专业指导时进行的活动取得的效果完全不一样。

最后，在整个小组活动中，社会工作者充分利用优势视角的理论，强化每个组员的优势，给组员提供自我展示的平台，提升他们的自我价值感。

督导点评

社工将优势视角理论运用到失独家庭的小组中是很好的一种尝试，在这里既能够起到去标签化的效果，又能够提升失独老人的自我价值感。尤其是社工引导组员成立义工团，意味着组员从受助者转变为助人者，这是小组很成功的地方。当然社工后续的跟进也是非常重要的，这里的跟进主要包括两方面，一是对组员的跟进，协助组长对这个团体的凝聚力建设，比如除了相约去志愿服务之外也可引导组员自己组织聚会、相伴过节、外出旅行等，以保证团体能够延续，二是社工亦需要帮助义工团链接资源、提供资讯，让组员的这份助人精神有地方可以落实，避免最终因为不知道哪里可以服务而最后变得只有形而无实。社工在这个团队中一开始还应该是引导的角色，待这个团队相对成熟和稳定之后可以退到“团队顾问”的角色，帮助团队在政策及资源上做一些协调和链接。刚开始时还需要注意对组长的引导和培育，不要一开始就完全交给组长一个人。

另外，注意到小组过程中有聊到关于去世的孩子，孩子的生前照片分享是一个相对比较敏感的话题，李阿姨的孩子很优秀所以她愿意跟别人说自己孩子的事，但若是以这种方式就会引起一定的对比，会破坏组员之间建立的感情。建议组员可私下与自己比较聊得来的组员分享和怀念孩子的生前事迹，而不建议放在小组中集中讨论，这会有很多不可控的因素在里面。

（点评人：邵贞，浙江省之江社会工作发展服务中心项目部主任）

案例十九
“心相伴”计生特殊家庭老人支持性小组

实习社工:侯晓莹　王柠烨①

一、小组背景资料

1.小组名称:心相伴

2.小组性质:失独老人支持性小组

3.小组人数:5—8 人

4.小组聚会次数:4 次

5.小组成员特征:小组成员皆为失独老人,其中 7 名老人没有第三代,另外一位老人有一个孙女,有两位老人丧偶现独居,其他老人夫妻两个共同生活。组员都表示与身边其他老人接触的时候,难免提及子女,容易让他们触景生情。所以他们都渴望能够和有同样经历的人交流,大家相互理解支持,建立社会支持系统。

二、需求评估的基本概况

失独老人,指失去独生子女的老年父母。他们唯一孩子的不幸离世让他们在最需要照顾的时候变得老无所依。数据统计,我国 1975～2010 年间,有超过 1000 万独生子女在 25 岁之前死亡。这意味着有 2000 万名父亲和母亲,在中老年时期失去唯一的子嗣,成为孤立无助的失独老人。

失独老人失去自己的孩子之后没有了生活上的依靠,特别是没有留下第三代的家庭,也有的失独老人离异或丧偶,现有失独老人生活孤独寂寞困惑。失独老人也普遍对自己未来的养老问题产生了担忧,老年人的生理机能逐渐衰退,身体上会有一些大大小小的疾病,因此其看病也成了一种困扰。同时,失独老人与其他身边的老人相接触的时候,难免会听到别人家子女的情况,会触景生情,所以失独老人在交流方面存在着顾虑,缺少社会支持系统。小组为失独老人提供一个支持性的平台,让老人们可以彼此之间建立支持系

① 侯晓莹、王柠烨:浙江工商大学公共管理学院社会工作系,实习社工。

统，满足与人交往的需求。

在这次实习走访以及社区项目中我们了解到这些失独老人的一些情况，他们有的是夫妻俩共同生活在一起，有的是独居，而有的有第三代，有的没有第三代。有的老人已经从失去独生子女的悲痛中逐渐走出，有的老人却依旧沉浸在悲伤之中不能自已。他们绝大部分是退休在家的老人，由于自身的经历，在与其他老人沟通交流的过程中难免会聊到关于子女的问题，这让他们开始逐渐淡化了与其他同龄老人的社会交往，但他们又渴望能够和有共同经历的人交流。由于失去了儿女，他们更加渴望建立社会支持系统，希望老年生活不要那么孤寂。

每个人都有与他人交流沟通的需要，失独老人们也不例外。舒茨的人际需要理论中也讲到，每个人都有三种人际需要：包容需要、支配需要、感情需要。可见，与人沟通是人类生活的基本需求。而参加小组活动可以帮助人们加强彼此之间的沟通互动，有利于组员之间的交流互动，促进建立良好的互动关系。在走访这些失独老人的时候，社工询问他们是否愿意参加小组及原因，他们大多表示想要交到与自己有共同经历的朋友，大家可以一起互相扶持。由于他们大部分不太愿意提起孩子的事情，所以与其他失独老人交流的过程中他们可以更加舒服。此外，有的失独老人身体不太好，也希望能够通过小组认识更多的人，大家互帮互助。

运用社会工作中小组工作的方法可以让组员相互认识，鼓励他们与小组成员建立联系，之后让他们感受到团队的力量，感受到一个人和一群人的差别，亲自体验到与相同经历同伴交往分享的快乐。同时，组员带动组员、组员帮助组员的方式使得组员间的关系更加密切。使用小组方法介入可帮助面对有类似问题或者共同需求的组员建立支援网络，并从组员间的相互支持中得到更大的信心去改善自己当前的人际交往问题，组员间亦可相互发生“模仿作用”，一些老人积极乐观的情绪会感染其他老人，让每个组员的生活态度都在潜移默化中得到正面的改善。另外，工作人员又可以通过小组中的互助，观察组员的言行举止，评估组员的成长和小组的效果。

三、运用的基本理论

（一）社会支持理论

社会交往和支持非常重要，长期以来一直被视为老年人生活满意度和良好情绪的最重要的预测指标。社会支持在帮助老年人抵御他们所面对的各种类型的丧失所带来的有害影响方面扮演着重要角色。家人和朋友的支持可以帮助丧偶的老人面对没有配偶或伴侣的新生活带来的一系列挑战。对一位老人来说，失去一个重要的一辈子的朋友会是毁灭性的打击，但是如果在悼念期间仍有其他朋友提供情感上的支持，痛苦就会减轻一些。做手术的时候，老人若知道手术后会有朋友和家人提供情感上的具体事宜方面的协助，就不会那么害怕。被描述为成功老人的人常常是那些深深投入到与家人和朋友的来往中，投入到有所贡献的活动中的人，这些老人明白自己生活中什么最重要，谁在意他们，什么活动能帮助自己保持正面的自我形象。他们有自己要做的事，有关心、在意自己的人。

社会隔离是一个非常大的风险因素。它不仅会导致认知和智力功能下降，而且还会造成身体疾病。有家人或朋友关心的老人更可能会关心身体健康问题，因为这些人会鼓励他们定期去看大夫，并协助老人外出检查看病。知道其他人关心自己的健康并关注这件事，可能会鼓励老人更加坚持不懈地按医嘱服药或者是服从治疗方案。

因此，我们希望通过一个失独老人支持性小组来增进这些失独老人之间的互动和交往，建立社交支持网络系统，通过一些活动和游戏让他们彼此熟悉，并逐步建立他们间的支持系统，使他们感受到团体的力量和支持，并通过小组成员共同推选出小组组长来延续小组以后的支持活动，使小组成员间的联系更加紧密。

（二）系统功能理论：沟通

所有的行为都是沟通，沟通是人类互动中的信息部分。个人通过沟通形成人群，乃至整个社会的复杂系统。有效的沟通是实现优质护理的前提，通过沟通，人与人之间可以相互影响。

每个人都有与他人交流沟通的需要。舒茨的人际需要理论中也讲到，每个人都有三种人际需要：包容需要、支配需要、感情需要。可见，与人沟通是人类生活的基本需求。而参加小组活动，可以帮助人们加强彼此之间的沟通互动。

参与小组活动，有利于组员之间的交流互动，促进建立良好的互动关系。波恩的交流分析理论就明确指出了小组工作对人与人之间交流的促进作用。小组可以为组员提供一个互动的情境，让组员尝试和练习新的沟通技巧，增强组员之间的自我察觉，改变他们的生活态度，最终开始新的生活。

四、介入过程分析

整个小组介入过程主要分为五个阶段：前期工作准备阶段、小组初期、小组中期、小组成熟期、小组后期。

在前期工作准备阶段，小组是建立在项目前期需求评估及社区社工对部分潜在组员的组前评估完成的基础上的，此外，通过深入街道社区，对其他失独老人进行组前评估，社工把本次小组活动的组员确定。在开展小组工作之前，社工开展了一些准备工作：首先，由于本次小组成员来自两个街道，社工整合了两个街道的资源确定好小组举办的地点，并联系好嘉兴的爱心车队负责接送老人，确保他们路上的安全。在了解每一位组员的基本信息以及忌讳的东西后，社工结合组前评估将小组目标概念化，制订了初步的服务方案和小组计划书。

(一)小组初期

目标：集合组员进行初次活动，增加彼此之间的接触和了解，让组员相互熟悉认识，消除组员的顾虑和担心，建立初步的信任关系。

活动内容：本次活动以"抽签分组介绍"和"十巧手"为破冰过程，帮助组员主动认识新朋友，从小组中有所收获。其中，Z 阿姨和 S 阿姨聊天很活跃，在小组中起到了领导作用，积极地回答社工的问题，社工在询问其是否有意愿先来做介绍时，两位阿姨很积极。分两人一组聊天交流的时候，Z 阿姨和 S 阿姨分在两个小组里面还会跨小组交流，并且很聊得来，为人也很热情。W 阿姨和 G 叔叔是夫妻，刚好分在了一个小组里面，两个人觉得没有什么话聊，也显得比较害羞，没有在小组中说很多的话。Z 叔叔表现得不太活跃，一起做十巧手健康操的时候没有跟大家一起做，经社工引导后还是坚持一个人对着屏幕看着大家做。H 叔叔和 C 阿姨两个人也聊得很开心，后来 H 叔叔说自己身体还好，在小组中表演了一下他平时做的运动，气氛还是不错的。L 叔叔和 S 阿姨两个人也聊得还可以，S 阿姨挺活跃的，L 叔叔也挺愿意聊的。十巧手环节中社工和组员配合较好，社工有序引导，组员也跟社工一起做，气氛非常和谐。在小组活动快结束的时候，社工提示下一次活动的时间和大致的活动内容，组员商议来确定时间。社工与组员定下下一次活动的约定。有组员主动要其他组员的号码，社工便把小组的通讯录做出来分发给组员。

(二)小组中期

目标：促进组员之间的联系，建立支持系统。

活动内容：本次活动由于 Z 阿姨有事情抽不开身没有参加，S 阿姨就少了和自己火热互动的对象，但 S 阿姨依旧是小组里较为活跃的组员，而其他组员也表现得比第一次活动更加积极了。小组在开始的"十巧手"复习和学习过程中，一起念口号做动作，L 叔叔说他在家里没事的时候就在做，可见小组活动在小组成员心中还是有一定影响力的。之后组员们分享他们的养生经验并热火朝天地讨论起来。在小组活动的"水果拼盘"游戏中，社工掌握了分组的主动权，使得组员间的分配比较合理，而大部分组员也热情地参加到游戏中来。G叔叔在整个小组活动的过程中表现得有点沉默，可能本身比较内向，但是轮到他发言时，组员们都觉得他的想法非常积极正面，很能鼓舞人。社工在有了第一次小组活动的经验后，在控制活动场面上有了进步，设定的小组任务都能够完成。而组员间自发的自由交流的时间也在社工的可控范围内。组员们在有了第一次活动的基础上彼此熟悉了，整个活动的过程中组员们表现得更加自然，并各自分享了自己的养生经验。

（三）小组成熟期

目标：促进组员之间的联系，加强支持，讨论推选出一位组员为小组的组长，巩固小组之间的支持系统。

活动内容：本次活动中，各位组员显得比较主动，谈话也比较随意，大家在小组活动开始前就开始聊天，等待未到来的组员。上次缺席的Z叔叔和Z阿姨这次来得比较早，组员到齐的时候，Z阿姨和Z叔叔都解释了缺席的原因。小组活动开始之后，社工便让参加上次活动的组员向未参加的组员分享感受，参加上次小组活动的成员都表示很开心。Z阿姨随后跟社工说总是这样聊聊天其实也不是很有趣的，希望社工可以带他们去旅游，H叔叔、S阿姨和L叔叔也都有这样的想法。后来随着话题的引导，社工和组员开始讨论在结束小组活动之后如何维持小组的支持系统，社工跟组员提议可以先选出一个组长，由组长负责小组的联系工作，大家在平时可以常常聚聚或找时间旅游。组员们都表示赞同，并一致推选S阿姨为组长，S阿姨欣然接受了，她立即发挥了小组长的作用，主动帮L叔叔联系来自己家的志愿者，并链接了一下志愿者的资源给L叔叔。后来组员提议下次就在L叔叔家聚餐，因为知道社工这个月底就要离开，就把下次小组活动的时间定为聚餐的日子，社工同意了这个建议。讨论完下次小组活动的细节之后，社工把小组话题聚焦到了流程上，继续十巧手环节，社工让刚推选出来的S阿姨带领大家回顾，S阿姨觉得不太好意思，说自己眼睛看东西不是很清楚，还是让社工带领大家一起做。这个环节大家配合得都比较默契，环节进行得也比较顺利。之后大家又陆续尝试了“防暑大作战”“你画我猜”等游戏，大伙儿都玩得很开心。

（四）小组后期

目标：巩固小组工作成果，让组员们能够在小组中得到同伴的支持，同时妥善处理组员离别情绪，帮助组员在小组结束后能够继续保持联系，互相支持。

活动内容：组员们在最后一次活动中的参与度很高，相互帮助的氛围也很浓，小组组员之间已经有团体的意识，小组长有领导小组的意识与行动。饭后社工把十巧手教完了，最后一次大家也都做得很认真。接近尾声的时候，社工组织大家说说对此次小组活动的感想和建议，组员们都表示非常开心，知道了很多养生的知识，并学会了手操，因为社工的组织而认识这么多的朋友，也是不虚此行。最后大家互道祝福并合影，并在欢乐的气氛中结束了此次的小组工作。

五、介入绩效评估

(一)目标达成分析

1. 总目标：促进小组成员之间的认识和了解，构建组员之间的社会支持系统，加强组员间的亲密关系。小组目标达成。

2. 过程目标：

组员之间相互熟知，了解彼此的喜好和生活习惯等。目标达成。

构建小组持续联系的方式，例如建个小团体。目标达成。

通过活动和约定延续小组的联系和支持。目标达成。

(二)服务对象成长分析

实践是检验真理的唯一标准，在这次小组活动中，社工与组员不断磨合，努力将所学的理论知识更好地融入实践中。

第一次小组场面比较混乱，社工与服务对象之间缺乏小组契约的约束，S阿姨和Z阿姨、C阿姨和H叔叔聊天停不下来，而另外的组员参与聊天的积极性较低。在社工一次次的劝导和引导中，S阿姨和Z阿姨也渐渐配合社工工作，其他组员也表现得很配合。在接下来的小组活动中场面混乱的情况明显减少，组员的小组意识也在逐步提高。

W阿姨和G叔叔在第一次小组活动中参与度比较低，而在之后的几次小组活动中逐渐活跃，开始尝试着在游戏的氛围下与其他组员一起做一些事情，存在感与参与度都有一定的提高。第一次有点害羞话不多的Z叔叔在组员们一起共同选出小组长之后与小组长积极地进行交流，甚至会开些小玩笑。后来在进行小组活动时，组员们有自主决定和互相帮助的意识，也真正有了对这个小组的归属感。

总体而言，组员们经过几次的小组活动，已经逐渐把心扉打开，接受其余组员成为好朋友，并且开始相互关心。大家从一开始的不认识到后来的熟知，结成了比较稳固的社会支持网络。

（三）整合的各种资源分析

1. 对社会资源的挖掘。社工通过不断联系嘉兴这边的爱心车队，最后找到一支愿意为本次小组活动免费提供服务的爱心车队，并且在小组活动过程中认真负责，准时接送组员，为组员的出行提供了便利。

2. 在整个小组活动过程中，新嘉街道花园社区居委会提供了开展活动的场地，并对小组活动给予了精神上的支持。新嘉街道以及新兴街道提供了小组的活动经费。

3. 对组员自身资源的挖掘。通过游戏引导组员积极主动地挖掘自身周边的资源，以此获得支持和帮助，完成任务。其中，S阿姨将自己身边的志愿者信息提供给了同一组的L叔叔，并且向志愿者说明L叔叔的情况，成功链接了资源。

（四）自我成长分析

这是社工第一次将小组工作理论和实践进行结合，过程中有欢声笑语也有意外状况和各种意想不到的困难，社工在积极应对的过程中学会了一些处理突发事件的方法，不断提高自身能力，得到了长足的成长。

在第一次小组活动中，组员们相互聊天聊得比较火热而忽略了社工，社工虽然采取了措施，但还是不能把组员的注意力迅速转移到小组中，小组一度出现场面混乱不可控的状况。社工在活动结束后对此进行了反思，也想出了解决的方法。第二次小组活动的场面比第一次好了很多，可见主动权掌握在社工手上。

同时，社工还学会了随机应变，小组的发展有时候不是在自己计划里的，那便需要社工本身引导它往积极的方向发展。第三次小组活动开展时社工还没有把推选小组长的话题安排在内，直到随着小组讨论的深入，社工觉得小组的氛围已经适宜开展这个话题了，才将这个话题抛出，事实证明，组员们围绕这个话题也讨论得很顺畅。

在这个小组中，社工学会了倾听和沟通，也学会了控制混乱的场面，特别是有个别组员话比较多并会影响到其他组员时。大家应对问题、解决问题的能力越来越强。社工在小组过程中一直保持积极投入的态度，对待老人耐心细心，积极观察他们的情绪反应和动作变化，创造欢乐的氛围，促进小组成员的共同成长。通过此次活动，社工充分运用了社工理念实现小组目标，从中获得的成就和自我价值可以对自身更好地进行专业内化。

六、典型事件

(一)组员共同祝福语

感谢你们组织我们一起参加活动,没有你们我们也不能认识这么多有共同经历的朋友,让我们这些老人聚在一起,大家相互支持,真的很感谢你们,希望你们下次还能再过来。

(二)组员主动做出决定

(1)组员共同推选出小组长并且开心鼓掌通过。在选出小组长后组员对于小组长有明显的尊重表现,对小组长的话很认可,小组长在组员面前也很有威信,并且主动提出以后会一起聚会或者出去旅游。

(2)组员共同决定了小组最后一节的活动内容——到组员 L 家里包饺子,组员们分工明确,有一定的组织性。

(三)组员主动关心组员

在最后一次活动时,L 叔叔腿脚不方便,组员们主动提出让他在家里休息等候,其他组员一起去菜市场买菜;下好饺子后组员首先为 L 叔叔盛饺子,并嘱咐他患有糖尿病不能够饿,还提醒 L 叔叔平时也要注意饮食;此外,由于一次下的饺子有限,组员们彼此之间也十分谦让,纷纷表示自己可以晚一点吃;S 阿姨、Z 阿姨以及 W 阿姨主动帮其他组员盛饺子。在聊天的过程中组员们提议以后再来看望身体不太好的 L 叔叔。

督导点评

从小组成效来看,能够推选出小组长来带领社工退出之后的这个团队,并能够形成这样的凝聚力,小组还是比较成功的。尤其是最后一次活动,从组员的表现来看组员对小组已有很强的归属感,而且组长也选得很好、很负责。看到组员已经会讨论各自的生活并且给建议,可见组员之间的关系已经进入更深的层次。因小组活动时间较短,社工缺少对小组领袖培育的过程。社工在下次对组长跟进时,可就之后这个小团队的发展和维系了解她的想法同时也给她一些建议,帮助她更好地带领这个小组,将他们对社工的感激转化为对这个团队的珍惜。社工尤其要强调让这个团队成为每个组员的新的支持系统,队员之间相互帮助和支持,在有队员身体不适时提供力所能及的帮助,过节时亦可相互邀请,特别是对那些一个人生活的组员。建议社工后期可以对组长进行引导和跟进，协助其更好地带领和组织这个小组。

需要注意的是，自己在小组不同阶段的位置和角色，尤其在小组初期，社工需要根据小组的目标有较多的引导，避免放任自由而偏离了小组的目标。组员能够较快地熟悉是一个很好的开始，表明组员都希望在小组中能够认识新朋友，因而会主动去满足自己的这个需求。但是太过自由的聊天模式容易导致次小组较早地出现，不利于小组向稳定、成熟的阶段发展，也不利于团队的形成。小组中的每一个环节社工都需要有一些设计和目的性在里面，组员所希望的形式是聊天，那么社工需要结合小组的目标和组员的需求对这个“聊天”进行设计，怎么聊、聊什么，聊完之后能够有一些什么样的东西，这些是需要社工去思考的。另外，聊天会有很多个性的因素在里面，如果没有相应的设计，就容易导致有组员因性格原因融入不到小组中。在第一次小组活动中，社工没有考虑周全分组时需要注意一些原本就认识的组员或者来自一个家庭的组员应尽量避免分到同一个小组，尤其是在相互认识的环节，就算因偶然因素分在一起，也要及时地在小范围内做调整，而不是任由组员尴尬。在之后的小组中，涉及分组也需要注意组员分组的交叉，让组员有机会与每一位组员互动。

可将社工带领小组的经验与相关街道的社区社工分享，帮助提升其专业能力，亦可将后续的跟进工作交由社区社工负责，让其协助将小组成效维系下去。

（点评人：邵贞，浙江省之江社会工作发展服务中心项目部主任）

案例二十
让明天更加美好
——计生特殊家庭支持小组

社工:钱依群①

一、小组背景介绍

新高社区现有失独家庭6户,其中2户独居,4户空巢,其中五户家庭的老人已年满60岁,有一定经济能力。他们在年轻时响应国家计划生育的号召,只生育了一个孩子,由于种种原因他们失去了自己唯一的孩子。现在他们每天深居简出,人们随意提到关于孩子的一句话,都可能触动他们伤感的记忆,他们一直活在自己的世界里。

在这个崇尚孝慈传统的国度里,孩子寄托了他们一生的期望和心血。失独的痛苦,使他们感觉生命从此失去了光彩。

二、分析预估

社会工作者通过走访慰问方式,对全社区6户失独老人家庭的基本情况和需求做了全面评估,按照小组组员都是失独老人,但彼此之间年龄相差较大,性格和经历各不相同的特点,社工将小组性质确定为互助型支持小组。

三、服务计划

(一)小组基本情况

1.小组名称:让明天更美好
2.小组性质:互助型支持小组
3.活动对象:新高社区失独家庭成员
4.小组成员人数:8人
5.社会工作者:钱依群等

---

① 钱依群:宁波市海曙区西门街道新高社区社工。

(二)小组理念

根据小组动力理论,个人与个人之间、个人与社会系统之间存在相互依赖的关系,小组是个人恢复与发展社会功能的有效场所,社会工作者通过组织小组活动及加强组员之间的互动可以发掘组员的自身潜能,增强他们社会交往与社会生活的信心、知识和能力。

(三)小组目标

1.总目标:通过小组组员之间提供的信息、建议、鼓励和情感上的支持,达到增强生活信念和成员的自我改变,增强他们的社会功能。

2.子目标:(1)帮助失独老人树立乐观的生活信念,从大自然的一片生机中,从历史的变迁中,发现生命的美好。

(2)在共同解决困难的过程中,提升失独小组的团队协作能力和凝聚力。

(3)促进失独老人间的交流和资源分享,增强组员的社会功能。

(四)小组程序

为了丰富关爱失独家庭的服务内容,3月5日,在社区学雷锋志愿者服务日期间,社工成立了"让明天更美好"新高社区失独家庭支持小组,确定了小组工作目标,初步确定好了聚会的程序计划和日程。工作人员按照小组的类型、特点及人数要求,确定了参与的正式组员,制定了小组规范,帮助组员了解小组工作的目的和角色分工,与组员建立了初步的专业关系。

活动总安排:

序号	节数	时间	地点	主题
1	第一节	2014.4.19	余姚	踏青之玉林
2	第二节	2014.5.27	社区活动室	分享与交流
3	第三节	2014.6.17	社区活动室	"失独而不孤独"
4	第四节	2014.9.5	海曙公园	"秋声月影,团圆新高"
5	第五节	2014.9.25	社区活动室	"迎国庆,庆重阳"

四、服务实施过程

(一)第一节:踏青之玉林

时间:2014年4月19日 6:45—16:30

地点:余姚

参加对象:失独小组成员、工作人员和志愿者

人数:21人

1. 目标:

(1)到余姚玉林自然风景区踏青,一起品尝当地特产,到梁弄革命博物馆参观,帮助失独家庭树立乐观的生活信念,感受生活的来之不易和生命的美好。

(2)通过活动中的相互帮助,分享活动感受,加强失独家庭小组成员彼此之间的联系,促进团队协作能力和凝聚力。

2. 准备工作:

(1)通过遴选和评估确定组员、志愿者和工作人员。

(2)联系导游、交通工具和农家餐。

(3)准备食品、药品及活动用品。

3. 详细计划:

活动内容	活动目的	所需物品	备注
乘坐旅游巴士前往余姚玉林风景区,上车前工作人员做好人员的座位安排,发放矿泉水等食品,介绍活动安排、注意事项和小组规范	强调开放、平等、保密、非批判和团结合作等原则	话筒	
破冰游戏:“鸡骨头”和“鸡翅”	活跃小组气氛,消除陌生感	话筒	
请组员中的活跃分子表演节目	加强组员之间的了解和互动	话筒、小礼品	鼓励小组成员勇敢表露自己
组员和志愿者结对,分组游览玉林风景区	组员之间学会互助、增强小组凝聚力,树立乐观的生活信念		注意途中安全
到农家乐一起品尝农家菜	促进失独老人间的交流和互动,增强组员的社会功能		
坐车前往余姚梁弄革命根据地博物馆参观	感受到生活的来之不易和生命的美好,提升小组的团队凝聚力		
回宁波途中,分享活动感受	思考活动心得,征求下次活动安排		

4. 预计会出现的困难及解决方案：

(1)预计会出现的困难。

①组员不参与。

②组员对小组本次活动内容没有兴趣。

③组员之间互动不积极，组员身体出现状况。

④组员之间互动不积极，对小组本次活动内容没有兴趣。

(2)解决方案。

①社工做好宣传动员工作，提前一星期告知组员此次活动的内容，在出游前一天再次通知确定组员名单。

②广泛征求参加人员意见，确定合适的活动地点和内容。

③通过组员之间一起互相帮助，克服郊游途中的困难，增强组员之间信任和互动。

④通过志愿者、工作人员控制好每一环节的时间，必要时请社会工作者及时帮助协调。

(二)第二节：分享与交流

时间：2014 年 5 月 27 日 14:00—15:30

地点：社区活动室

参加对象：失独小组成员、工作人员和志愿者

人数：13 人

1. 目标：促进失独老人间的交流和资源分享，增强组员的社会功能。

2. 准备工作：确定组员、志愿者和工作人员。准备水果、粽子、纸、笔及小礼品。

3. 详细计划：

活动内容	活动目的	所需物品	备注
介绍工作人员、志愿者、活动内容和小组规则	开场白，使组员产生信赖感和安全感	投影仪	营造安全轻松的氛围
介绍社区现状、失独家庭政策和实施情况	促进小组成员对自身所处宏观环境的了解		
组员之间分享失独后生活经验	进行情绪疏导，通过老人之间面对面交流和资源分享，增强组员的社会功能。	小礼品	注意倾听、提供支持、鼓励组员自我表露，促进相互回馈

续 表

活动内容	活动目的	所需物品	备注
征询组员微心愿及对参加活动的想法	保持小组经验为今后的活动做铺垫	纸、笔	保密原则
退休医生志愿者谈谈老年病防治及养生	提供支持	投影仪、小礼品	
对活动内容进行小结	分享小组的感受		

4.预计会出现的困难及应对方案：

(1)预计会出现的困难。

①组员之间沟通不积极，对小组没有兴趣。

②志愿者临时不能参加活动。

(2)解决方案。

①让活跃的老人起带头作用，发放小礼品，并由工作人员做积极的引导。

②制订好人员预备方案。

(三)第三节："失独而不孤独"特殊的生日会

时间：2014 年 6 月 17 日 8:30—11:30

地点：社区活动室

参加对象：失独小组成员、工作人员和志愿者

人数：10 人

1.目标：通过给失独老人过生日，让失独老人感受到温暖，同时在大家的鼓励下圆了自己的越剧梦，使失独老人更加自信。

2.准备工作：

(1)准备好蛋糕、杨梅、糕点。

(2)场地的选定以及座位的安排。

(3)越剧服的准备和琴师的邀请。

3.详细计划：

时间	活动内容	活动目的	所需物品	备注
8:30—9:00	回顾上节活动内容、说明本次活动内容	营造安全轻松的氛围	话筒	
9:00—10:30	给失独老人过生日	使老人感受温暖，有个愉悦的心情	生日蛋糕，杨梅，糕点	

续 表

时间	活动内容	活动目的	所需物品	备注
10:30—11:00	鼓励老人唱越剧	增强老人的自信,能打开心门接纳他人,支持、鼓励组员自我表露,促进相互回馈	越剧服	
11:00—11:30	小节活动结束	分享感情		

4. 预计会出现的困难及应对方案:

(1)预计会出现的困难。

①组员之间沟通不积极,对小组没有兴趣。

②志愿者临时不能参加活动。

(2)解决方案。

①让活跃的老人起带头作用,发放小礼品,并由工作人员做积极的引导。

②制订好人员预备方案。

(四)第四节:"秋声月影,团圆新高"

时间:2014 年 9 月 5 日 18:30—21:00

地点:海曙公园

参加对象:失独小组成员、工作人员和志愿者

人数:10 人

1. 目标:通过一起观看节日文艺晚会感受节日的气息,促进邻里之间的和谐关系,增强他们社会交往与社会生活的信念。

2. 准备工作:

(1)舞台的布置。

(2)嘉宾席的安排。

(3)老人们的座位安排。

3. 详细计划:

时间	活动内容	活动目的	所需物品	备注
18:30—19:000	演出前工作人员安排人员的座位,提前通知老人们入座	体现老人们的重要,营造其乐融融的氛围		
19:00—20:00	观看演出	吸引老人们的眼球,提高对活动的支持		

续 表

时间	活动内容	活动目的	所需物品	备注
20:00—20:30	老人模特的时装表演	通过老人们的表演，使活动推上高潮		
20:30—21:00	文艺晚会结束			

4. 预计会出现的困难及应对方案：

(1)预计会出现的困难。

①组员之间沟通不积极，对小组没有兴趣。

②志愿者临时不能参加活动。

(2)解决方案。

①让活跃的老人起带头作用，发放小礼品，并由工作人员做积极的引导。

②制订好人员预备方案。

(五)第五节："迎国庆，庆重阳"

时间：2014 年 9 月 25 日 14:00—15:30

地点：社区活动室

参加对象：失独小组成员、工作人员和志愿者

人数：10 人

1. 目标：通过老人们的才艺表演发掘他们的自我潜能，增强他们的自信心，帮助恢复他们的社会功能，通过老人们和小朋友一同做游戏相互配合从而得到心情上的释放，消除他们的相思之情，同时体会老少同乐带来的快乐。

2. 准备工作：

(1)舞台的布置。

(2)嘉宾席的安排。

(3)老人们的座位安排。

(4)活动道具的准备。

3. 详细计划：

时间	活动内容	活动目的	所需物品	备注
13:00—13:30	回顾上节活动内容、说明本次活动内容	营造安全轻松的氛围	话筒	
13:30—14:30	老人们表演和观看节目，一起做游戏	通过老少同乐，加强互动配合的默契		

续 表

时间	活动内容	活动目的	所需物品	备注
15:30—16:00	活动结束之际,孩子们为老人们送礼物	孩子们的心意让老人们开心,感受到温暖		
16:00—16:30	小节活动结束	分享感情,情感的升温		

4. 预计会出现的困难及应对方案:

(1)预计会出现的困难。

①组员之间沟通不积极,对小组没有兴趣。

②志愿者临时不能参加活动。

(2)解决方案。

①让活跃的老人起带头作用,发放小礼品,并由工作人员做积极的引导。

②制订好人员预备方案。

五、小组评估

(一)小组目标是否达到及目标完成情况评估

按照开放性、平等性和面对面互动原则,通过组员之间的良性互动,小组目标已按计划顺利完成。具体如下:

1. 帮助组员树立乐观的生活信念,从大自然的一片生机中,从历史的变迁中,发现生命的意义。通过第一次小组活动,即余姚玉林的踏青活动,小组成员领略到春天里大自然的勃勃生机。下午,小组成员到余姚梁弄抗日战争革命根据地博物馆缅怀先烈的英雄事迹。通往博物馆门口的数百米红枫林庄严肃穆,博物馆陈列的物品默默地述说着光荣年代的英雄历史。游览活动使失独小组成员感受到生活的来之不易和生命的美好,这有利于他们树立乐观的生活信念。

2. 提升失独家庭小组的团队协作能力和凝聚力。在余姚玉林风景区踏青活动中,小组组员之间互帮互助、相互支持,共同克服了途中因下大雨导致的道路泥泞等困难,虽然路程较长,道路崎岖不平,但组员之间依然互动交流不断,相互鼓励,共同完成了这次踏青活动,提升和促进了这个小组的团队协作能力和凝聚力。

3. 促进失独老人间的交流和资源分享,增强组员的社会功能。踏青活动后,组员们一起吃农家菜,在轻松安全的氛围中,组员们自由交流、分享在经历失去唯一孩子后，作为父母如何调整自己的角色，过好自己的生活，坚强地渡过危机期的生活经验。通过互动，组员从小组中获得新知，解决自身问题，达到增强生活信念和成员自我改变的效果。

(二)小组过程评估

小组活动过程顺利，达到了预想的目标。在第一次小组活动开始前，工作小组做了充分的筹备工作，踏青的内容与地址是在与参与者再三磋商的基础上才确定下来的。

(三)组员的反应及意见

组员王阿姨是小组中年龄最大的，今年82岁，现在她已经成了社区越剧队的忠实粉丝，还热情地送水果、小吃慰问社工，她希望能多参加这类小组活动，多拍些照片。

组员李某原来对计生政策有保留意见，在慈善一日捐那天，他来社区主动捐款，告诉社工，现在的社工和以前大不一样，政策也越来越关心他们，他对社区的工作表示感谢。

组员陈某家里比较困难，他本人失独、离异、再婚后未再生育，对社工爱理不理，现在他的态度也有了较大改变，只要一打电话通知活动，他就会兴冲冲地提前过来参加，还会主动来问。

六、专业反思

按照支持小组理论，在支持小组中，最重要的是小组组员的关系建构、相互交流和相互支持。社工的任务是指导和协助小组组员讨论自己生命中的重要事件，表达经历这些事件时的情绪感受，建立起能够相互理解的共同体关系，达到相互支持的目的。

在第一次到余姚踏青的小组活动中，社工提倡让年龄相对较轻的组员照顾年老的组员，鼓励组员自我表露，鼓励性格活跃的带动较不爱表达的，创造相互帮助、共同解决问题的良好局面。在小组组员之间的互帮互助和相互支持下，大家共同克服了途中因下大雨道路泥泞，路程较长、道路崎岖不平而造成的困难，加强了组员之间的互动交流，增强了小组的团队协作能力和凝聚力。

在第二次庆祝端午节的小组活动中，当发现有的组员权力意识较强时，社工注重塑造小组组员的平等意识，提供“被肯定”和“安全”的场景，指导和协助小组组员分享失独后的生活经验，让组员们表达经历这些事件时的感受，以便及时疏导组员的负面情绪，并及时为他们提供支持。同时，社工引导失独老人间的平等交流和资源分享，通过互助，增强老年人应对生活转变的压力，淡化老年人的孤独感。

在组织小组活动中，小组组员的关系建构还存在一定缺陷，在今后的工作中还要注意小组领袖的培养，以便小组活动能够不断创新和发展。另外，社工在提高小组凝聚力方面做得不够，小组活动方式可以再多种多样些，需要不断学习和积累。

督导点评

恰如案例报告中提及的小组是个人恢复与发展社会功能的有效场所，社会工作者通过组织小组活动及组员之间的互动可以发掘组员的自身潜能，增强他们社会交往与社会生活的信心、知识和能力。所以说小组社会工作是非常有效也是颇具挑战性的工作手法。本案例理念清晰，应用理论得当，小组目标明确，在总目标的指引下还设置了子目标便于实施。作为初学小组工作的社工来说实在难能可贵。

不足之处根据报告顺序来说，首先，案例分析预估还可以再详细点，可以应用相关理论适当进行分析，为后面的小组工作技巧作铺垫。其二，专业反思应该结合专业理论进行，比如运用你前面提及的小组动力理论，通过小组活动，个人与个人之间、个人与社会系统之间相互依赖的关系发生了哪些变化；服务对象的自身潜能、他们的社会交往与社会生活的信心、知识和能力，是否得到了增强等等，需要进行讨论和评估。其三，摘要部分应该更精炼一些，不建议写太具体的活动内容。

（点评人：马洪波，浙江省之江社会工作发展服务中心宁波项目点负责人）

案例二十一

让生活永远充满快乐

——计生特殊家庭支持小组

社工:邬思嘉①

一、小组背景及理论基础

(一)小组背景

目前,徐家漕社区共有计生困难家庭3户,其中家庭成员中有一方年龄在60周岁以上的为2户(其中1户户口在西门街道)。这些计生困难家庭一般不太愿意参与社会活动。一来他们还没有从失去独生子女的痛苦中真正走出来;再者,他们的情感还比较脆弱,害怕触景生情。

社区的社工做了大量前期工作后发现,这些家庭正在慢慢从不幸的遭遇中走出来,而且他们有意愿和自身有着相似遭遇的家庭进行交往沟通,从而获得情感支持。

社区通过成立计生困难家庭支持小组,以社区计生困难家庭为主,同时把志愿者、孤寡老人吸引进来,培养计生困难家庭自我学习以及团队合作的能力,从而推动他们更好地获得快乐充实的生活。

(二)理论基础

1. 系统理论

系统论是关于研究一切综合系统或子系统的综合模式、原则和规律的理论体系。一般系统理论认为,系统是由各部分(要素)组成的具有一定层次和结构并与环境发生关系的复杂整体,其功能取决于它的组成部分以及这些部分之间的相互联系。社会系统论重视分析社会系统内部和系统之间的相互作用,研究这些相互作用如何影响人们的行为。系统视角下社会工作实务强调:(1)注重个人的整体性和完整性;(2)强调社会系统,特别是家庭系统在塑

① 邬思嘉:宁波市海曙区望春街道徐家漕社区专职社工。

造和影响人的行为及生活状态中的重要作用;(3)注重运用社会资源,包括正式和非正式的社会网络资源帮助个人、群体、组织和社区解决问题,满足需要。

2.生态系统理论

生态系统理论把家庭放在关系复杂的多重系统中考察,假设影响个体发展的环境可分为四个系统。这四个生态系统分别为微观系统、中观系统、外部系统和宏观系统。微观系统是指个体直接面对面接触和交往而组成的系统。中观系统是指个体积极参与的两个或多个微观系统之间的互动关系。外部系统是对个体有影响但个体并不直接参与的系统,家庭所在的社区就是这样的系统。宏观系统是指影响个体的思想和行为的社会文化价值系统。它通过生态系统中的微观、中观和外部系统影响家庭成员的思想和行为的社会文化价值系统,反映社会的道德标准。

3.优势视角理论

优势视角(或称能力视角)认为,每个人、群体、组织和社区都有其内在的能力,包括天赋、知识、社会支持和资源,只要存在适当的条件,就可以建设性地发挥自身功能。优势视角的宗旨是:动员服务对象的力量(天才、知识、能力和资源)来达到他们自己的目标和愿望。优势视角在评估服务对象的问题和需要时强调将他们的优点包括进来,针对服务对象的优点和资源帮助他们解决困难,寻求识别、利用、建立和强化人们已有的优点和能力。优势视角强调服务对象能力的提升,因此其在社会工作实务其实象征着一个增能过程,它鼓励服务对象的自决,支持对服务对象的尊重,并把后者作为重要的专业价值观。

二、小组活动

(一)小组目标

1.总目标

通过开展小组活动,使计生困难家庭成员能更好更快地走出失独的痛苦。同时,通过小组中的各种交流与互助活动,使组员们在不断相互支持中逐步修复自身的社会功能。社工以实际工作支持政府帮扶计生特殊家庭政策,推进关怀计生困难家庭大环境的形成。

2.子目标

(1)使服务对象走出家庭来参加小组活动。

(2)促进小组成员之间良好的沟通和交流。

(3)促使计生困难家庭逐步恢复社会功能。

(4)推动组员去帮助其他需要帮助的人。

(二)活动对象

以徐家漕社区的计生特殊家庭为主,包括其他的孤寡(独居)老人。

(三)活动次数安排

次数	时间	地点	主题
1	2014.4.12	四明山仗锡村	共赏烂漫樱花
2	2014.5.18	社区二楼会议室	自我心理调适讲座
3	2014.6.1	社区活动室	乐活每一天
4	2014.6.17	地铁望春站	一号线,我来了
5	2014.8.27	社区活动室	分享爱心菜

(四)活动形式

本次小组共举行5次活动,活动地点有室内也有室外,内容有游戏、讨论、听讲座、角色扮演等等。

(五)活动内容回顾

第一节:共赏烂漫樱花

1.小组概况:

(1)活动日期:2014年4月12日

(2)活动时间:8:00—12:30

(3)出席人数:10人

2.本次活动的目标:

(1)成立小组,制定小组规范。

(2)加强老人之间的沟通与了解。

(3)建立初步专业关系,为以后小组开展做铺垫。

3.预备工作:

(1)对小组进行宣传与初步招募。

(2)全面了解组员的个人情况,并协调小组可行性,确定正式组员。

(3)确定活动的时间、地点。

(4)工作人员做好人事分工,准备好相关物品。

(5)预计突发情况,做好备选方案。

4.本节小组活动详细计划:

时间	活动内容	目的	所需物品	注意事项
5分钟	工作者进行自我介绍	让老人们对工作人员有初步认识和了解	音响	
10分钟	请组员们做简单的自我介绍(每人大约一分半钟)	组员间关系的确立,加强彼此沟通		
15分钟	为增加气氛,可以请有才艺的志愿者或者老人表演节目	增加欢乐气氛,也可打破非语言沟通的限制		
20分钟	制定小组契约:工作人员与组员共同商量制订小组契约(由工作人员引导,和组员共同制订),推选小组骨干	制定小组规范,使组员产生信赖感和安全感。同时讨论小组保密原则,讨论下次小组活动计划	A4纸一张,笔一支	
120分钟	一边欣赏景色,一边请志愿者为老人拍照,彼此分享食品	吸引老人的参与意愿。为以后小组的开展提供便利,老人之间能在小组之后保持合作与联系	数码照相机一个	
5分钟	总结分享。 布置家庭作业:每个老人在下次活动前至少电话联系一次	分享小组的感受,让老人在活动之后有所反思,并为以后小组的开展打下基础		

5.预计会出现的困难及解决方案:

(1)预计会出现的困难。

①招募不到足够的参与者。

②组员之间沟通不积极,对小组没有兴趣。

③总体时间掌控不好。

④小组成员突发疾病或其他状况。

⑤工作人员带小组经验不足。

(2)解决方案。

①工作人员进行入户访谈及宣传来招募参与者,并在需要时请机构人员帮助协调。

②在小组活动中通过预先的评估，选择老人感兴趣的内容，让活跃的老人起带头作用，并由工作人员做积极的引导。

③控制好每一环节的时间，必要时请机构人员帮助协调。

④提前了解成员的健康状况，以做好相应的救护准备，并向相关人员求助。

⑤请老师及时进行督导，并在小组开始前做好评估，并制订好预备方案。

6.跟进计划/需做出的活动调适/建议：通过对老人进行走访，做出评估。与督导老师进行分享。根据收集来的建议和意见对下次小组活动做出适当改进。

第二节：心理调适讲座

1.小组概况：

(1)活动日期：2014 年 5 月 20 日

(2)活动时间：14：00—16：30

(3)出席人数：15—27 人

2.本次活动的目标：

通过参与社区专门组织的心理调适讲座，增加小组成员之间的认同感，增进彼此间的关系，通过讲座，使组员们能学习日常自我调适，学会人际交往的技巧，激发组员与人沟通交流的欲望和能力，进一步加强小组成员的凝聚力。其次社会工作者通过此次讲座能更好地观察到小组成员的点滴变化，及时调整小组工作节奏及工作思路。

3.预备工作：

(1)社会工作者做好组员的邀请工作。

(2)小组参加讲座所需物品的准备。

(3)讲座老师的邀请。

(4)讲座场地的准备。

4.详细计划：

时间	活动内容	目的	所需物品	注意事项
10分钟	讲座前工作人员做好场地布置、人员的座位安排，事先通知小组组长郎师傅做好一些游戏准备	加强组员之间的相互交流，引导骨干在小组中的核心地位	话筒	
45分钟	听老师讲课	组员通过学习明白“麦穗游戏”含意		
30分钟	请工作人员播放音乐，组员根据老师的指导语进行想象放松	加强组员之间相互的协作，使组员更加愿意接纳他人，更加愿意相互支持，相互肯定		
5分钟	交流心理讲座学习心得	分享小组的感受，让老人在活动之后有所反思，并为以后小组的开展打下基础		

5.预计会出现的困难及解决方案：

(1)预计会出现的困难。

①组员不参与。

②组员之间沟通不积极，对小组本次活动内容没有兴趣。

③总体时间掌控不好。

(2)解决方案。

①社工提前两天通知组员此次活动的内容，在讲座前一天再次通知确定组员参加活动。

②通过对小组以往活动中组员的评估，由社区及小组组长郎师傅做好本次活动的气氛调动，由工作人员做积极的引导。工作人员注意活动中小组组员体力的情况。

③控制好每一环节的时间，必要时请社会工作者及时帮助协调。

6.跟进计划/需做出的活动调适/建议：对小组成员进行走访，做出评估。与机构人员和督导老师进行分享。根据收集来的建议和意见对下次小组活动做出适当改进。

第三节:乐活每一天

1.小组概况:

①活动日期:2014 年 6 月 1 日

②活动时间:14:00—16:00

③出席人数:20 人

2.本次活动的目标:

通过本次与小朋友一起做游戏欢度六一儿童节的活动,增强了小组组员间的认同感和信任度,在活动中组员们和小朋友相互协作,激发了组员与人交往的欲望,组员们都体会到了人与人交往的乐趣。同时社区工作人员通过活动从中观察组员的心理变化,从而为下一步工作的顺利开展奠定基础。

3.预备工作:

①确定活动的时间、地点。

②活动道具的准备。

③幼儿园小朋友的邀请。

④预计突发情况,做好备选方案。

4.详细计划:

活动时间	活动内容	目的	所需物品	注意事项
14:00—14:30	回顾上节活动,说明本次活动的计划以及注意事情,依次介绍到场的小朋友	使组员间有个相互熟悉的过程,消除彼此间的陌生感,增强他们的兴趣,使他们对活动充满期待		
14:30—15:30	活动开始,游戏一个接一个:搬(运)水、水果蹲	加强老人们和小朋友的相互协作和彼此间的帮助,增强他们的相互信任感		
15:30—16:00	活动在小朋友的舞蹈中结束,总结与分享	相互交流,使下次活动更好地开展		

5.预计会出现的困难及解决方案:

(1)预计会出现的困难。

①组员不参与。

②组员之间沟通不积极,对小组本次活动内容没有兴趣。

③总体时间掌控不好。

(2)解决方案

①社工提前两天通知组员此次活动的内容,在讲座前一天再次通知确定

组员参加活动。

②通过对小组以往活动中组员的评估，由社区及小组组长郎师傅做好本次活动的气氛调动，由工作人员做积极的引导，工作人员同时要注意活动中小组组员体力的情况。

③控制好每一环节的时间，必要时请社会工作者及时帮助协调。

6.跟进计划/需做出的活动调适/建议：对小组成员进行走访，做出评估。与机构人员和督导老师进行分享。根据收集来的建议和意见对下次小组活动做出适当改进。

第四节：地铁望春站

1.小组概况：

(1)活动日期：2014年6月17日

(2)活动时间：9:00—11:00

(3)出席人数：10人

2.本次活动的目标：

通过让小组成员参加宁波轨道交通1号线免费试乘活动，提升失独老人的社会适应能力和自我管理、互帮互助的能力。帮助他们走出家门、融入社区大家庭，让失独老人在互助中享受幸福晚年。

3.预备工作：

(1)确定集合地点、集合时间。

(2)准备帽子和小旗子。

(3)预计突发情况，做好预备方案。

4.详细计划：

时间	活动内容	目的	所需物品	注意事项
9:00—9:30	组员集合，说明本次活动的目的以及注意事项，事先通知小组骨干人员做好一些准备	提高对活动的期待，同时引导骨干在小组中的核心地位		
9:30—10:30	志愿者带领老人们去体验宁波地铁1号线的试运行，设计路线与站点	加强组员之间的相互支持，相互帮助，提高他们的家庭功能		
10:30—11:00	本次活动结束，交流设计的过程，总结与分享	分享设计的感受，提升他们的社会适应能力		

5.预计会出现的困难及解决方案：

(1)预计会出现的困难。

①组员不参与。

②组员之间沟通不积极，对小组本次活动内容没有兴趣。

③总体时间掌控不好。

(2)解决方案。

①社工提前两天通知组员此次活动的内容，在讲座前一天再次通知确定组员参加活动。

②通过对小组以往活动中组员的评估，由社区及小组组长郎师傅做好本次活动的气氛调动，由工作人员做积极的引导。工作人员注意活动中小组组员体力的情况。

③控制好每一环节的时间，必要时请社会工作者及时帮助协调。

6.跟进计划/需做出的活动调适/建议：对小组成员进行走访，做出评估。与机构人员和督导老师进行分享。根据收集来的建议和意见对下次小组活动做出适当改进。

第五节：分享爱心菜

1.小组概况：

(1)活动日期：2014年8月

(2)活动时间：10:00—13:00

(3)出席人数：15人

2.本次活动的目标：

通过本次“分享爱心菜”的活动，提高组员们的助人自助的能力，提升他们的自我价值，加深彼此间的情感。

3.预备工作：

(1)活动地点、时间的确定。

(2)独居老人的邀请。

(3)饭菜的准备。

4.详细计划：

时间	活动内容	目的	所需物品	注意事项
10:00—10:30	回顾上节活动，说明本次活动要点	组员们对活动充满期待		

续　表

时间	活动内容	目的	所需物品	注意事项
10:30—11:30	组员们共同做菜，准备午餐	加强组员间的相互帮助，相互协助		
11:30—12:30	邀请独居老人，共享午餐	提高组员们的助人自助的能力，走出家门，关爱他人，加强人与人之间的交往		
12:30—13:00	本次小组活动结束，合照留影	记录美好瞬间，消除离别的情绪，加深彼此间的情感		

5.预计会出现的困难及解决方案：

(1)预计会出现的困难。

①组员不参与。

②组员之间沟通不积极，对小组本次活动内容没有兴趣。

③总体时间掌控不好。

(2)解决方案。

①社工提前两天通知组员此次活动的内容，在讲座前一天再次通知确定组员参加活动。

②通过对小组以往活动中组员的评估，由社区及小组组长郎师傅做好本次活动的气氛调动，由工作人员做积极的引导。工作人员注意活动中小组组员体力的情况。

③控制好每一环节的时间，必要时请社会工作者及时帮助协调。

6.跟进计划/需做出的活动调适/建议：对小组成员进行走访，做出评估。与机构人员和督导老师进行分享。根据收集来的建议和意见对下次小组活动做出适当改进。

六、评估情况

(一)目标达成情况

基本实现预期目标，包括：拓宽交际网络、促进互动、丰富生活，这几项效果十分明显。另外，多次的小组活动也在一定程度上调整了小组成员的自我认知，提升了他们的自我价值感和自信，这些则需要在今后的活动中继续加强。

通过活动过程中的交流，组员与社工的认识加深。社工已对他们的需要有更确切的了解。

(二)工作人员的角色及技巧

工作人员的角色主要是推动者和引领者。通过小组活动提高组员的能力,学会主动去帮助别人,在相互支持中逐渐修复他们的社会功能。

(三)反思与建议

小组活动前的准备是非常重要的,很多时候小组活动可能受到出勤情况、小组活动进行的情景以及当时的气氛所影响,不能按照小组之前所设想和准备的情况一一进行。但小组活动前的准备仍然是必要的,而且工作者的准备要具有弹性,在不断变化的过程中做出适当的调整。

督导点评

本案例理念清晰,应用理论得当,小组目标明确,在总目标的指引下还设置了子目标便于实施。这个小组的一些活动我直接参与了,总体来说做得确实不错。同样一个简单的活动与其他的同类游戏有明显的区别,有社工的专业元素,活动之间看似各不相干,其实有内在的逻辑联系,都是围绕着营造失独老人的社会支持系统和提升他们的自助互助的能力而展开。

不足之处在于评估部分不够具体和具有针对性,比如通过小组活动,个人与个人之间、个人与社会系统之间相互依赖的关系发生了哪些变化,服务对象的自身潜能、他们的社会交往与社会生活的信心、知识和能力是否得到了增强等等,需要进行讨论和评估。不过作为初学小组工作的社工来说,能做到这样也实在难能可贵了。

(点评人:马洪波,浙江省之江社会工作发展服务中心宁波项目点负责人)

案例二十二

“相伴你我他,最美夕阳红”计生特殊家庭老人互助支持小组

社工:泮海苹[①]　厉中娟[②]

实习社工:潘韩霞　徐杭情　翁婷婷　邱仁波[③]

一、小组背景资料

小组名称:“相伴你我他,最美夕阳红”失独老人互助支持小组

小组性质:互助支持小组

小组人数:12 人

组员特征:石桥街道失独老人

小组周期:2014 年 8 月 7 日至 10 月 24 日

小组活动次数:4 次

二、需求评估基本概况

“养儿防老”是中国人传统的观念,然而“计划生育”政策却增加了一些家庭的风险,使得“失独老人”成为近几年社会上较为特殊的一个群体。在老龄化日益严重的大背景下,养老本身就是一个严峻的问题。老年人的晚年生活质量也开始引起社会的关注。失独老人作为一个特殊的群体,他们面临的困难不仅有养老问题,更多的是心理上的痛苦和社会支持上的欠缺。

失独老人失去自己的孩子之后没有了生活上的依靠,特别是下一代没有留下的家庭,也有的失独老人离异或丧偶,生活更加孤独寂寞。失独老人普遍对自己未来的养老问题产生担忧,老年人的生理机能逐渐衰退,连看病也成了一种困扰。同时,失独老人与身边其他的老人相接触的时候,难免会听到别人家子女的情况,触景生情,所以失独老人在交流方面存在着顾虑,缺少社会支持系统,但他们又渴望能够和有共同经历的人交流。由于失去儿女,

---

① 泮海苹:浙江省之江社会工作发展服务中心项目部主任。

② 厉中娟:杭州市下城区石桥街道景荣社区社工。

③ 潘韩霞、徐杭情、翁婷婷、邱仁波:浙江理工大学法政学院社会工作系,实习社工。

他们更加有建立社会支持系统的渴望，希望老年生活不要过于孤寂。开展此小组目的主要为失独老人提供一个支持性的平台，让老人们可以在彼此之间建立支持系统，满足人际交往的需求。

石桥街道共有失独老人8户，共14人。其中几户外出避暑或住亲戚家，目前生活在本社区的共有4户失独老人，他们基本上不愿意接触别人，包括社区的社工。在社会支持层面非常缺乏，除了部分亲戚和老同事，其他人际交往基本没有。因此，为他们组建一个同伴型的互助支持小组非常具有意义：一方面可以拓展他们的支持网络，另一方面也可以让他们抱团取暖，相互倾诉，舒缓情绪。

三、小组目标

1.情绪层面：通过小组活动让失独老人相互认识，相互影响，感受“抱团取暖”的力量。与相同经历同伴交往、分享可以改变自身原本消极的生活态度，重新定义生活，妥善地处理自己的情绪，树立积极的生活态度，获取同伴的互助支持。

2.社会支持层面：通过组员带动组员、组员帮助组员的方式建立社会支持系统，促进失独老人之间的相互帮助、支持，组员间的关系更加密切。组员之间的相互支持可以增强他们更好地生活的信心。

四、运用的基本理论

(一)社会支持理论

社会交往和支持非常重要，长期以来一直被视为老年人生活满意度和良好情绪的最重要指标。社会支持在帮助老年人抵御他们所面对的各种类型的丧失所带来的有害影响方面扮演着重要角色。家人和朋友的支持可以帮助失独老人面对一系列挑战。因此，通过失独老人互助支持小组可以增进这些失独老人之间的互动和交往，建立社交支持网络系统。

(二)优势视角理论

优势视角理论认为每个人都有自己解决问题的潜能，并且具有在困难环境中生存下来的抗逆力。失独老人有其自身的价值，社工关注的焦点应是其个人以及其所在的环境中的优势和资源。因此小组工作主要强调的是引导他们发现积极的自我概念，肯定自我，发现自己的优势与潜能，更好地利用自身的社会资本和发现潜在的支持网络。

(三)社会学习理论

根据学习理论,人的行为是可以通过学习和再学习改变和增强的。可以通过正强化使个人学习到新的行为。由于人际交往活动是一项复杂的活动,影响和制约这一活动的因素也很复杂,通过相互学习可以使组员得以成长。社会学习理论认为人的行为、思想、情感反应方式不仅受直接经验的影响,同时也受间接经验的影响,生命八阶段的行为是在对他人行为的观察和评价过程中习得的。在小组中,社工会较多地使用正面增强和模仿,让小组中那些比较积极乐观的组员帮助组内的其他成员走出失独阴影,增强彼此间的相互影响,帮助小组成员树立生活的信心。

五、介入过程分析

整个小组介入过程主要分为五个阶段:前期工作准备阶段、小组初期、小组中期、小组成熟期、小组后期。

在小组前期的准备阶段,社工先对石桥街道的失独老人家庭进行了情况摸底,了解失独老人的家庭经济情况、情绪状况、社会交往及其目前需求等。除了部分老人不住在家、部分老人情绪上特别抵触外,我们总共招募了 4 户家庭共 4 对老龄夫妻来参加小组活动。但在小组开展前一天有一户老人表示有事情不能来参与活动,社工后续也对该户老人进行了家访跟踪。而招募到的 3 户家庭,都是夫妻档,通过走访发现,这三对夫妻感情都比较好。在招募完成后,社工根据组员的特性、共性需求来设计活动方案。

(一)小组初期

1. 目标:增加彼此之间的接触和了解,让组员相互熟悉认识,消除组员的顾虑和担心,初步建立信任关系。

2. 活动内容:小组开始时,首先由社工做自我介绍,致欢迎词。并以击鼓传花游戏破冰,活跃小组气氛,促进组员交流,增加彼此认识。由于小组人数不多,因此 4 名实习社工也加入了这个环节。在音乐停止时,花落谁家就由谁进行自我介绍。自我介绍的内容包括姓名、家庭住址、身体情况、兴趣爱好(特长)、希望在小组中有何收获等。刚开始,有组员比较腼腆,不太愿意说话,于是都是由其配偶代为介绍。在自我介绍的过程中,有两位组员居然是相互找到了几十年而未找见的小学同学。在自我介绍时发现了老同学,又因为彼此拥有相似的经历,她们对社工和小组非常感激,因此也更加愿意投入到小组中。

小组组员有一个很大特点就是每一户家庭都是夫妻档,而且夫妻感情较好，社工发现了这一优势资源，根据组员的特征，在设计第一次小组活动时，设计了“我来比划你来猜”“夹气球过河”等能活跃氛围又能增强合作的活动，用以不断强化夫妻之间、朋友之间的关系，让他们感到生活的希望。但是当开始活动时，有两位叔叔表示不愿意参加，认为玩游戏不适合老人，其他组员也随声表示支持。针对反对比较强烈的组员，社工为了缓和气氛，向他们征求了活动意见，组员们都表示只要一起聊天、讨论就可以。

因此，在相互认识的基础上，本次活动的主题变成了小组讨论会，讨论的内容主要是组员最近的生活、子女的情况以及他们比较关心的失独政策，如扶助金的金额、发放时间、入住养老院、其他地区失独政策等。整个讨论过程都比较顺利，在沟通的过程中，组员们有着对生活的不同态度，他们相互沟通相互说服，年纪相对较大的一户家庭生活态度较积极，经常引导其他组员积极看待生活。

最后，社工对组员们的讨论进行了总结，并表示回去会将问题整理出来，收集相关政策回复他们。随后，社工让组员们分享了参加完本次活动的感受，以及对下次活动的期待。组员们表示他们几户之前都是相互认识的，但是因为没有沟通渠道，也不愿意主动去找彼此，小组活动给了他们一个相互了解相互沟通相互支持的平台，下次活动一定会再来。

（二）小组中期

1. 目标：吸引组员的兴趣，引导其关注自身，健康生活

2. 活动内容：在小组活动开始时，社工为小组组员解答了上一次小组活动收集的政策问题，表示有些普遍性的政策问题可以在小组中讨论总结，在项目后期向相关部门反馈。组员也对社工表示了感谢。

根据上一次活动中组员们提出的主题，社工将这次小组主题定为夏季养生。一方面通过养生知识的分享，加强老人们的身心健康，引导其关注自身、乐观生活；另一方面，以组员关心的“养生”主题加强组员对小组的信任与组员之间感情的交流。首先，由社工为组员播放一段夏季养生的视频，并让组员仔细收看，待会儿会以提问形式进行养生知识抢答。然后，社工根据刚才的视频以及之前制作好的养生主题 PPT，为组员讲授夏季养生的知识，如哪些食物适合或不适合夏天吃、哪些食物不能一起吃、特定食物的作用以及有助于夏季养生的食谱等。社工也将几个重要穴位的按摩方法教给组员。由于这期主题是与组员商讨后确定的，符合他们的兴趣，因此他们的关注度也比较高。紧接着，社工又趁热打铁开展养生知识大比拼，以抢答的形式让组员更深入、全面地了解自身健康问题。并给予回答正确的组员积分，积分高的组员获得一定的礼品奖励。组员们在经过第一次活动后彼此之间更加熟

悉了，因此在这次整个活动的过程中表现得更加自然，并各自分享了自己的养生经验，产生了共鸣。

最后是分享总结环节，组员们表示这一期的小组对自己的帮助很大，平时也会多注意运动与饮食的搭配。基于上次小组活动中组员们想要相互熟悉的强烈诉求，社工也为组员们准备了自制的联系卡，包含每位组员的姓名、联系方式、家庭住址等。对于社工的此举，组员们非常感动。社工再次引导组员讨论确定下次的小组活动主题，以增强组员的主动性与参与性。并布置作业（让组员回去每天坚持做穴位按摩，下次小组时分享感受；在下次小组活动前组员之间相互联系一次）。

(三)小组成熟期

1. 目标：促进组员之间的相互支持，加强夫妻之间的感情联系，讨论推选出一位组员为小组的组长，巩固小组之间的支持系统。

2. 活动内容：本次活动中，各位组员显得比较主动，谈话也比较随意，大家在小组活动开始前就开始聊天，等待未到来的组员。小组开始时，社工首先检查组员上节小组作业的完成情况。关于穴位按摩，部分组员没有做到，部分组员表示平时看电视、散步的时候都在做，长期做应该有效果。关于相互联系，组员们都表示平时买菜的时候经常会碰到打个招呼，没有特意联系。社工肯定了组员们的行为，并鼓励大家继续加强。

为迎合中秋的氛围，这次活动的主题是制作冰皮月饼。对于其他人来说，中秋节是个团圆的日子，但是对于失独老人们来说这是一个煎熬的日子，周围家人团聚的气氛越浓就越会让他们感到孤单与难受。基于此，社工特意设计了这次小组活动，希望失独老人们能够在相互抱团取暖中感受温暖，相互支持，内心不再孤单。

社工总共准备了 3 份冰皮月饼制作的食材与模具，组员们以家庭为单位分为 3 组。社工首先为组员们介绍了冰皮月饼的制作方法和流程，组员们表示人老了都跟不上时代的潮流了，对冰皮月饼的制作感到非常有兴趣。在制作的过程中，各对夫妻之间相互配合，一个和面"一个加水倒油，一个压制月饼"一个将其放好，配合非常默契。组员之间也在相互交流经验。由于三户组员平时的家庭分工各不相同，一户是夫妻合作搭档，一户主要由妻子来做，另一户则主要由丈夫来做。他们便由此展开了夫妻两个人如何更好生活的交流。一位平时不怎么做家务的叔叔也开始帮妻子做月饼，叔叔比较严肃和强势，平时不怎么爱笑，但是几次小组活动下来，大家的关系越来越好，他也慢慢地被感染了，越发地会笑会融入集体了。社工一边在旁边拍照，一边以玩笑的形式促进叔叔阿姨之间的感情。

月饼做好之后，也快到午饭时间了，社工不好意思留组员太久，就让组员将月饼带回去，但是组员们却表示可以在这边先吃月饼再回去。组员们非常主动地相互赠送自家制作的月饼让对方品尝，并让社工评价哪家做得最好。组员们边吃边分享了活动感受，并对小组的信任度和归属感越来越强。在讨论最后一次小组活动主题时，他们纷纷表示可以和社工一起出去旅游，并请社工吃饭以感谢社工对他们的关心。

(四)小组后期

1.目标：巩固小组工作成果，让他们能够在小组中得到同伴的支持，同时妥善处理离别情绪，帮助组员在小组结束后能够继续保持联系，互相支持。

2.活动内容：最后一次小组活动以旅游为主题。在小组活动开展前两天，社工电话联系每一户家庭，告知时间、地点等。社工本来要带组员们去游览运河，参观运河附近的博物馆。但是有组员表示运河有点远，这么多人坐车不方便，建议去社区附近的半山公园，那里环境好，他们也都比较熟悉。最后这个建议得到了大家的同意。

10月24日早上八点半，组员和社工在景荣社区服务中心集合。其中有1户迟到了，另外两户说知道他们家在哪里，我们就按那个方向走过去，应该会在路上碰面的。走了几分钟真的碰到了，他们在很远处看到了对方就相互打起招呼了。

由于他们都是附近的老居民了，对环境比较熟悉，就主动担当起带路的职责。社工便趁机提议在组员中选出一个组长，以后负责小组的联系工作，让他们以后可以自己商量时间聚一聚或者旅游。组员们统一推荐年纪相对大一点的那户家庭，认为他们比较有资历。由于半山公园在社区附近，大家一路上说说笑笑，叔叔们相互分享着平时散步、打麻将、旅游的经历，阿姨们相互讨论着买菜、旅游的经历，气氛非常融洽。组员们也一路向社工介绍附近的菜场、河流、旅游景点等。

到达半山公园后，组员们又讨论起了登山路线，设计了一条相对平缓、风景又好的路线。一路上聊天增加了彼此的熟悉度。夫妻之间也相互帮助拎东西。小组在登顶过程中总共休息了两次，社工和其中1户家庭都带了干粮与水果，便相互分给组员们吃，气氛更加融洽。组员们边走边向社工介绍山上的景点，社工要求给组员们拍集体照时，组员们非常开心，并主动说给社工也多拍一些照，以做留念。

在慢慢地接触过程中，不仅组员之间的关系非常融洽，组员与社工之间的关系也非常好。他们以父母的心态为社工考虑将来需要注意的一些事情。在回去的路上，组员们怕社工不认识路，特意绕远路将社工送到了车站。在这样的情况下，社工必须处理好离别情绪。社工让组员们以后可以相互联系，互相支持，经常聚会。组员们表示下次他们组织去塘栖游玩会邀请社工一起参加。

六、介入绩效评估

(一)目标达成分析

1.总目标：通过小组的互动、互助，促进小组成员之间的认识和了解，构建组员之间的社会支持系统，加强组员间的亲密关系。相互的交流、分享可以改变组员消极的生活态度，增加生活的信心。小组目标达成。

2.过程目标：(1)组员之间相互熟知，了解彼此的喜好和生活习惯等。目标达成。

(2)构建小组持续联系的方式，例如建个小团体。目标达成。

(3)通过活动和约定延续小组的联系和支持。目标达成。

(二)服务对象成长分析

经过几次的小组活动，组员们逐渐打开了心扉，接受了其他组员并成为好朋友，开始相互关心，私下主动联系，生活中有了他人的支持和陪伴。

小组最后选出了组长，组员们慢慢开始自主决定和互相帮助，并在小组结束后自主举行聚会。大家从一开始的不认识到后来的熟知，结成了比较稳固的社会支持网络。

(三)整合的各种资源分析

1.社区资源：在整个小组活动过程，石桥街道景荣社区提供了开展活动的场地，并给予了精神上的支持。

2.对组员自身资源的挖掘：通过小组互动引导组员积极主动地挖掘自身周边的资源，以此获得支持和帮助。

(四)自我成长分析

在一次次的活动总结中，社工也在自我成长。

1.活动之前要说清楚流程，控制时间。

2.小组分享要有指定方向，如活动游戏的困难、喜欢的部分；而不仅限于单纯的感受“挺好的”。

3.社工要学会控场，当组员的讨论太多太泛时，要学会适时地打断。

4.布置作业要具体化，如带出去玩、逛超市、菜场；要有一点挑战性。

5.下一节小组开始时要回顾前一节小组的作业。

6.学会处理离别情绪。

七、典型事件

在自我介绍的过程中,有两位组员居然是相互找到了几十年而未见的小学同学。在小组中发现了老同学,又因为彼此有着相似的经历,她们对社工对小组也非常感恩,因此也更加投入地参与到小组活动中来。

当社工主动为组员们准备了自制的联系卡,包含每位组员的姓名、联系方式、家庭住址等时,组员们对于社工的此举,非常感动,更加增加了对小组的感情与归属感。

督导点评

从小组成效上来说,小组目标基本已达成,组员之间建立了良好的关系,也找到了彼此的一些同质性。社工也能够根据组员的需求,及时调整小组的内容,提供机会给组员讨论他们切身相关的政策,并给予回应。在内容设计上还可以有更多的改进,尤其是在组员的互动及家庭作业的布置方面,正如社工所反思,布置的家课要具体化,可操作化和可测量的,内容上需要能够有助于组员在小组之外建立联系,从这个小组来看,组员之间缺乏一些深层次的互动,小组这个支持系统如何对组员发挥持续性的作用这是社工需要思考的。另外,社工提到组员将自己当作女儿一样,虽然一方面说明社工与服务对象建立了良好的信任关系,但另一方面社工也需要判断服务对象是否出现了移情,小组结束,社工与服务对象的关系中断是否会对服务对象造成二次伤害?此时,处理好离别情绪就显得尤为重要了。

(点评人:邵贞,浙江省之江社会工作发展服务中心项目部主任)

案例二十三
“新希望家园”互助会
——远足小组

实习社工:蓝伟波 陈利南 赵蔚霞①

一、背景资料

小组名称:文晖街道“新希望家园”互助会远足小组
小组性质:支持性小组
服务对象:失独老人
组员人数:25 人
小组时间:2014 年 2 月—2014 年 11 月
活动次数:6 次

二、服务概述

失独老人是计划生育政策实施背景下产生的一个特殊的群体,对他们的安抚与养老逐渐成为社会问题。项目以文晖街道失独老人为服务对象,采用小组工作方法,选择“新希望家园”互助会成员成立远足小组,安排一系列远足活动,通过这些活动,促使互助会成员走出家门、走出社区、走进自然、走进彼此,走进人群,提升老人与他人的结合,老人与社会结合的开放性,增强了老人的自我组织各种活动的掌控性,让服务对象由“特殊老人”转变为普通老人,从而达到让服务对象平和生活、健康生活、快乐生活、安享晚年的目的。

项目循序渐进,分为三个阶段:早期阶段的目标主要是在特定的、敏感的节假日,安排团体远足活动,促使老人走出家门,走出敏感环境与气氛;中期阶段的目标主要是借助远足活动,促使老人走进团队,体验到团队愉悦;后期阶段的主要目标是使老人能寄情山水,走进自然,能充分地进行团队分享,走近他人与社会,实现自我服务。

---

① 蓝伟波、陈利南、赵蔚霞:浙江树人大学人文学院社会工作系,实习社工。

三、对象分析

(一)基本情况

文晖街道14户失独家庭共计25位老人,其中高龄老人1位,84岁,中龄老人2位,70余岁,低龄老人14位,年龄在60到67之间及不到60岁的有8位,其中2位50多岁。男性11位,女性14位。其独生子女近4年(2010年后)死亡的有6户,其中1户子女为当年三月份死亡,2户为前一年年初死亡,除2户家庭子女因意外事故死亡外,其余12户家庭独生子女均因疾病死亡;大部分失独家庭老人年龄不高,少数几个年龄偏大的老人身体也还健康,无重大突发情况(患重病),尚能生活自理。所有14户失独家庭均没有经济压力。服务对象的基本问题是长期心里痛苦,有自我封闭、回避社交的倾向,不愿走出家门接触外界,他们内心希望摆脱心上枷锁,轻松愉悦地生活。

(二)已接受的服务

针对失独老人,文晖街道已开展了一系列服务,概括为四个方面:(1)社区"八个一"的居家养老服务套餐:如免费安装使用一套援通呼叫器(固定式或移动式任选)、配一名心理咨询师进行心理疏导、送一份意外伤害保险、配一名家庭责任医生、配一名专职助老员、配一名长期(或相对稳定)志愿者、发一份1500元/年的居家养老服务券、送一份优先入驻日间老年人托管中心的承诺。(2)街道牵头成立"新希望家园"互助会,会员由13户失独家庭26位会员组成(15户失独家庭中有1户长期居住在外地,1户目前还是不愿意跟社会接触,志愿者定期上门沟通)。(3)依托"文晖爱心驿站"为失独家庭开展心理咨询服务,驿站有3位专业心理志愿者定期和失独家庭联系沟通进行心理咨询,对有可能走出自我封闭的家庭实行长期陪伴服务。(4)依托"乐群公益坊"提供资助,在街道帮助下成立的公益坊,联络爱心企业家,由他们资助长期为该区的失独家庭提供服务。

(三)需求评估

从调查获得的资料分析,当前失独老人有独特的心理慰藉、社会交往和生活照顾等需求。

心理慰藉:首先,"失独"造成的心灵创伤需要细心呵护,尤其是敏感的节假日;其次,"白发人送黑发人"的事实可能导致一些消极认知,如归咎于命运、罪己情结等等,需要失独老人与自己达成和解。

社会交往:失独者,尤其是失独不久的失独者,往往沉浸在自己的世界里，回避与他人交往，一段时间克服深沉的痛楚后，交往仍有一定封闭性，希望互动停留在“同命人”群体内，用他们自己的话说，就是“希望能有一个自己的团体，聊聊内心的苦处，相互之间说些鼓励的话语”。参照正常老人，失独老人正常的社交不仅应包括“同命人”群体，还应包括各种异质群体，不仅可以“聊聊内心的苦处”达到情感的发泄，还可以在人际中获得各种社会支持。

生活照顾：该服务群体身体尚健康，也无重大突发情况（患重病），能生活自理，所以生活照顾的需求目前是隐性的。但是，养老是他们存在的普遍忧虑，主要表现为：年纪大疾病增多的时候担心无人照顾；步入老年时希望能够入住专业的养老、医疗机构安享晚年。

（四）问题诊断

1. 心理问题。“怨自己、怕谈”仍然是较明显的心理问题。案例中失独老人表现出害怕别人谈及子女，其实质是内心对“白发人送黑发人”的事实仍然无法接受，由此产生的“命不好”“都是我造的孽”等观念还深深地烙在心上。在我们的社会文化中，老人具有“与自己的过往达成和解”的需要，一旦达成和解，老人能够坦然面对自己的人生，目前老人还没能与“独子（女）离世”的事件在心理层面上达成和解，以至于哀怨心理较重。

2. 社交封闭。失独事件发生后，失独者较长一段时间沉浸在自身世界里，即使一段时间后开始与人交往，也只是在“同命人”圈内交往，希望在“同命人”群体内宣泄痛苦，获得支持，对于其他人，他们不愿意过多交往，甚至怕别人提及子女。

3. 走出家门意愿低，行动能力弱。失独老人不愿意外出活动游玩，原因有二：一是在失独事件的笼罩下，外出活动游玩变得没有趣味，也会被认为不合时宜；二是随着人变老，行动能力变弱，活动范围也自然缩小。不愿意走出家门，行动能力又变弱，造成的影响是虽然内心希望摆脱痛苦轻松愉悦地生活，但当想念的孤寂、痛苦来临时，却无法应对，只能独自一个人忍受。

四、服务定位及计划调整

（一）计划调整与服务定位

服务定位与街道的期望存在一定差距。文晖街道对失独家庭的既有服务存在较好基础，受到上级政府和媒体关注与肯定，已取得一定的社会声誉，街道希望，项目组后面的工作重点应当放在诸如服务成效评估、服务模式提炼推广、政策宣传推动等方面。我们认为，既有服务在专业化方面可以深化，比如街道成立的“新希望家园互助会”，会定期组织互助会活动。但是互助会也存在对成员之间的沟通互动并未特别关注，成员之间“自然熟”的沟通有局限，在落实“互助”方面可以深挖，沟通限于内部不利于成员与外部社交功能的康复等问题。

为此我们调整服务计划，经过与街道方的沟通协调，社工维持并参与社区提供的原有服务。同时，项目组将服务内容、目标嵌入既有服务中，通过集体远足活动，逐步促使成员走出家门，走进互助会，走入社会，改变封闭的“圈内交往”的模式。

（二）服务目标、策略及步骤

总目标：做实做细远足活动，通过远足活动服务，提升老人与他人、与社会结合的开放性，对自我组织各种活动的掌控性，让服务对象由“特殊老人”转变为普通老人，从而达到让服务对象平和生活、健康生活、快乐生活、安享晚年的总体目标。

具体目标：第一，促使老人走出自怨自艾的状态，积极生活；第二，走进互助会团队，体验团队愉快生活；第三，走进自然、他人与社会，开放自我，实现远足自我服务功能。

策略及步骤：选择“新希望家园”互助会成员成立远足小组，安排一系列远足活动，借助这些活动，促使服务对象与外部的风景、群体、社会不断接触结合，从而达到目标。项目计划通过早、中、后三个阶段来达到总体目标，早期的目标主要是在特定的、敏感的节假日，安排团体远足活动，促使老人走出家门，走出敏感环境与气氛；中期阶段的目标主要是借助远足活动，促使老人走进团队，体验到团队愉悦；后期阶段的主要目标是使老人能寄情山水，走进自然，能充分地进行团队分享，走近他人与社会，实现自我服务。

五、服务理论

群体动力学认为，只要有别人在场，个体的思想行为就与他单独一人时有所不同，会受到其他人的影响。群体动力学主要研究群体的凝聚力、群体压力和社会规范，群体目标对个体的影响。项目中，选择互助社的积极分子组成小组，开展小组活动，就是试图利用群体的凝聚力、压力、模范目标等来给成员施加积极影响，从而改变失独者的认知、心理和情绪。

六、小组服务过程

(一)服务总体情况

与典型的小组不同,项目名义上的小组——互助会是现成的,开放的,参与团体活动成员多时有二十余位。自四月份以来,总共安排了三阶段六次团体活动,见下表。

阶段	阶段目标	主题活动	时间	活动原因	负责社工
早期	走出家门,走出感伤	“清明时节”塘栖古镇游	2014.4	缓解思念压抑心理	何苗、蓝伟波、陈利南、赵蔚霞
		“赠人玫瑰有余香”端午爱心赠送	2014.6	致以节日关怀慰问,强化信任关系	何苗、蓝伟波、陈利南、赵蔚霞
中期	走入团队,享受团队生活	“体验军旅生活”军营参观	2014.8	体验军旅团体生活	何苗、蓝伟波、陈利南、赵蔚霞
		“欢乐庆中秋”包饺子活动	2014.9	享受团体过节氛围,缓解思念孤寂心理	何苗、蓝伟波、陈利南、赵蔚霞
晚期	走进自然,走进他人与社会	“感受水乡风韵”西塘游	2014.10	体验远足乐趣	何苗、蓝伟波、陈利南、赵蔚霞
		“西溪且留下”西溪湿地游	2014.11	体验远足乐趣	何苗、蓝伟波、陈利南、赵蔚霞

(二)各阶段团体活动具体情况

1.早期阶段。共进行两次群体活动,一是清明时节塘栖古镇游,二是端午爱心赠送活动。

(1)清明时节塘栖古镇游活动及其效果。

举办的原因主要是前期调查情况显示,有些失独老人在重要的、合家团圆欢庆的节日里常常陷入哀伤之中无法摆脱,无所适从,清明恰恰是其中的最重要的敏感节日之一。为排解失独老人可能的因思念而压抑的心情,清明前夕(4月4日)社工在街道支持下组织互助会成员到塘栖古镇游玩,他们参观古镇建筑,体会古镇当年的繁荣,船游古运河,领略当年喧嚣。

总体上,作为互助会远足小组初期组织的户外活动,效果还是很好的。一是参加的人都很投入,甚至意犹未尽,虽然时间比较敏感,但来的人都能够融入如织的游人中,一路观赏景致,嬉笑谈天,并未显现忧伤,社工询问他们活动的意见时有人提出有点遗憾的是塘栖枇杷这么有名，却还不能采摘。二是确实如预计，活动缓解了老人的思念压抑，一位失独母亲在返程途中与社工聊起家常时感叹："清明这几天不好过啊，满脑子都是孩子在世时的情景，在家待着就想，今天和这么多姐妹兄弟一起出来走走心情好多了，也很感谢你们为我们提供这么好的活动，感谢你们对我们的关心啊！"活动的不足在于，参与的老人有 8 户，另有 5 户没有参加，说明老人参加活动还是有一定的犹豫的。

(2)端午爱心赠送活动及效果。

端午爱心赠送举办的主要原因，一方面是针对部分老人对参加互助会远足活动还有犹豫的情况，社工们希望通过爱心赠送活动与那些尚在犹豫的老人进行上门交流，获得其信任，坚定其走出家门、走出社区，走入远足小组的决心。另一方面是端午佳节即将来临，社工也是代表政府对其表示关怀慰问。在街道牵线下，社工联合"乐群公益坊"策划进行了端午爱心赠送活动，为每户失独家庭送牛奶、红酒等礼品作为节日的问候，同时向他们，尤其是未参加古镇游活动的老人，介绍了活动及他们参与的情况，征询了他们的意见与建议。

爱心赠送活动效果相当理想，一是每一位老人都开门热烈欢迎了我们，邀请我们进屋坐，向我们表达对街道社区关心的感谢(我们代表街道社区进行节日慰问)。二是每位未参加上回远足活动的老人，受到参加互助会接下来的远足活动的邀请时都表示一定安排时间参加。我们对他们的慰问关怀、征询意见时的尊重还有诚恳的邀请，取得了他们的信任，坚定了参加互助会远足小组的决心。

2. 中期阶段。经过早期阶段，远足小组已经初步形成，但是作为一个团队，还需要加强内部的互动交流。这一阶段共进行了两次活动，一为"体验军旅生活"军营参观，二为中秋包饺子活动。

(1)"体验军旅生活"军营参观活动及效果。

举办的主要原因是作为一个团队，远足小组需要体验到群体生活，需要更多的互动交流，部队是能够直观感受群体生活的地方，而且军旅生活对经历特殊年代的老人有特别的意味，于是借着八一建军节的契机，组织他们去中村参观、体验部队军旅生活。在街道领导的带领和社工的组织协调下，老人先是观看了"硬骨头六连"的光荣战斗岁月图片展览，紧接着观看了连队官兵军事课目汇报演练，然后和连队官兵 100 余人一起欣赏了由省武警部队文工团和部队战士带来的精彩节目演出，最后一起品尝了部队食堂。

活动临近结束时我们特别设置了一个分享环节，询问了老人对部队群体生活的感受，有老人感叹："今天的幸福生活都是他们一枪一炮打下来的，来之不易，你们要珍惜，要好好学习！"有老人说："部队人多力量就是大，看看那些大大小小的200多次战斗，看看他们的集体荣誉，还有很多元帅的题词！"有老人说："人多就是好办事，他们食堂新鲜蔬菜都是他们自己种的，吃的猪肉也是他们自己养的，又放心又健康！"有老人说："部队人多就是好，分分工什么事情都能自己动手，自力更生！"也有老人说："很喜欢军事训练中的整齐划一的动作。"主持分享环节的社工对他们的分享进行了总结，总结出群体生活的好处，指出我们也可以依靠我们团队力量来做些我们个人做不到的事情。

本次活动的另一个收获是老人与"外人"有较多的接触互动，有些是被动的，但他们都接受了，如学生精心准备了水果，分发给老人，搀扶老人，帮忙打伞，帮忙拍照，引导交流等。有些是主动的，如主动和讲解官兵合影留念，主动和社工谈起早年的生活经历，主动邀请学生到他们家学书画，主动邀请学生房子装修好后去他们家玩麻将，主动分发街道的礼物给学生等等。参观部队后的分享还有活动过程中的互动，使老人团队更加认同了。

(2)中秋包饺子活动及效果。

早在塘栖古镇游中，老年人间就有较多的互动。在军营参观中，老人与外界尤其是我们学生社工的互动也有好的苗头。为了强化团队中的互动，同时中秋节又是一个比较敏感的节日，社工策划组织了"欢乐庆中秋"包饺子活动，让大家一起坐下来有更多的机会交流。活动前，社工和学生义工一起准备活动所需的材料，选好场地。活动中互助会的成员积极参与，洗材料的、切材料的、拌材料的，各出己力。然后，大家围坐一起一边包饺子，一边唠家常，开玩笑，一些老人还主动教学生义工如何将饺子包出花样，社工献上了几首特意准备的老歌，唱得老人心里痒痒的，情不自禁跟着哼唱，更引得一位阿姨自告奋勇要清唱一曲，一时气氛非常融洽。学生同互助会的成员们一起下饺子，一碗碗热腾腾的饺子放在每一个参与者面前，大家显得特别高兴，场面特别温暖。

包饺子庆中秋活动使老人真正有了群体生活的感觉。大家一起坐下来包饺子庆中秋，一起吃着不知是谁包的饺子，难分彼此，大家的生活真正有了交集，心理距离也更近了。老人脸上荡漾着慈善的笑容，对学生社工的好感也大为增加：这群孩子不错，乖巧的；年龄不大，懂得还多，贴心懂事；和孩子们在一起，比较开心。

3.晚期阶段。晚期阶段即小组成熟期，时间是10月、11月，正是秋高气爽的旅游时节，为了继续鼓励老人从狭隘的生活区域中走出来，走进自然，体验远足乐趣，走近他人与社会，我们10月、11月份相继组织了"感受水乡风韵"西塘游和"西溪且留下"湿地游。

每次活动之后，我们都会组织大家谈论什么东西给他们留下了最深刻的印象或者最喜欢的是什么东西。在西塘郊游后，社工首先带头分享："我印象最深的是西塘的大蹄髈，几乎每一家餐馆都有展示，看到真想吃，但在桌上吃两口就吃不下了！"大家都笑了，一位爷爷很感性："最爱西塘的水，没有了这些蜿蜒回绕的水，西塘就缺了灵气，就像少了西湖的杭州一样！"另一位爷爷则比较理性："给我印象最深的是桥，西塘其实不大，但大大小小、各式各样的桥，有十余座之多，真正是水乡。"一位爱好书法的爷爷则对桥廊上的楹联、木雕、根雕很关注，一位奶奶对水乡的生活很感兴趣，另外几位奶奶则对寻常所见瓦楞也有如此多端变化，日常所用的纽扣也有繁多花样，感到大开眼界。在西溪湿地郊游后的交流中，野草掩映中若隐若现的田野小道，像火红灯笼一样高挂枝头的柿子，不时惊起的鹭鸟，这一路野趣给老人留下深刻印象。

从后期举办的两次活动后的分享中可以看到，互助会远足小组成员还是能够充分地享受远足活动，远足活动之后在社工的引导下，还是能够比较轻松地与大家一起分享对远足活动的感受的！

七、服务成效评估

按照计划，"新希望家园"互助会远足小组的具体目标有三：促使老人走出自怨自艾的状态，积极生活；走进互助会团队，体验团队愉快生活；走进自然、他人与社会，开放自我，实现远足自我服务功能。这三方面均较好达到目标。

第一，走出自怨自艾的状态，积极生活。所有的六次群体活动横跨 9 个月，活动过程中，学生社工特别留意老人在活动中，尤其是敏感时节举办的活动中的感受，结果显示，平时的团体活动，老人是带着轻松愉悦来享受的，敏感时节的团队活动则有助于帮助一些组员分担幽思。比如，在清明节举办的古镇游之后，一位阿姨表示"……今天和这么多姐妹兄弟一起出来走走心情好多了……"。

第二，走进互助会团队，体验团队愉快生活。在互助会团体活动中，尤其是在中期参观军营和一起包饺子庆中秋之后，每位老人尤其是女性在互助会中都有自己的朋友，一见面就热乎地谈天说地聊近况，互动频繁，在中后期远足活动后的分享中，他们也能比较轻松愉悦地说出自己的感受。

第三，走进自然、他人与社会，开放自我，实现远足自我服务功能。互助会远足小组举办一系列的群体远足郊游：塘栖古镇、铁血军旅、水乡西塘、湿地西溪，这些远足活动让他们能够走出狭隘的城市社区，走进自然，而远足活动后分享中的真知灼见，如对军旅生活的看法、对西塘的印象、对西溪湿地的感受则显示他们真正走进并享受着自然的乐趣。而老人在团体活动中不时主动与人沟通，如见面热聊互动，向社区社工吐露清明困扰，主动要社工帮忙其与士兵合影，主动和社工聊起早年生活，主动邀请社工上门做客，主动教社工包饺子，还有远足活动后社工引导下感受的自然流露，都显示了老人一定程度上的开放自我，走向他人，走向社会。

督导点评

把失独老人组织起来，成立远足小组，引导组员逐步走出家门，走入社会，改变相对封闭的交往模式，去接近自然，放松身心。香港陈丽云教授提出"身心灵"全人健康模式的理念，身体、心理（情绪）、灵性（价值、观念）三者之间是互动的，相互影响的。通过远足活动服务，身体得到锻炼和放松，情绪也会相应得到改善。远足小组提升了老人与他人、与社会结合的开放性，增强了老人的自我组织各种活动的掌控性，过程中能提升老人的自信和自我价值感，让服务对象由"特殊老人"转变为普通老人，达到健康、积极老龄化的目标。

整个小组的服务流程、形式不错，具体活动安排也很细致。不足之处，社工在每次小组活动，组员游玩一个景点之后，在活动的分享环节，除了对景点的感受之外，可根据当时情景，适当引导组员探讨更为深层次的话题，比如探讨生命的意义、苦难的价值，很多困扰组员的问题等。只有正视问题，去接纳，才能真正走出来。所以每节小组活动在内容上可再提升。在小组评估层面，无论是过程评估还是结果评估，可以再具体，包括成员的转变，对关键事件的分析，工作者在开展小组活动中，及时记录反思与建议，这也是提升工作技巧的方法。

（点评人：王卓群，浙江省之江社会工作发展服务中心项目部主任）

社区工作案例

案例二十四
未来还有选择
——计生特殊家庭养老体验系列活动

主社工：邵 贞[①]
协助社工：王丽平[②] 熊晓岑[③]

一、社区活动背景介绍

（一）活动理念

老年人的养老方式主要以居家养老、机构养老和社区养老几种方式为主，而对于没有子女与亲朋的关系又相对疏离的失独家庭来说，机构养老和社区养老是相对较好的选择。在项目前期的需求评估中有不少服务对象表示自己以后想去养老院，也有服务对象对自己未来选择什么方式养老还没有什么想法。而由于失独家庭没有子女，就算他们想住养老院也没有人可以为他们去搜集适合自己的养老院信息，这样服务对象也很难衡量自己的经济能力适合哪种方式养老。本项目整合嘉兴市内公办和民办的养老院资源，由社工实地考察先选出一批在费用和环境上都相对比较合适的养老机构，邀请这些养老机构的相关负责人，以社区活动的形式，对那些有住养老院想法或者想了解相关信息的服务对象开展一个介绍会，在介绍会之后，社工会根据服务对象想要进一步了解的养老院将服务对象分成几个小组，并带服务对象到相应的养老院实地体验，使他们就算进入养老院之后也能够有熟悉的朋友相伴，消除他们对无人探望的担忧和对孤独的恐惧。

---

① 邵贞：浙江省之江社会工作发展服务中心项目部主任。
② 王丽平：嘉兴市南湖区南湖街道社工。
③ 熊晓岑：嘉兴市南湖区南湖街道桂苑社区社工。

(二)活动基本资料

1.活动名称:民办养老院资讯推介会及实地体验

2.活动目标:

(1)通过养老资讯的推介,让有意愿入住养老院的失独家庭能够有机会了解相关的信息并能够实地判断和选择适合自己养老的地方,同时帮助不确定自己适合哪种养老方式的老人更加了解入住养老院的相关信息从而来衡量自己是否适合这种养老方式。

(2)通过实地的小组体验,协助有相同意愿的老人相互熟悉,结伴入院。

3.活动时间:2014年10月30日、11月13日、11月21日

4.活动地点:建设街道会议室、平湖某颐养中心、湘家荡某颐养园

5.出席人数:活动共计出席失独人员47人。

6.活动群体的基本特征:活动群体主要为南湖区已退休的失独人员。

二、需求评估的基本概况

根据项目的需求评估结果,失独家庭面临的其中一个需求是养老保障的需要。这一需求的服务对象可以分为两类。一类是经济状况较好的失独家庭,他们自己的各类收入基本可以负担养老方面的物质需求,但他们比较担心在自己住养老院或者住院之后无人探望,病床前无亲人服侍;另一类是经济状况较差的,他们的收入只能维持基本的生活和医疗,觉得自己没有能力负担今后的养老院费用,也请不起看护,对自己失去行动能力后的生活非常担忧。但大部分失独家庭自己都没有了解过嘉兴养老院的情况,对自己是否有能力负担养老院的衡量都只是自己的猜测和估计。这场关于养老的社区活动的开展,一方面可以让服务对象清楚地了解养老院的收费及各类情况,另一方面可以让服务对象在几次活动中能够有所熟悉,甚至结伴入院。

三、运用的基本理论:社会策划模式

根据杰克·罗斯曼的定义,社会策划模式强调有关实质性问题,理性、精心策划和有控制的改变是其核心。在很大程度上,这里关心的重点是建立、安排和提供商品和服务给有需要的人们,而不是社区能力的建立或促进社会根本的改变。该模式假设人都是理性的,在理性原则指导下的人际互动会带来社会活动效率的提高,个人满足手段的增多,个人需求的满足等。在人性假设的延伸上,人除了是理性的,还是有认识能力和能动实践能力的,人会在价值、利益等诱导下理性地追求个人、社会利益的最大化增长。在该模式下,社会工作者所扮演的角色主要有规划者、监督实施者、专业协调人员及动员

居民参与者等。

失独家庭的养老问题是社会、政府亦是该群体自己最关心的事情，在对各种养老方式不了解的情况下他们很难做出选择，这就会导致他们很大程度上想要依赖外界的力量，弱化了自己的行动动机。社工通过对服务对象的动员，链接和调动社会及社区资源，提供解决问题的机会。服务对象在活动中彼此的互动和讨论也能够让他们对这一问题产生更多的想法。

四、社区活动过程

(一)第一阶段:活动筹备

该社区活动的筹备工作主要包括计划书的制定、实地选择民办养老院并做出邀请、活动场地的确定、物资准备及爱心车辆的确定。

在计划书的设计方面，本次社区活动主要分为两个部分，一是邀请民办养老院相关负责人到场为服务对象介绍养老院的基本情况并接受咨询，二是通过现场的了解之后服务对象选择自己感兴趣的养老院，由社工组织实地参观、体验。在实地体验这个部分，计划书上没有具体的流程，主社工原计划是要设计一些环节让参观同一家养老院的服务对象能够在这个过程中更加熟悉、建立联系，并在参观的过程中与院内老人有一些互动。但主社工因其他工作原因，在这个部分的养老院、服务对象及爱心车安排好之后，没有到场参与，将当天的活动交给了协助的社工，后者表示由于时间及人手问题，很难做到太多，因此这部分没有融入其他的设计。从整体而言，两个部分的结合，让服务对象能够更加有目的性地了解和选择养老院，并对养老机构有一个比较明确的概念，从活动的结果及服务对象的反应来看，总体上是能够满足服务对象的需求。

在民办养老机构的选择上，社工通过南湖区老龄办公室的工作人员了解到几家规模相对较大的养老机构，并实地了解了每一家机构，与选定的机构负责人讨论该计划。同时也了解了与失独家庭这个群体相关的优惠。他们都表示虽然尚无现有的优惠政策但等到真正入院时都可以有商讨的空间。有一点不足的是在该社区活动期间，嘉兴市范围内有好几家养老院都正在拆迁或者搬迁，社工原定邀请的 6 家养老院只找到了 4 家，而最终答应邀请来到现场的只有 3 家，提供给服务对象的选择性比预期的少了一些。

活动场地的确定是比较顺利的。鉴于该社区活动是面向整个南湖区的失独家庭，为方便服务对象到场，社工选择了位于中间位置且交通相对便利的建设街道作为活动场地。街道的社工也为活动所需的会议室准备好了所需的设备，并提供了 2 名协助人员。

爱心车辆方面，社工联系了嘉兴市旅游出租汽车有限公司，与其相关负责人确定时间、人数等相关事宜。社工与该公司的爱心车队已有过多次合作，因此车辆的确定还是很顺利的。

（二）第二阶段：活动实施

1. 活动主要流程。

环节名称	时间	具体内容	所需物资
养老院资讯推介及咨询	10月30日 14:00—16:30	1. 活动说明及介绍 社工说明该活动主要内容及相关注意事宜	
		2. 养老院资讯推介及咨询 每个养老院以PPT展示的形式，用15分钟的时间介绍养老院的环境、规模、费用等具体信息，同时有10分钟的提问环节	相关设备、矿泉水
		3. 咨询及意向登记 对有意向进行实地参观养老机构的人进行报名登记，便于进一步分类。登记的方式是社工提前将写有意向登记的入场券发给服务对象，填写后交给工作人员。在填写的同时可对自己关心的问题再向养老机构负责人咨询	登记表格
		4. 活动总结 社工总结活动，说明实地参观相关事项；到场人员凭入场券领取小礼品	问卷若干份 小礼品若干份
分小组实地体验	11月13日 9:00—15:00	1. 平湖某颐养中心实地参观体验。 2. 平湖外贸城参观	爱心车
	11月21日 9:00—13:00	湘家荡某颐养园实地参观体验	爱心车

2. 服务对象的表现：相对整体活动而言，在服务对象的行为表现上，参加过小组活动的服务对象之间较为熟悉，也有更多的互动和交流，活动过程中基本上会坐在一起。没有参加过小组活动的服务对象则显得没有那么活跃，与其他服务对象几乎没有交流。从服务对象对活动的关注度来看，推介会活动当天下小雨，但报过名的服务对象基本上都到场了，只有个别缺席。在推介会上几乎每一位到场的服务对象都主动向社工及养老院负责人提出自己

关心的问题。

在实地参观的部分，11月13日参观平湖兴平养老院的9位老人，在钟副院长的带领下参观了一到六层的养老院，分别从健康区到失能区，多功能活动区、厨房、食堂、绿化活动区等进行了全面的介绍和了解。整洁亮堂的院内环境，专业到位的服务等都得到参观者的一致好评，其中2位老人明确表示以后老了会考虑到他们机构来养老，经济实惠，地段环境也好。11月21日22位失独老人参观嘉兴逸和源湘家荡养老中心，通过参观活动，失独家庭的老人们彼此从陌生到相识，找到同路中人。一天的参观活动结束了，他们中的有些人已经成为好朋友，他们当中，还有几位老人家还约好，以后老了一起入住养老机构养老结伴而行。有一对夫妻对养老机构的医养结合型养老服务模式表现出浓厚的兴趣，主动向养老院的工作人员详细了解了《逸和源银龄养老证》和《逸和源旅居享老证》的办理条件和优惠情况。

五、目标达成分析

推介会的部分，主要是让有意愿入住养老院的失独家庭能够有机会了解相关的信息并能够实地判断和选择适合自己养老的地方，帮助不确定自己适合哪种养老方式的老人更加了解入住养老院的相关信息从而来衡量自己是否适合这种养老方式。在活动过程中，3家不同规模和收费标准的养老院的负责人做了详细介绍和说明，为了让服务对象对养老院有一个基本的认识，还制作了PPT和视频，同时也提供机会让服务对象咨询自己最关心的环境和费用问题。在选择意愿的环节，服务对象根据自己的喜好及经济状况填写了自己想参观的机构，也有很多老人还一边写一边咨询一些自己关心的内容。推介会结束时很多服务对象都表示很期待去养老院参观，这样就能有更多的了解，多次跟社工核对自己填写的信息怕填写错误到时候去不了。目标达成情况整体良好。

在分组去实地参观、体验的部分，主要目标是让服务对象对感兴趣的养老院有更切身的体验，同时通过这个过程跟同行的服务对象能够更加熟悉，减少日后若入院没有认识的人的恐惧。在推介会之后，服务对象分两批分别于11月13日和11月21日进行了实地参观和体验，大部分老人都表示愿意选择机构养老。两次参观下来，很多老人都在参观的过程中相互熟悉，还相约以后可以一起去同一家养老院，还约好一起参加别的活动。

另外，在活动结束后社工随机邀请部分服务对象填写活动评估表，95％的服务对象都明确表示对活动很满意，对参观的养老院也很满意，而且很意外现在的养老院设施已经如此完备，是养老的不错的选择。

六、社工反思

本次的社区活动很大程度上契合了服务对象的需求，让服务对象有机会和"有伙伴"一起了解自己最关心的事情，可以看到，这样的活动服务对象参与的投入程度会高很多。因此任何的服务都是建立在需求的基础上的，离开需求就只能停留在活动的层面。

本次的社区活动，来到推介会的服务对象和之后报名实地参观体验的服务对象人数稍微不同，前者报名人数少一些，这其中的原因是值得分析的。前期活动的招募主要依靠社区的工作人员，他们日常工作繁忙，没有时间每一户上门宣传活动，也没有机会去清楚地解释整个活动或者做一些引导鼓励服务对象来了解。基本上就只能打个电话问一问。这样服务对象的参与度会较大地取决于社区社工的招募，而参观体验环节服务对象会主动介绍活动给其他的同伴，参与的人数是有上升的。因此在活动的招募上，若社工能够借助宣传单、街头招募或者入户探访等方式招募则是最好，若有限制，社工需要对协助招募的其他工作人员对该活动及如何招募服务对象有一个简单的说明，或者另外选择有足够时间宣传活动的志愿者，避免因招募人员的时间及工作安排问题而让实际有需要的服务对象不能享受到服务。

督导点评

社区工作中的社会策划就是针对具体社会问题，根据相关信息制订工作项目，并将社会目标转化为实务手段的过程。本案例，针对失独家庭存在的养老保障的需求，让服务对象有机会了解并实地考察几家具代表性的养老机构，很紧密契合服务对象的需求，服务对象的参与度和投入程度都较高。

整个社区活动主要由三节活动构成，养老院咨询推介会以及两次分小组进行实地体验。在活动筹备阶段，社工积极链接并整合资源，了解信息，从老龄工作人员处了解到规模相对较大的养老机构并进行实地走访，确定活动场地以及联系爱心车辆。活动实施阶段，社工作为组织者和协调者，对活动内容进行介绍，并作为引导者，引导服务对象与养老院代表进行互动，协助其进行理性决策。从评估视角出发，服务对象的表现分析与95%的满意度调查率，社会策划作为自上而下的工作模式在本案例中效果较好。

（点评人：王卓群，浙江省之江社会工作发展服务中心办公室主任）

后　记

2015年是一个值得纪念的年份，从全国来说，这一年被称之为“社会管理创新元年”，在李克强总理的《政府工作报告》中第一次提出了“发展专业社会工作服务”，这正如“一夜春风”吹遍了祖国的大江南北。浙江省的社会工作人才队伍建设走在全国的前列，但是专业社会工作服务的发展与北京市、上海市和广东省等社会工作实务先发地区相比还有一定距离。2014年在浙江省老龄办的积极推进下，通过政府购买服务的方式，由浙江省之江社会工作发展服务中心承担“浙江省计生特殊家庭老年社会工作服务示范项目”。项目在杭州市下城区、宁波市海曙区和嘉兴市南湖区三个示范区经过了一年时间来执行，本书即是该项目的成果之一。在众多的实务案例中，专家评审确定了24篇优秀案例，并且对每个案例都做了督导点评。

应该说，从项目的设计—项目实施—项目评估—项目成果展示的各个过程来看，这个项目都取得了巨大成功。我们首先要感谢浙江省老龄办及三个示范区的老龄办，感谢浙江省民政厅和浙江省计生委的指导，同时，这个项目也得到了三个示范区的民政局和计生委大力支持；感谢宁波市海曙区星光敬老协会、嘉兴市温州商会和嘉兴市青鸟社会工作服务中心对项目执行给予的大力帮助；感谢三个示范区社区中的老年事务社工们的精诚合作和努力工作；当然，最值得感谢的是计生特殊家庭中的老年人，他们的言行举止感动着、激励着我们，还赋予了我们众多的人生感悟！

本书是集体智慧的结晶，我只是尽了自己应有的一点力。期望本书能够为浙江省的老年事务社会工作发展和人才队伍建设做出新的贡献。最后，我想用诗人屈原的一句诗来表达我此时此刻的心情：“路漫漫其修远兮，吾将上下而求索。”

马　良